임동석중국사상100
등석자
鄧析子

鄧析 撰 / 林東錫 譯註

"상아, 물소 뿔, 진주, 옥. 진괴한 이런 물건들은 사람의 이목은 즐겁게 하지만 쓰임에는 적절하지 않다. 그런가 하면 금석이나 초목, 실, 삼베, 오곡, 육재는 쓰임에는 적절하나 이를 사용하면 닳아지고 취하면 고갈된다. 그렇다면 사람의 이목을 즐겁게 하면서 이를 사용하기에도 적절하며, 써도 닳지 아니하고 취하여도 고갈되지 않고, 똑똑한 자나 불초한 자라도 그를 통해 얻는 바가 각기 그 자신의 재능에 따라주고, 어진 사람이나 지혜로운 사람이나 그를 통해 보는 바가 각기 그 자신의 분수에 따라주되 무엇이든지 구하여 얻지 못할 것이 없는 것은 오직 책뿐이로다!"

《소동파전집》(34) 〈이씨산방장서기〉에서 구당(丘堂) 여원구(呂元九) 선생의 글씨

책머리에

　《등석자鄧析子》,《윤문자尹文子》,《공손룡자公孫龍子》,《신자愼子》 등 4권은 각기 선진제자학先秦諸子學으로써 뚜렷한 학술 특징을 가지고 있으면서도 전해오는 저술의 분량이 적고 전수 과정이 희미하여 제대로 읽혀오지 않은 점이 있어 늘 아쉽게 느끼고 있었다.

　춘추 말기부터 전국 시대까지 학술은 만화제방萬花齊放, 백가쟁명百家爭鳴의 선진 제자학 시대로 불린다. 이를 정리한 유흠劉歆의 《칠략七略》을 거쳐 《한서漢書》예문지藝文志에 기록된 바에 의하면 우선 당시까지의 학술을 집략輯略, 육예략六藝略, 제자략諸子略, 시부략詩賦略, 병서략兵書略, 술수략術數略, 방기략方技略으로 나누었고, 그 중 제자략은 다시 구류십가九流十家로 나누어져 있다. 즉 유가儒家, 도가道家, 음양가陰陽家, 법가法家, 명가名家, 묵가墨家, 종횡가縱橫家, 잡가雜家, 농가農家, 소설가小說家이다. 그 중 명가名家의 대표자들로 올라 있는 이들이 바로 등석(鄧析: B.C.545~B.C.501), 윤문(尹文: B.C.362?~B.C.293?), 공손룡(公孫龍: B.C.325~B.C.250)이며, 법가에 올라 있는 이가 신도(愼到: B.C.395?~B.C.315?)이다.

　이들은 각기 엄연한 일가를 이루어 찬연히 제 몫을 지켜왔던 뛰어난 사상가요 대단한 언변가들이었다. 그럼에도 전하는 저작의 양이 적고 기록이 산견하며, 다른 제자들의 압도적인 세력으로 인해 제대로 읽혀오지 않은 점이 있다.

　특히 등석은 선진 제자학 발흥의 초기 인물로 〈죽형竹刑〉의 고사로 널리 알려져 있으며 소위 "두 가지 상반된 상황이지만 논리로는 모두 옳을 수 있다"(兩可之說)는 면제를 내세웠던 언변가이다. 그러나 지금은 〈무후無厚〉편과 〈전사轉辭〉편만 전하고 있을 뿐이다.

다음으로 윤문은 황로학黃老學의 기초를 열어 등석, 공손룡, 혜시惠施와 함께 전국명가사인戰國名家四人으로 불리던 정명가正名家의 대표적인 인물이다. 그러나 지금 그의 저술은 〈대도상大道上〉과 〈대도하大道下〉 두 편만 전할 뿐이다.

공손룡의 경우 「백마비마론白馬非馬論」,「견백이동론堅白異同論」 등의 학설로 너무나 널리 알려져 있으며 지금도 논리학(邏輯, Logic)의 대표 명제로 인구에 회자되고 있다. 그의 저술은 지금 〈적부跡府〉,〈백마론白馬論〉,〈지물론指物論〉, 〈통변론通變論〉,〈견백론堅白論〉,〈명실론名實論〉 등 6편이 전하고 있다.

끝으로 신도의 경우 법가 사상의 선하先河를 이루어 신불해申不害나 한비韓非보다 앞선 인물이다. 그는 법가의 다섯 가지 분류, 즉 상실파尙實派, 상법파尙法派, 상술파尙術派, 상세파尙勢派, 대성파大成派 중에 바로 상세파의 대표적인 인물로 초기 법가 사상의 기초를 다져 뒤에 한비자 같은 대성파를 키워내기도 하였다. 지금 전하는 것은 〈위덕威德〉,〈인순因循〉,〈민잡民雜〉,〈지충知忠〉, 〈덕립德立〉,〈군인君人〉,〈군신君臣〉 등 7편의 아주 짧은 문장일 뿐이다.

이러한 네 사람은 실제 제자학 분류상 셋은 명가名家요 하나는 법가法家 이지만 그 뒤 기록에 따라 잡가, 묵가, 도가 등으로도 넘나들기도 한다. 이에 여러 가지 문제는 있지만 분량의 한계로 인해 이번에 하나로 묶게 되었으며 그 순서는 명가 셋을 시대순에 따라 순서를 삼고 이어서 신자를 더한 것이다.

아울러 각 기록을 대조하고 역주하였으며 참고 자료를 실어 연구자에게 도움이 되도록 하였음을 밝힌다.

줄포苗浦 임동석이 부곽재負郭齋에서 적다.

일러두기

1. 이 책은 〈사고전서四庫全書〉(文淵閣) 법가류法家類, 〈사부총간四部叢刊〉본 자부子部, 〈신편제자집성新編諸子集成〉본 명가류名家類, 〈백자전서百子全書〉본 법가류法家類, 〈사부비요四部備要〉본 등에 실려 있는 《등석자鄧析子》를 기본으로 대조하여 역주한 것이다.
2. 현대 백화어 역주본으로 《신역등석자新譯鄧析子》(徐忠良 註譯 三民書局 臺灣 1996)가 있으며 많은 참고가 되었음을 밝힌다.
3. 〈무후無厚〉편과 〈전사轉辭〉편으로 나누어 각기 일련번호를 부여하고 38장으로 분장하였으나 이는 절대적인 것이 아니며 읽기 편하도록 하기 위함이다.
4. 각 장별로 한글 제목을 부여하였으며 판본 및 관련 삽화를 실어 이해에 도움이 되도록 하였다.
5. 부록의 관련 자료는 서충량의 《신역등석자》의 내용을 옮긴 것이며, 일문佚文의 경우 본인이 역주 과정에서 《예문유취藝文類聚》에서 발견한 7조를 실어 연구에 도움이 되도록 하였다.
6. 해제를 실어 내용과 판본, 제자학諸子學으로서의 역사적 위치 등을 간략하게 설명하였다.
7. 부록에 《등석자》 서발序跋 등 자료를 실어 연구에 도움이 되도록 하였다.
8. 본 책의 역주에 참고한 자료는 다음과 같다.

❋ 참고문헌
1. 《鄧析子》 四庫全書(文淵閣) 子部 法家類
2. 《鄧析子》 四部備要(指海本)

3. 《鄧析子》新編諸子集成(제6책, 名家) 世界書局 1978 臺北
4. 《鄧子》百子全書, 法家 岳麓書社 1993 湖南 長沙
5. 《鄧析子》四部叢刊「書同文」電子版 北京
6. 《新譯鄧析子》徐忠良(注譯) 三民書局 1996 臺北
7. 《漢書》藝文志
8. 《中國學術講論》林東錫 傳統文化硏究會 2002 서울
9. 《中國哲學百科大辭典》(上下) 中國大百科全書出版社 1988 北京
10. 기타 공구서 및 중국철학사 관련 자료는 생략함.

해제

등석(鄧析: B.C.545~B.C.501)은 명가名家의 대표적인 변론가이며 동시에 명가의 개창자, 선진 제자학 발흥의 초기 인물로 널리 알려져 있다. 춘추 말기 정鄭나라 사람으로 자산子産과 동시대 서로 갈등을 빚은 대부大夫 벼슬을 지내기도 하였다. 그는 예치禮治만으로는 나라를 다스릴 수 없다고 여겼으며 이에 따라 자산이 정한 「주형서鑄刑書」(鑄物하여 銅版에 새긴 법률)에 불만을 품고 자주 이를 비난하다가 결국 자신이 직접 나서서 「죽형서竹刑書」(대나무를 깎아 기록한 법률)를 만들어 정나라 구법을 개혁할 것으로 주장하였다. 그러나 이일로 그는 위정자의 미움을 받아 자신이 정한 죽형 법률에 의해 처형되고 말았다. 우선 《여씨춘추呂氏春秋》〈이위편離謂篇〉의 기록을 보자.

子産治鄭, 鄧析務難之, 與民之有獄者約, 大獄一衣, 小獄襦袴. 民之獻衣襦袴而學訟者, 不可勝數. 以非爲是, 以是爲非, 是非無度, 而可與不可日變. 所欲勝因勝, 所欲罪因罪. 鄭國大亂, 民口讙譁. 子産患之, 於是殺鄧析而戮之, 民心乃服, 是非乃定, 法律乃行. 今世之人, 多欲治其國, 而莫之誅鄧析之類, 此所以欲治而愈亂也.

이러한 기록이 《여씨춘추》 외에도 《열자列子》(力命), 《순자荀子》(宥生), 《설원說苑》(指武) 등에 널리 전하고 있지만 사실 자산에 의해 처형된 것은 아니다.

《좌전左傳》에 보면 소공昭公 20년에 자산이 죽었고 그 아들 태숙太叔이 뒤를 이어 행정을 맡았으며 다시 정공定公 8년 태숙이 죽고 사천(駟顓, 혹 駟歂으로도 표기함)이 이어받았다가 그 이듬해 등석을 죽형의 법을 근거로 사형에 처한 것으로 되어 있기 때문이다. 그 때문에 《한서》 예문지의 안사고顔師古 주에도 "列子及孫卿並云子産殺鄧析. 據左傳, 昭公二十年子産卒, 定公九年駟顓殺鄧析而用其竹刑, 則非子産所殺也"라 하였던 것이다.

등석이 정했다는 죽형은 지금 전해오지 않아 알 수 없으나 유향劉向의 〈등석자서록鄧析子叙錄〉에 "죽형은 법을 간략히 한 것"(竹刑, 簡法也)이라 하여 복잡했던 자산의 주형을 간략화한 것이 아닌가 한다.

한편 그의 저술로 알려진 《등석자鄧析子》(2편)는 《한서漢書》 예문지藝文志 제자략諸子略 명가名家의 첫머리에 저록되어 있으며 그 뒤로 《수서》 경적지, 《구당서》 경적지, 《신당서》 예문지, 《숭문총목》, 《군재독서지》, 그리고 고사손高似孫의 《자략》 등 역대 목록서에 두루 올라 있다.

한편 명가는 《한서》 예문지에 그 연원과 요지와 활동 및 폐단에 대하여 다음과 같이 설명하고 있다.

"名家者流, 蓋出於禮官. 古者名位不同, 禮亦異數. 孔子曰:「必也正名乎! 名不正則言不順, 言不順則事不成」. 此其所長也. 及警者爲之, 則苟鉤鈲析亂而已."

즉 예관禮官에서 나왔으며 정명正名을 밝히기 위한 활동가들로서 논변을 중시하되 이에 남의 말을 듣지 않고 자신의 논리에만 빠지면 구차스럽게 혼란한 것을 분석하고자 하는데 집착하게 될 뿐이라는 것이다.

그리고 그 앞에는 명가 7가家 36편篇의 목록을 다음과 같이 싣고 있다.

《鄧析》二篇(鄭人, 與子産並時), 《尹文子》一篇(說齊宣王. 先公孫龍), 《公孫龍子》十四篇(趙人), 《成公生》五篇(與黃公等同時), 《惠子》一篇(名施, 與莊子並時), 《黃公》四篇(名疵, 爲秦博士, 作歌詩, 在秦時歌詩中), 《毛公》九篇(趙人, 與公孫龍等並游平原君趙勝家)

그 중 등석은 이 명가의 창시자로 그의 저술 《등석자》는 지금 모두 원본은 사라지고 수당隨唐 시대 각 기록에서 철습掇拾한 위작으로 보고 있다. 이들의 논변은 논리로는 성립하나 실제 그렇게 될 수 없는 이론들을 내세우는 것을 장기로 하고 있다. 그가 소위 "양가지설兩可之說", 즉 대립된 두 명제가 서로 모두 옳을 수 있다라고 한 내용의 고사가 《여씨춘추》 이위편에 실려 있다.

洧水甚大, 鄭之富人有溺者. 人得其死者. 富人請贖之, 其人求金甚多, 以告鄧析. 鄧析曰:「安之. 人必莫之賣矣.」得死者患之, 以告鄧析. 鄧析又答之曰:「安之. 此必無所更買矣.」

이처럼 논리의 일면에는 맞지만 전체적으로는 해결될 수 없는 마치 뫼비우스의 띠와 같은 논변이 주류이다. 그러나 금본 《등석자》와 《장자》, 《순자》, 《열자》, 《설원》, 《여씨춘추》 등에 실려 있는 그에 대한 활동과 주장을 대비해보면 상당한 차이가 있음을 발견하게 된다. 더구나 유향劉向이 〈교서校敍〉에서 "其論無厚者, 言之異同, 與公孫龍子同類"라 하였으나 혜시惠施나

공손룡이 말한 무후無厚와는 큰 차이가 있다. 이에 청말민초淸末民初 많은 학자들, 이를테면 유월兪樾, 양계초梁啓超, 당월唐鉞, 나근택羅根澤, 오비백伍非百, 손차주孫次舟, 마서륜馬叙倫, 왕계상王啓湘 등에 의해 밝혀진 바로는 지금의《등석자》는 편명은 사실 그대로이지만 문장은 위작이며 뒷사람이 그 요지를 전하되 그 말은 더 보탠 것이라는 결론을 얻게 된 것이다. 따라서 지금의《등석자》는 등석 본인의 저술이 아니라 후인이 위탁하여 편찬한 것임에 모두가 인정하고 있다.

한편 등석의 사상은 매우 복잡하게 뒤얽혀 있다. 지금 전하는〈무후편無厚篇〉과〈전사편轉辭篇〉을 보면 신불해申不害, 한비韓非의 법가法家 사상과 유사하면서 동시에 황로黃老의 도가道家 사상과도 밀접하다. 이에《사고전서총목제요四庫全書總目提要》에서는 "主於勢, 統於尊, 事覈於實, 於法家爲近"이라 하였으니 바로 "循名責實, 察法立威, …… 故有道之國, 法立則私善不行, 居立而賢者不尊. 民一於君, 事斷於法, 此國之道也"라 한 것이 그것이다.

그런가 하면 도가의 적극적인 비성사상非聖思想으로는〈전사편〉의 "聖人不死, 大盜不止, …… 何以知其然? 彼竊財者誅, 竊國者爲諸侯, 諸侯之門, 仁義存焉, 是非竊仁義邪? 故逐於大盜, 揭諸侯. 此重利盜跖所不可禁者, 乃聖人之罪也"라 한 것이 그것이다.

다음으로《등석자》책의 저록과 진위문제이다.
우선 유향의〈교서〉에 "원래 5편을 모았으나 중복된 것을 정리하여 2편으로 하였다"라 하였고 이에 따라《한서》예문지 명가류에 '2편'이라 확정하였다. 그러나 그 뒤 《수서》 경적지, 《구당서》 경적지, 《신당서》 예문지 등에도 한결같이 명가류로 분류하되 '1권'이라 하였고, 《송사》 예문지에는 다시 '2권'으로, 《숭문총목》에는 《한서》의 내용을 그대로 전재하였다. 그러다가 다시 《통지》 예문략에는 명가에 싣고 '1권'으로, 조공무晁公武의 《군재독서지郡齋讀書志》에는 '2편'으로, 송렴宋濂의 《제자변諸子辯》에는 '2권'으로 하였으며, 《사고전서총목》에는 자부 법가류法家類로 분류하면서 '1권'이라 하였다. 이처럼 편수과 권수가 다른 것은 원래 유향의 〈교서〉에 따라 2편을 혹 권으로 본 것과 또는 2편을 한 권으로 삼아 기록이 달라진 것으로 볼 수 있다. 아울러 뒷사람의 철습 과정에서 각기 그 분량에 따라 편과 권을 정했을 것으로 보인다.

그렇다면 금본 《등석자》는 어떻게 언제 이루어진 것일까?

이 문제는 송대 이후 끊임없이 제기되어 왔다. 이를테면 조공무의 《군재독서지》, 왕응린王應麟의 《한서예문지고증》에서 의심을 나타내기 시작하였고, 이에 따라 《사고전서총목제요》에서는 "그 문장이 제대로 연결되지 않아 각 기록을 주워 엮은 것 같다"(其文節次不相屬, 似亦掇拾之本也)라 결론을 얻게 된 것이다. 이에 금본 《등석자》는 ① 진晉나라 때 이루어졌다는 설(羅根澤 《鄧析子探源》) ② 수당 이전에 이루어졌다는 설(王啓湘 《周秦名家三子校詮》 〈叙〉) ③ 《열자》와 《귀곡자鬼谷子》 이후에 이루어졌다는 설(馬叙倫 《鄧析子校錄》 〈後序〉) ④ 당송 이후에 이루어졌다는 설(梁啓超 《漢書藝文志諸子略考釋》) ⑤ 남북조 때 이루어졌다는 설(呂思勉 《先秦學術槪論》) 등 다양한 주장들이 출현하였다.

한편 근현대에 이르러 등석은 당연히 명가名家의 대표요 창시자임에도 그 분류에 있어서 〈사고전서〉(문연각)에는 자부子部 법가法家로, 〈백자전서百子全書〉에도 역시 법가로 귀속시켰고, 〈신편제자집성新編諸子集成〉에서는 명가名家로 귀속시키는 등 그의 사상을 보는 관점에 따라 판이하게 다름을 알 수 있다.

좌우간 불과 몇 글자 되지 않은 기록이지만 그나마 명가의 창시자이며 "무궁한 언사를 만들고 두 가지 모두 옳을 수 있다는 논리"(設無窮之辭, 操兩可之說)를 펼친 등석의 사상과 논리 일면을 볼 수 있도록 정리한 공로는 인정해야 할 것이다.

鄧析子　　周鄧析撰　指海本校

無厚篇

天于人無厚也君于民無厚也父于子無厚也兄于弟無厚也何以言之天不能屏勃厲之氣令天折之人更生作全無更生二字依文選注引此文補正安能壽此于民無厚也凡民有穿窬爲盜者有詐爲相迷者此皆生于不足起于貧窮而君必執法誅之此于民無厚也堯舜位爲天子而丹朱商均爲布衣此于子無厚也君有不理者此言之何厚之有循名責實君之事也奉法宣令臣之職也不得自擅上操其柄而不理者未之有也君有三累臣有四責何謂三累惟親所信一累也近女親疏二累也御覽倒二字並同以此三累御覽作二十字依御覽補各取士二累也何謂四責受重賞而無功一責也

居大位而不治二責也爲理官而不平御覽爲作理林補平御覽作平三責也御軍陣而奔北御覽作意在林補意作可安國鋪家作也四責也君無三累臣無四責可以安國鋪安國林作臣者君之輿威者君之策臣者君之馬民者君之輪勢固則輿安威定則策勁臣順則馬良輪利則爲國失此則國敗輪之患御覽此句意失林作駋此覆軹藏者林作軹藏者亦依策折輪十四字敗軹之患覆句藏者亦軹傾矣林折馬奔輿異同之不可別是非之不可定白黑之不可分清濁之不可理久矣誠聽能聞于無聲視能見于無形計能規于未兆慮能防于未然斯無他也不以目視則照于無形矣不以耳聽則達于無聲矣不以心計則通于未然矣不以私慮則達于無兆矣不合于未然矣爲君者六百二字依御覽補藏作減形匿影藏御覽作減擧下無私掩目塞耳萬

欽定四庫全書

鄧子

周 鄧析 撰

無厚篇

天於人無厚也君於民無厚也父於子無厚也兄於弟無厚也何以言之天不能屏勃厲之氣全夭折之人使為善之民必壽此於民無厚也凡民有穿窬為盜者有詐偽相述者此皆生於貧窮而君必執法誅之此於民無厚也堯舜位為天子而丹朱商均為布衣此於子無厚也周公誅管蔡此於弟無厚也推此言之何厚之有

循名責實君之事也奉法宣令臣之職也下不得自擅上操其柄而不理者未之有也君有三累臣有四累何謂三累惟親所信一累以名取士二累近故親疎三累何謂四累受重賞而無功一累居大位而不治二累理官而不平三累御軍陣而奔北四累君無三累臣無四

勢者君之興威者君之策臣者君之馬民者君之輪勢固則與安威定則策勁臣順民和則輪利為國失此必有覆車奔馬折輪敗載之患安得不危

異同之不可別是非之不可定白黑之不可分清濁之不可理久矣誠能聞於無聲視能見於無形計能規於未兆慮能防於未然斯無他也不以耳聽則通於無聲不以目視則照於無形不以心計則達於無兆矣不以慮知則合於未然矣君者藏形匿影羣下無掩目塞耳萬民恐震

循名責實察法立威是明王也夫明於形者分不遇於事察於動者用不失則利故明君審一萬物自定名不可以外務智不可以他從求諸己之謂也

治世位不可越職不可亂百官有司各務其刑上循名以督實下奉教而不違所美觀其所終所惡計其所窮喜不以賞怒不以罰可謂治世

《鄧析子》四庫全書(文淵閣) 子部. 책이름이 《鄧子》로 되어 있다.

鄧析子

無厚篇

天於人,無厚也。君於民,無厚也。父於子,無厚也。兄於弟,無厚也。何以言之?天不能屏勃厲之氣,全夭折之人,使爲善之民必壽,民有穿窬爲盜者,有詐僞相迷者,此皆生於不足,起於貧窮,而君必執法誅之,此於民無厚也。堯舜位爲天子,而丹朱商均爲布衣,此於子無厚也。周公誅管蔡,此於弟無厚也。推此言之,何厚之有?

循名責實,君之事也。奉法宣令,臣之職也。下不得自擅,上操其柄而不理者,未之有也。君有三累,臣有四責。何謂三累:惟親所信,一累。以名取士,二累。近故親疎,三累。何謂四責:受重賞而無功,一責。居大位而不治,二責。理官而不平,三責。御軍陣而奔北,四責。君無三累,臣無四責,可以安國。

《鄧析子》新編諸子集成本. 활자본.

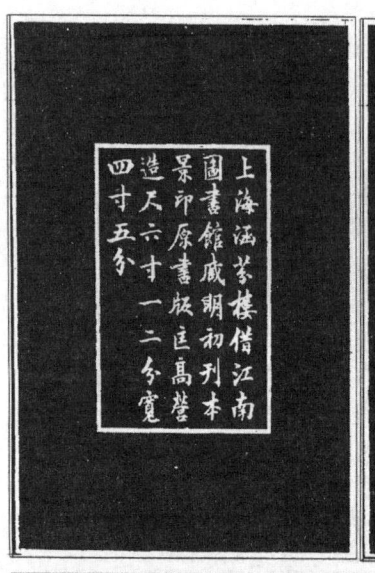

《鄧析子》四部叢刊本, 上海 涵芬樓 각의 〈明初本〉을 근거로 한 전자판본(북경「書同文」)

차례

◈ 책머리에
◈ 일러두기
◈ 해제

鄧析子

1. 무후편 無厚篇

001(1-1) 하늘이 사람에게 후하게 해 주는 것이 아니다 ………… 22
002(1-2) 임금에게 있을 수 있는 세 가지 과실 ……………… 25
003(1-3) 권세와 위엄 …………………………………………… 27
004(1-4) 임금은 자신의 형체를 감추어야 한다 ……………… 28
005(1-5) 겉으로 알려진 명성 …………………………………… 30
006(1-6) 진정한 치세 …………………………………………… 32
007(1-7) 무거운 짐을 진 자는 ………………………………… 33
008(1-8) 호랑이와 돼지우리 …………………………………… 34
009(1-9) 형세의 주도권을 내가 쥐고 있어야 한다 …………… 36
010(1-10) 진정한 변론 …………………………………………… 38
011(1-11) 천리 밖의 사정을 훤히 알 수 있어야 한다 ………… 40
012(1-12) 천명을 아는 자 ……………………………………… 42

013(1-13) 흉년에 굶어 죽으면서 ·· 43
014(1-14) 군주가 걱정해야 할 네 가지 행동 ························· 45
015(1-15) 탁한 물과 가혹한 정치 ·· 46
016(1-16) 도를 알겠다고 하는 자는 도를 실천하지 못한다 ······· 47
017(1-17) 오미를 직접 맛보지 아니하고도 ··························· 49
018(1-18) 배가 물에 뜨고 수레가 굴러가는 이치 ················· 51
019(1-19) 나무토막에 걸려 넘어진 수레 ······························· 52
020(1-20) 남의 눈과 귀 ·· 54
021(1-21) 군주는 사람을 가려 쓸 줄 알아야 한다 ················ 56

2. 전사편 轉辭篇

022(2-1) 바꾸어 생각해 보자 ··· 60
023(2-2) 말 잘하는 기술 ·· 62
024(2-3) 입 밖을 벗어난 말은 거두어들일 수 없다 ············· 64
025(2-4) 신하를 임용하는 방법 ·· 66
026(2-5) 냇물이 말라버린 골짜기 ·· 68
027(2-6) 말에는 믿음이 있어야 한다 ······································· 71
028(2-7) 법을 세워놓고 사사로이 한다면 ······························ 72
029(2-8) 조급하게 굴지 말라 ·· 74
030(2-9) 상징적인 형벌 ·· 75
031(2-10) 무거운 짐을 지고 살얼음을 건너듯이 ···················· 78
032(2-11) 많은 입은 쇠도 녹인다 ··· 80

033(2-12) 요순의 태평시대를 흉내만 내면서 ································ 82
034(2-13) 효도는 처자로 인해 희미해지는구나 ······························ 84
035(2-14) 평지에 물을 부으면 ·· 86
036(2-15) 난군과 망국 ··· 88
037(2-16) 시비와 거취 ··· 89
038(2-17) 눈과 귀, 그리고 마음의 귀한 임무 ······························ 90

◉ 부록

Ⅰ. 《등석자鄧析子》 일문佚文 ··· 94
Ⅱ. 《등석자鄧析子》 관련 역대 기록 ··· 96
Ⅲ. 《등석자鄧析子》 서발序跋 ·· 101

1. 무후편 無厚篇
(001-021)

〈船形彩陶壺〉仰昭 문화. 1958년 陝西 寶雞 出土

001(1-1)
하늘이 사람에게 후하게 해 주는 것이 아니다

하늘이라고 해서 사람에게 후덕하게 해 주는 것이 없으며, 임금이라고 해서 백성에게 후덕하게 해 주는 것이 없으며, 아버지라고 해서 아들에게 후덕하게 해 주는 것이 없으며, 형이라고 해서 아우에게 후덕하게 해 주는 것이란 없다.

어떻게 이렇게 말할 수 있는가? 하늘이라고 해서 발려勃厲의 지독한 병의 기운을 막아 주거나 요절夭折하는 사람을 살려 주거나, 또는 착한 사람은 반드시 장수하도록 해 주는 것이 없다. 이렇게 보면 하늘이 백성에게 후덕하게 함이 없는 것이다.

그리고 일반 백성 중에 벽을 뚫고 담을 넘어 도적질을 하거나 거짓된 속임수로 서로 미혹하게 하는 것은 이 모두가 삶의 부족함에서 생기는 것이고 가난하고 궁하기 때문에 그렇게 하는 것이건만, 도리어 임금은 반드시 이들을 잡아 법으로 처단하고 죽여 버린다. 이렇게 보면 임금이 백성에게 후덕하게 함이란 없는 것이다.

요堯임금과 순舜임금은 자신의 지위가 천자이면서도 그 아들 단주丹朱와 상균商均은 일반 백성으로 두었으니 이렇게 보면 임금이라고 해서 자식에게 후덕하게 함이란 없는 것이다.

그리고 주공周公은 자신의 아우인 관숙管叔과 채숙蔡叔을 죽여 버렸으니 이렇게 보면 형으로서 아우에게 후덕하게 함이란 없는 것이다.

이를 미루어 말하건대 무슨 후덕함을 베풂이 있다는 것인가?

天於人無厚也, 君於民無厚也, 父於子無厚也, 兄於弟無厚也.

何以言之? 天不能屛勃厲之氣, 全夭折之人, 使爲善之民必壽, 此於民無厚也.

凡民有穿窬爲盜者, 有詐僞相迷者, 此皆生於不足, 起於貧窮, 而君必執法誅之, 此於民無厚也.

堯舜位爲天子, 而丹朱·商均爲布衣, 此於子無厚也.

周公誅管·蔡, 此於弟無厚也.

推此言之, 何厚之有?

【天】天帝. 하느님. 자연의 신.
【無厚】두터움의 유무가 없음. 어떤 은덕도 베푸는 것이 아님. 아무런 관련이 없음.
【君】군주. 군왕. 인위적인 조직의 제왕.
【屛勃厲之氣】悖逆한 癘疾을 막아줌. '勃'은 '悖'와 같으며 '厲'는 '癘'와 같음.
【全夭折之人】요절한 사람이 다시 살아남.《文選》安陸昭王碑의 李善 주에 "令夭折之人更生"이라 함.
【穿窬】穿踰와 같음. 벽을 뚫고 담을 넘음. 즉 도둑질을 뜻함.《論語》陽貨篇에 "子曰:「色厲而內荏, 譬諸小人, 其猶穿窬之盜也與?」"라 하였으며《孟子》盡心(下)에는 "孟子曰:「人皆有所不忍, 達之於其所忍, 仁也; 人皆有所不爲, 達之於其所爲, 義也. 人能充無欲害人之心, 而仁不可勝用也; 人能充無穿踰之心, 而義不可勝用也. 人能充無受爾汝之實, 無所往而不爲義也. 士未可以言而言, 是以言餂之也; 可以言而不言, 是以不言餂之也, 是皆穿踰之類也.」"라 함.
【堯】陶唐氏이며 이름은 放勳. 부락 연맹의 수령이 되었으며 그가 당을 세워 唐堯라고도 함. 禪讓制度를 실행하여 舜에게 천자의 지위를 물려줌. 그러나 일설에는 堯가 만년에 힘이 쇠약해지자 舜이 이를 가두고 자신이 천자의 지위를 탈취하였다고도 함.

【舜】姚姓이며 有虞氏. 이름은 重華. 그가 虞나라를 세워 虞舜으로도 부름. 천자의 지위를 禹에게 물려주었다 함. 그러나 만년에 우가 그를 내쫓아 남방의 蒼梧山에서 죽었다고도 함.

【丹朱】堯임금의 아들로 매우 무능하였으며 이 때문에 제위가 순에게로 넘어갔다고 함. 이름은 朱. 丹淵에 봉해져서 丹朱라 부른 것.

【商均】舜임금의 아들로 역시 不肖하여 제위가 禹에게 넘어갔다 함. 商에 봉해져서 商均이라 부름. 이상 《史記》 五帝本紀에 "堯子丹朱, 舜子商均, 皆有疆土, 以奉先祀. 服其服, 禮樂如之. 以客見天子, 天子弗臣, 示不敢專也"라 함.

【周公】주초 문왕(姬昌)의 아들이며 무왕(姬發)의 아우. 姬旦. 주나라 문물제도를 완비하였으며 聖人으로 추앙받음. 그의 採邑이 周(지금의 陝西省 岐山 북쪽)였으므로 周公이라 불림. 조카 成王(姬誦)이 어려 섭정하였으며 아우 管叔과 蔡叔이 霍叔, 武庚과 연합하여 반란을 일으키자 이를 토벌하였음. 이를 東征이라 함.

【管蔡】무왕의 아우이며 周公과는 형제 사이였음. 주나라가 殷(商, 紂)을 멸하고 管(지금의 河南省 鄭州)에 姬鮮을, 그리고 蔡(지금의 河南省 上蔡縣)에는 姬度를 봉하여 管叔(혹 關叔이라고도 함)과 蔡叔이라 불림. 霍叔과 함께 殷의 후손 武庚을 감시하도록 임무를 맡겨 이를 흔히 '三監'이라 하며 뒤에 이들이 반란을 일으키자 주공이 東征하여 토벌함. 《史記》 管蔡列傳 및 周本紀 참조.

周公(姬旦)

002(1-2)
임금에게 있을 수 있는 세 가지 과실

겉으로 알려진 명성을 잘 살피고 그 실질을 책임지도록 하는 것은 임금이 할 일이며 법을 잘 받들어 명령을 널리 알리는 일은 신하로서의 직무이다.

아랫사람이 스스로 잘났다고 나서지 아니하며 위에서는 그 권세의 자루를 쥐고 조종하는데도 나라가 잘 다스려지지 않는 경우란 없었다.

임금에게 세 가지 잘못이 있을 수 있으며 신하로서는 네 가지 책임이 있다.

세 가지 잘못이란 무엇인가?

오직 자신이 믿는 사람과 친히 여기는 것이 첫 번째 과실이며, 명성만 듣고 사람을 뽑아 쓰는 것이 두 번째 과실이며, 옛 친구나 먼 친척만을 가까이 하고 친히 여기는 것이 세 번째 과실이다.

네 가지 책임이란 무엇인가?

귀중한 상을 받으면서도 아무런 공을 세우지 못하는 것이 첫 번째 책임이며, 높은 지위에 있으면서도 아무런 치적을 이루지 못하는 것이 두 번째 책임이며, 법을 집행하는 관리가 되어 공평하게 판결을 하지 못하는 것이 세 번째 과실이며, 국방과 군사의 책무를 지고 있으면서도 패하여 도망한다면 이것이 네 번째 책임이다.

임금에게 세 가지 과실이 없고 신하로서 네 가지 책임질 일이 없다면 가히 나라를 편안히 할 수 있다.

循名責實, 君之事也; 奉法宣令, 臣之職也.
下不得自擅, 上操其柄, 而不理者未之有也.
君有三累, 臣有四責.
何謂三累? 惟親所信, 一累; 以名取士, 二累; 近故親疎, 三累.
何謂四責? 受重賞而無功, 一責; 居大位而不治, 二責; 爲理官而不平, 三責; 御軍陣而奔北, 四責; 君無三累, 臣無四責, 可以安國.

【循名責實】말하고 있는 내용에 근거하여 실질적인 속뜻을 찾아냄. 名은 敍說의 상황을 말함.
【奉法宣令】나라의 법을 준수하여 법령을 널리 선전함.
【下不得自擅】신하가 임금의 권위를 초월하여 자신의 주장을 펴서는 안 됨을 말함.
【上操其柄】임금이 국가를 조종하는 대권을 사용함.
【名】명망. 명예.
【理官】법관. 법을 담당하여 판결을 내리는 관리.
【奔北】패하여 달아남. '분배'로 읽음.

003(1-3)
권세와 위엄

세勢란 임금의 수레이며 위威는 임금의 채찍이며, 신하는 임금의 말이요, 백성은 임금의 수레바퀴이다. 세가 견고하면 수레가 안전하고, 위가 고정되면 채찍이 든든할 것이며, 신하가 순종하면 말이 양순하고, 백성이 화목하면 바퀴가 잘 굴러갈 것이다.

나라를 다스리면서 이러한 것을 잃는다면 틀림없이 수레는 엎어지고 말은 달아나며 바퀴는 부서지고 싣고 있는 물건은 쏟아질 환난이 있을 것이니 어찌 위험에서 벗어날 수 있겠는가?

勢者君之輿, 威者君之策, 臣者君之馬, 民者君之輪. 勢固則輿安, 威定則策勁, 臣順則馬良, 民和則輪利.

爲國失此, 必有覆車奔馬·折輪敗載之患, 安得不危?

韓非子. 夢谷 姚谷良(그림)

【勢者君之輿】《韓非子》佚文에는 "勢者, 君之馬也. 威者, 君之輸也"라 함.
【輪利】수레를 이용하여 매우 순조롭고 이로움.
【爲國失此】이 구절은 《韓非子》佚文에 "爲國有失於此, 覆輿奔馬, 折策敗輪矣. 輿覆馬奔, 策折輪敗, 載者安得不危?"라 함.

004(1-4)
임금은 자신의 형체를 감추어야 한다

  서로의 같고 다른 차이가 구별되지 못하고, 시비是非가 확정되지 못하며, 흑백黑白이 분별되지 못하고, 청탁淸濁이 변별되지 못한 지가 오래되었다.
  진실로 듣기로는 소리가 없는 것도 들어야 하며, 보기로는 능히 형태가 없는 것을 보아야 하며, 계책을 세우기로는 아직 드러나지 않은 징조를 따질 수 있어야 하며, 염려하기로는 아직 드러나지 않은 일을 방비해야 한다. 이렇게 하기에는 다른 방법이 있는 것이 아니다. 귀로만 듣는 것이 아니라면 소리 없는 것까지 통할 수 있고, 눈으로만 보는 것이 아니라면 형태가 없는 것까지 비추어 볼 수 있고, 마음으로만 계책을 세우는 것이 아니라면 징조 없는 것까지 통달할 수 있으며, 자신의 지식으로만 염려하는 것이 아니어야 그렇게 나타나지 않은 것까지 합당하게 처리할 수 있게 되는 것이다.
  임금으로서 자신의 형체를 감추고 그림자까지 숨긴다면 여러 신하들이 사사롭게 행동하지 못할 것이며, 자신의 눈을 감추고 귀를 막는다면 만 백성이 모두 임금을 두려워하고 겁을 내게 될 것이다.

  異同之不可別, 是非之不加定, 白黑之不可分, 淸濁之不可理, 久矣.
  誠聽能聞於無聲, 視能見於無形, 計能規於未兆, 慮能防於未然. 斯無他也, 不以耳聽, 則通於無聲矣. 不以目視,則照於無形矣. 不以心計, 則達於無兆矣. 不以知慮, 則合於無然矣.

君者, 藏形匿影, 群下無私. 掩目塞耳, 萬民恐震.

【理】 분석함. 정리하여 이론을 세움.
【規】 窺와 같음. 관측함. 겉으로 드러냄.
【不以耳聽】 귀로만 들어서는 안 됨을 말함.
【合於無然】 아직 나타나지 않은 상황이지만 그에 합당함. "防患於未然"과 같음. 즉 일이 일어나기 전에 예방함.
【藏形匿影】 형체와 그림자를 모두 감춤. 즉 視聽과 計劃, 思慮에 유의하여 경솔하게 법령을 내는 일이 없도록 해야 한다는 뜻임.

005(1-5)
겉으로 알려진 명성

겉으로 알려진 명성을 잘 살피고 그 실질을 책임지도록 하며, 법을 살펴 군주로서의 권위를 세우는 것이 바로 명석한 왕이다.

무릇 형세에 밝은 자는 잘 헤아려 자신의 직분에 그 업무를 초과하지 아니하며, 행동을 잘 살피는 자는 임용되고 나서도 실수가 없으므로 백성을 이롭게 한다.

그러므로 명석한 군자가 하나를 살피면 만물이 스스로 그 자리를 정하게 된다.

명망이 있는 자는 자신의 업무 밖의 일에 힘쓰지 않아야 하며, 지혜로운 자는 다른 일에 종사하지 않아야 하나니 이는 모두가 자기 자신에게서 찾아야 함을 말한 것이다.

循名責實, 察法立威, 是明王也.
夫明於形者分, 不遇於事. 察於動者用, 不失則利.
故明君審一, 萬物自定.
名不可以外務, 智不可以從他, 求諸己之謂也.

【察法立威】 국가의 법을 세밀히 관찰하여 위엄을 세움.
【明王】 명석한 군주.

【明於形者】일의 형세에 대하여 명찰하게 살피는 자.
【察於動者】사물의 변화와 움직임을 잘 살피는 사람.
【萬物】천하의 백성을 지칭함.
【外務】자신의 직책 범위 밖의 업무나 사정.
【從他】맹목적으로 남의 의견을 들음. 자신의 주견이 없음을 말함.
【求諸己】자신에게서 모든 것을 구함. 스스로 책임지고 결정하며 잘못을 자신이 책임짐. '諸'는 '之於, 之乎'의 줄인 말로 '저'로 읽음.

006(1-6)
진정한 치세

잘 다스려지는 시대에는 직위는 그 본래의 위치를 넘어서지 않았고, 직무는 혼란이 일어나지 않았다. 모든 관리와 유사有司는 각기 자신이 맡은 업무에 힘썼다.

윗사람은 그 명성을 잘 살펴 그 실질에 맞는지를 감독하였고, 아랫사람은 윗사람의 가르침을 받들어 위배됨이 없었다.

아름다운 모습이 드러나는 일이라면 이를 끝까지 지켜 내었으며, 악한 계획이라면 더 발전하지 못하도록 끝을 맺었다. 즐겁다고 해서 상을 내리는 일도 없었고, 화가 났다고 해서 벌을 내리지도 않았다. 이러한 시대야말로 가히 '치세治世'라 할 수 있는 것이다.

治世, 位不可越, 職不可亂. 百官有司, 各務其刑. 上循名以督實, 下奉教而不達.

所美觀其所終, 所惡計其所窮. 喜不以賞, 怒不以罰. 可謂治世.

【刑】形과 같음. 각양각색의 자신이 맡은 다양한 업무.
【奉教】군주의 가르침이나 지시를 잘 받들어 모시고 시행함.
【達】다른 본에는 모두 '違'로 되어 있음. 이에 따라 해석함.
【所美觀其所終】《管子》版法에 "擧所美必觀其所終, 廢所擧必計其所窮"이라 하였음.

007(1-7)
무거운 짐을 진 자는

무릇 무거운 짐을 진 자는 길이 먼 것을 걱정하여 스스로 몸을 잘 단련해야 하며, 귀한 지위를 차지한 자라면 그 백성이 자신에게서 떠나면 어쩌나 걱정해두어야 한다. 짐은 무겁고 갈 길까지 먼데 몸까지 피로에 지쳐 있다면 그 짐을 옮기는 일을 성취할 수가 없고, 윗자리에 있으면서 백성이 그를 떠나고 말았다면 노고롭기만 할 뿐 다스림을 성취할 수 없다.

그러므로 지혜로운 자는 갈 길을 계산한 이후에 짐을 지는 법이며, 명석한 군주라면 백성의 사정을 잘 살피고 나서 정치를 펴기에 나서는 것이다.

夫負重者患塗遠, 據貴者憂民離. 負重塗遠者, 身疲而無功, 在上離民者, 雖勞而不治.

故智者量塗而後負, 明君視民而出政.

【塗】'途'와 같음.
【憂】일부 본에는 '患'으로 되어 있음.

008(1-8)
호랑이와 돼지우리

큰곰이나 호랑이를 사냥하는 자는 돼지들이 모여 있는 곳에서 사냥하지 아니하며, 고래를 잡으려는 자는 맑은 연못에서 이를 낚겠다고 하지 않는다.

어찌 그렇겠는가? 돼지우리는 큰곰이나 호랑이가 있을 굴이 아니며, 작은 못이란 고래가 있을 물이 아니기 때문이다.

초楚나라는 물을 거슬러 남을 공격하지 않았고 진陳나라는 군기를 흔들며 남을 공격하는 일을 하지 않았다. 그리고 장로長盧는 옳은 선비가 되지 못하였고, 여불위呂不韋는 제멋대로 하다가 치욕을 덮어쓰고 만 것이다.

獵羆虎者, 不於外圂; 鈎鯨鯢者, 不居淸池.
何則? 圂非羆虎之窟也, 池非鯨鯢之泉也.
楚之不泝流, 陳之不束麾; 長盧之不士, 呂子之蒙恥.

【獵羆虎】《太平御覽》(938)에 "獵猛虎者, 不於後圂"이라 함.
【外圂】집 밖에 설치한 돼지우리. 여기서는 돼지들이 우글거리는 장소를 말함.
【鈎鯨鯢】'鈎'가 일부본에는 '釣'로 되어 있음. 鈎는 갈고리로 잡아내는 것이며 釣는 낚시질로 잡아 내는 것을 말함. 경예는 고래의 일종.《左傳》宣公 11년에 "古者明王伐不敬, 取其鯨鯢而封之, 以爲大戮"이라 하였고 孔穎達 疏에 裴淵의 《廣州記》를 인용하여 "鯨鯢長百尺, 雄曰鯨, 雌曰鯢"라 함.

【不居淸池】고래는 얕고 맑은 못에서는 낚을 수 없으며 깊고 넓은 큰바다에서나 잡을 수 있음을 말함.

【園非驪虎之窟也, 池非鯨鯢之泉也】'泉'은 '淵'의 잘못으로 여김.《太平御覽》(938)에 "園非虎處, 池非鯨淵"이라 함.

【泝流】물을 거슬러 올라감. '楚之不泝流'는 구체적으로 어떤 사건을 두고 하는 말인지 알 수 없음.

【束麾】군대를 지휘하기 위하여 깃대에 묶은 깃발. '陳之不束麾'도 역시 어떤 역사적인 사건을 두고 한 말인지 알 수 없음.

【長盧】楚나라 사람으로《史記》孟荀列傳에 "楚有尸子·長盧"라 하였고,《漢書》藝文志 諸子略 道家類에《長盧子》9편이 실려 있으며 초나라 사람이라 하였음.《사기》에는 이 장로가 公孫龍, 劇子, 李悝 등과 함께 전국시기 동시대 인물로 보았으나 사적에 대하여 자세히 알 수 없음. 본문의 내용은 부정적으로 한 말인 것으로 여겨지나 구체적인 내용은 알 수 없음.

【呂子】呂不韋(?~B.C.235년)를 가리킴. 전국시대 魏나라 濮陽 사람으로 韓나라 陽翟(지금의 하남성 禹縣)에서 장사를 하여 趙나라 수도 邯鄲에서 마침 秦나라에서 인질로 와 있던 子楚를 奇貨로 여겨 돌보아 진나라로 귀국하여 왕(秦나라 莊襄王)이 되도록 하였음. 한편 처음 만났을 때 자신의 임신한 애첩을 자초에게 주어 이가 뒤에 秦始皇(嬴政)이 되었음. 자초를 도운 공으로 仲父라 칭하였으며 文信侯에 봉해짐. 뒤에 권세가 높아지고 진시황이 자라면서 呂不韋가 계속 자신의 애첩이었던 황후와 사통하자 결국 鴆毒을 먹고 자살토록 하였음. 생전에《呂氏春秋》를 저술하면서 '一字千金'의 고사를 남기기도 하였음.《史記》呂不韋列傳 참조.

009(1-9)
형세의 주도권을 내가 쥐고 있어야 한다

무릇 각지를 유학游學하면서 다른 사람에게 공경을 받지 못한다면 이는 공손하지 못하였기 때문이요, 평소에 남에게 사랑을 받지 못한다면 이는 어질지 못하게 때문이다.

그리고 말을 하여도 채용되지 못한다면 이는 믿음이 없기 때문이요, 구하여도 능히 얻지 못한다면 이는 중개하는 자가 없기 때문이다.

모책을 세우고도 그가 즐겁게 여겨 주지 않는다면 이 역시 중간에 도와주는 자가 없기 때문이요, 계획을 세워 주고도 남이 따라 주지 않는다면 이는 도를 잃었기 때문이다.

형세를 잘 타고 명성을 드날린다면 행동은 남과 같아도 명예는 전혀 다르게 얻을 수 있으리라. 남의 마음과 똑같이 하여 때를 얻는다면 힘은 남과 같을지라도 그 공은 곱절이 되리라.

그렇게 되는 이유는 그 타는 형세가 나에게 있지 않고 남에게 있기 때문이다.

夫游而不見敬, 不恭也; 居而不見愛, 不仁也.
言而不見用, 不信也; 求而不能得, 無始也.
謀而不見喜, 無理也; 計而不見從, 遺道也.
因勢而發譽, 則行等而名殊. 人齊而得時, 則力敵而功倍;
其所以然者, 乘勢之在外也.

【游而不見敬】游學할 때 중시를 받지 못함. 游는 遊說學을 익히기 위하여 여러 곳을 돌아다니며 유명한 책략가의 의견을 듣기도 하고 정보를 수집하는 游士의 학문을 말함.
【無始】'始'는 '媒'자의 오기가 아닌가 함. 뒤 구절의 '無理'와 대응됨. 屈原 〈離騷〉에 "理弱而媒拙兮, 恐導言之不固"라 하였고 여기에서의 '理'와 '媒'는 모두 중매인, 중간에서 도와주는 자를 뜻함.
【遺道】道를 잃음. 앞의 '不恭, 不仁, 無始, 無理'와 같은 구형임.
【因勢而發譽】정세를 잘 타서 발전하여 명예를 얻음.
【力敵而功倍】상대의 힘을 빌려 자신은 '力半功倍'의 효과를 얻음.

010(1-10)
진정한 변론

말만 잘하는 논설은 밀쳐 버리고 듣지 말아야 하며, 헛된 말로 물을 때라면 이에 응하지 말아야 하며, 치란治亂에 아무런 이익이 되지 않는 것이라면 이를 들어 쓸 필요도 없다.

그러므로 담론談論이란 서로 다른 것을 구별하여 서로가 해를 주지 않도록 해야 하며, 이단을 구분하여 서로 혼란이 일어나지 않도록 해 주어야 하는 것이다.

분명한 뜻과 통달한 뜻으로 거슬리는 논리를 펴는 일이 없도록 하여야 한다.

만약 꾸며댄 말로써 변론에 혼란이 일어나게 하거나 열쇠가 되는 말을 감추고 그 개념을 몰래 바꾼다면 이러한 짓은 고대에 말한 진정한 변론이 될 수 없다.

推辯說, 非所聽也. 虛言向(問), 非所應也. 無益治亂, 非所擧也.

故談者, 別殊類使不相害, 序異端使不相亂.

諭志通意, 非務相乖也.

若飾詞以相亂, 匿詞以相亂移, 非古之辯也.

【虛言向】'向'자는 '問'자의 오기. 실제와 관련이 없는 허망한 말에 대하여 질문함.
【無益治亂】국가 治亂에 아무런 관련이 없는 것. 이러한 질문은 들어줄 필요가 없음.《尹文子》에 "有理而無益於治者, 君子弗言"이라 하였고,《莊子》天下篇에는 "言之無益於治者, 君子不言, 以爲明之不如其己"라 함.
【談者】진정한 변론을 하는 자.
【異端】정통파의 학설이나 사상과 대립되는 邪說.《論語》爲政篇에 "子曰: 「攻乎異端, 斯害也已.」"이라 하였고, 皇侃은 「異端, 謂雜書也. 言人若不學六籍正典而雜學於諸子百家, 此則爲害之深」이라 하였음.
【相亂移】'亂'자는 오기로 첨가된 것으로 보고 있음. '相移'는 '匿詞'와 호응이 되는 것으로 변론 속에 숨겨진 용어로서 "그 개념을 옮겨 설명하다"는 의미.

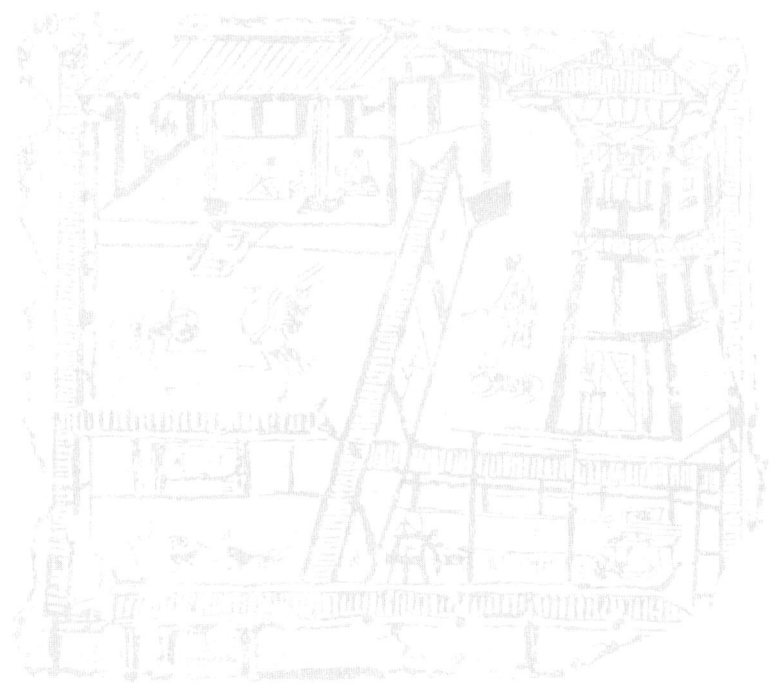

011(1-11)
천리 밖의 사정을 훤히 알 수 있어야 한다

상대의 계책에 대응할 말을 미리 상정하여 두지 않았다가는 갑작스러운 사태에는 대응할 수가 없다. 사병들로서 평소 능숙하게 훈련을 해 두지 않았다가는 적을 직접 마주쳤을 때 당할 수가 없다.

천리 밖의 사정을 궁중 사당에서 계산하고 장막에서 세우는 기이한 계책이 백전백승을 이루나니 이것이 황제黃帝의 군대였다.

慮不先定, 不可以應卒. 兵不閑習, 不可以當敵.
廟算千里, 帷幄之奇, 百戰百勝, 黃帝之師.

【慮】상대방의 전략이나 계모를 미리 생각함.
【應卒】갑작스러운 일에 대응함. '卒'은 '猝'과 같음.
【閑習】어떤 일에 아주 익숙하게 익히고 있음. 《戰國策》 燕策(1)에 "閑於兵甲, 習於戰攻"이라 함.
【廟算】임금이 전장에 직접 나가지 아니하고 사당에서 이미 승리에 대하여 계산하고 계획을 세움. 《孫子》 計篇에 "夫未戰而廟算勝者, 得算多也; 未戰而廟算不勝者, 得算少也"라 하였고 張預의 주에 "古者興師命將, 必致齋於廟, 授以成算, 然後遣之, 故謂之廟算"이라 함.
【帷幄】군주가 전투에 관한 회의를 하는 임시 막사나 장수가 거하는 막부. 《漢書》 張良傳에 "運籌帷幄之中, 決勝千里之外, 子房之功也"라 함.

【黃帝】고대 전설상의 제왕. 성은 姬氏, 호는 軒轅氏, 혹은 有熊氏, 少典의 아들이며 당시 여러 부족의 공동 수령이었음. 阪泉에서 炎帝를 멸하였고 뒤에 다시 涿鹿에서 蚩尤를 물리쳐 멸함. 五帝 중의 하나로 모든 문명의 발전을 대체로 이 황제에게 의탁하여 養蠶, 수레와 배, 文字, 音律, 醫學, 算法 등을 이 때에 발명하거나 처음 창조하였다고 여겼음.《黃帝內徑》은 이 황제에게 의탁하여 쓴 의학서로 알려짐.《漢書》藝文志에 그의 병법서는 《黃帝》가 저록되어 있으며《陰符經》도 黃帝의 저작으로 위탁되어 있음.
【師】義師. 혹은 고대 군대 편제의 하나.

〈黃帝〉명《歷代帝王名臣像冊》

012(1-12)
천명을 아는 자

죽고 사는 것은 스스로 지니고 있는 운명이며, 가난하고 부유함도 스스로 그 때가 있는 법이다. 요절하는 것을 원망하는 것은 운명을 모르는 것이며, 가난하고 천함을 원망하는 것은 때를 모르기 때문이다.

그러므로 어려움에 처하여도 두려워하지 아니함은 천명天命을 아는 것이요, 가난하고 궁함에도 두려워하지 아니함은 때의 차례가 있음에 통달하였기 때문이다.

死生自命, 貧富自時. 怨夭折者, 不知命也. 怨貧賤者, 不知時也.

故臨難不懼, 知天命也; 貧窮無懾, 達時序也.

【懾】두려워함을 말함.
【達時序】時運의 차례가 있다고 여겨 이에 達通함.

013(1-13)
흉년에 굶어 죽으면서

흉년이 든 해에 아버지는 집에서 굶어 죽고 아들은 문 밖에서 죽으면서도 서로 원망하지는 아니 하는 것은 서로 돌아보아 보살필 수 없기 때문이다. 같은 배를 타고 바다를 건널 때 물 가운데에서 바람을 만났다면 서로 구해 주며 걱정하기를 한결같이 한다. 이는 그 걱정하는 바가 동일하기 때문이다.

그물을 쳐 놓고 사냥을 하면서 서로 부르고 대답하는 말이 차이가 없는 것은 그 이익을 동등하게 나눌 것이기 때문이다.

그러므로 몸이 아픈 자는 입으로 부르짖지 아니할 수 없고, 마음에 즐거움이 넘치는 자는 얼굴에 웃는 모습을 짓지 아니할 수가 없다.

피로에 지친 자에게 천 균均 무게의 짐을 들도록 책임을 맡기거나, 다리를 잘린 형벌을 받은 자에게 뛰는 토끼를 따라 잡으라 하고, 조정에서 남들처럼 빠른 걸음으로 달리게 하며, 우리에 갇힌 원숭이에게 마음 놓고 움직이라고 요구한다면 이는 이치를 거슬러 요구하는 것으로 치마를 거꾸로 입고 그 동정의 깃을 찾는 것과 같다.

凶饑之歲, 父死於室, 子死於戶, 而不相怨者, 無所顧也.
同舟渡海, 中流遇風, 救患若一, 所憂同也.
　張羅而畋, 唱和不差者, 其利等也.
　故體痛者, 口不能不呼; 心悅者, 顏不能不笑.

責疲者以擧千鈞, 責兀者以及走兎, 驅逸足於庭, 求獲捷於檻, 斯逆理而求之, 猶倒裳而索領也.

【凶饑】흉년으로 기근을 만남.
【子死於戶】자식이 집안에서 죽음. 그러나 일부 본에는 "子死戶外"라 하여 문밖에서 죽는 것으로 되어 있음.
【同舟渡海】'同船涉海'와 같음. 같은 배를 타고 바다를 건넘.
【張羅以畋】그물을 설치하여 사냥을 함. 고대 사냥법의 일종.
【兀者】발이 잘린 사람. 고대 발을 끊는 형벌을 받은 자를 가리킴.
【驅逸足於庭】엄숙한 조정에서 마구 달리고 뛰도록 몰아감.
【檻】원숭이를 가두어 놓은 우리.
【倒裳而索領】치마를 거꾸로 뒤집어 입고 그 동정의 깃이 어딘지 찾으려 함. 그러나 이 구절은 원본에는 없으며 《太平御覽》(768)에 의해 보입한 것임.

〈流民圖〉(明) 周臣 미 하와이 호놀룰루 미술대학 소장

014(1-14)
군주가 걱정해야 할 네 가지 행동

일을 처리함에 멀리 있는데도 가까이 있는 것으로 여겨 처리하고, 가까이 있는 것에 대하여 소홀히 하며, 나서도 등용해 주지 아니하고, 떠나도 돌아오기를 요구하지 않는다.

무릇 이러한 네 가지가 행동은 명석한 군주라면 크게 걱정하여야 한다.

事有遠而親, 近而疎, 就而不用, 去而反求.
風此四行, 明主大憂也.

【事】세상의 모든 일.
【風】'凡'과 같음. 伍非百의 《鄧析子辯僞》에 "蓋風與凡, 古同音. 中庸: 知風之自, 兪樾校作'知凡之目', 是其證"이라 함.

015(1-15)
탁한 물과 가혹한 정치

무릇 물이 탁하면 한가로이 꼬리를 흔들며 유유자적하는 물고기가 있을 수 없고, 정치가 가혹하면 편안히 즐거움을 누리는 선비가 있을 수 없다.

그러므로 법령이 너무 번잡하면 백성들이 속임수를 쓰게 되고, 정치가 너무 흔들리면 백성이 안정을 얻지 못한다. 그 근본을 다스리지 아니하고 그 말단의 일에 힘쓰는 것은 마치 물에 빠져 죽어 가는 사람을 구한답시고 돌을 매달아 주는 것과 같고, 불을 꺼 준다면서 섶을 던져 주는 것과 같다.

夫水濁則無掉尾之魚, 政苛則無逸樂之士.
故令煩則民詐, 政擾則民不定. 不治其本, 而務其末, 譬如拯溺錘之以石, 救火投之以薪.

【掉尾之魚】물 속에서 한적하고 여유를 부리며 꼬리를 천천히 흔드는 물고기. 자유를 만끽하고 있음을 말함.
【拯溺錘之以石】물에 빠져 죽는 사람을 건진다면서 돌을 얹어 더 무겁게 하고, 불난 집에 불을 꺼 준다면서 섶을 던져 줌. 《藝文類聚》(80)와 《太平御覽》(520)에는 이를 인용하여 "拯溺碰之以石, 救火而投之以薪"이라 하여 '錘'는 '碰'와 같음.

016(1-16)
도를 알겠다고 하는 자는 도를 실천하지 못한다

무릇 도에 통달한 자는 도를 알고자 하는 마음을 가지고 있지 않으며 도에 능한 재능도 가지고 있지 않다. 이는 대도를 알게 되면 알지 못해도 그에 맞게 되며 능하지 않아도 그에 족하게 되어, 텅 비워둔 그 자체를 지키면서 실질에 맞도록 요구해도 저절로 만사가 모두 끝나게 마련이기 때문이다.

충성이란 충성스럽지 않은 것과 비교하는 말이며, 정의란 불의가 있음으로 해서 나오는 것이다. 말을 해 놓고 이를 거두어들이지 않는 것을 일러 방언放言이라 하고, 말을 해 놓고 이를 단속하지 않는 것을 일러 암闇이라 한다.

그러므로 그 상징을 보고 그 형태를 이루며, 그 이치를 따라 그 이름을 정확히 하며 그 단서를 잡아 그 사정을 알아야 한다. 이와 같이 한다면 어디를 간들 되돌아 올 수 없겠으며 그 어떤 일이든 해내지 못할 것이 있겠는가?

만물을 가지고 있음은 그 뜻을 가지고 있기 때문이며, 외물에 얽매이지 않음은 덕이 있기 때문이며, 사람을 가지고 있는 것은 행동이 있기 때문이며, 사람이 주위에 없어도 되는 것은 도가 있기 때문이다.

그러므로 덕을 실천함이 없고 처리할 일을 제대로 처리하지 못한다면 이는 도를 잃는 것이며, 진정한 도를 비난하면서 자신은 도에 부합하지 않게 행동하는 것은 악언일 뿐 어짊은 없는 셈이 된다. 충성스럽지 못한 일을 생각하고 무도한 짓을 행하면서 헛된 말을 하는데도 이를 마치 진실인 줄로 받아들인다면 세상 모든 일은 끝난 것이다.

夫達道者, 無知之道也, 無能之道也. 是知大道不知而中, 不能而成, 無有而足, 守虛責實而萬事畢.

忠言於不忠, 義生於不義. 音而不收, 謂之放; 言出而不督, 謂之闇.

故見其象, 致其形; 循其理, 正其名; 得其端, 知其情. 若此, 何往不復? 何事不成?

有物者, 意也; 無外者, 德也; 有人者, 行也; 無人者, 道也.

故德非所履, 處非所處, 則失道. 非其道不道, 則諂意無賢. 慮無忠, 行無道, 言虛如受實, 萬事畢.

【音而不收】어떤 사실을 발표하고 나서 도도히 흘러가는데도 이를 거두어 들이지 않음.
【放言】방종하게 떠드는 의견.
【諂意無賢】악한 말을 하면서 조금도 정직함이 없음.
【言虛如受實】헛된 말을 하는데도 이것을 진실로 여겨 받아들임.

017(1-17)
오미를 직접 맛보지 아니하고도

무릇 영욕이 무엇인지 화제로 삼을 때 치욕을 말하느니만 못하다고 하는 논리는 성실하지 못한 말이다. 얻는 것이란 잃는 것을 말하느니만 못하다고 하는 것도 역시 실질적인 말이 아니다.

나아가지 않으면 물러설 수밖에 없고, 기쁨이 아니라면 근심일 수밖에 없으며, 얻지 않으면 곧 잃는 것이란 세상 사람들의 평상적인 논리이다.

그러나 진실한 사람은 이 열 가지 상황이 하나로 묶여 혼란을 일으키는 일을 위험한 논리라고 여긴다. 소위 말을 아주 잘한다는 것은 천하의 행동을 구별하며 천하의 만물을 다 구비하여 좋은 것은 선택하고 악한 것은 물리치며, 그 마땅한 때를 잘 조종하여 공이 세워지고 덕이 이르도록 한다. 그러나 하찮은 변론을 펴는 자는 그렇게 하지 못한다. 다른 논리를 펴서 말로 이를 구분하여 말로써 서로를 공격하고 행동으로 서로 치고 박고 하여 백성들로 하여금 그 요체를 알 수 없도록 흐려 놓는다.

이는 다른 이유에서가 아니다. 그 이유는 지식을 천박하게 운용하기 때문이다.

군자는 만물을 아우르되 이를 자리잡도록 하며 모든 길을 함께 겸하되 이를 잘 활용한다. 그리하여 오미五味를 맛보지 않고도 능히 이를 입안에서 분별해 내며 자신 스스로 오행을 몸에 지니고 있어 남에게 널리 퍼지게 한다.

그러므로 그 어떤 방향으로 몰고 가도 잘못된 것이라면 따르지 않으며, 얼굴을 맞대고 따르도록 요구하는 의義라 할지라도 옳지 않다면 행하지 않으며, 치란의 방법을 사용하지도 않는다. 담연憺然히 관용을 베풀며

탕연蕩然히 간단하고 쉽게 행하도록 한다. 간략하게 해도 잃는 것이 없어, 정밀하고 상세함이 그 섬미纖微한 속까지 파고들도록 한다.

夫言榮不若辱, 非誠辭也. 得不若失, 非實談也.
不進則退, 不喜則憂, 不得則亡, 此世人之常.
眞人危斯, 十者而爲一矣. 所謂大辯者, 別天下之行, 具天下之物, 選善退惡, 時措其宜, 而功立德至矣. 小辯則不然, 別言異道, 以言相射, 以行相伐, 使民不知其要.
無他故焉, 故淺知也.
君子幷物而錯之, 兼塗而用之. 五味未嘗而辨於口, 五行在身而布於人.
故何方之道不從, 面從之義不行, 治亂之法不用. 惔然寬裕, 蕩然簡易, 略而無失, 精詳入纖微也.

【射】공격함. 질책함. 추궁함.
【錯】措와 같음. 措置함.
【五味】酸, 甛(甘), 苦, 辣, 鹹 등의 맛.
【五行】행동에서 중요한 다섯 가지.《禮記》鄕飮酒에 "貴賤明, 隆殺辨, 和樂而不流, 弟長而無遺, 安燕而不亂, 此五行者, 足以正身安國矣"라 함.

018(1-18)
배가 물에 뜨고 수레가 굴러가는 이치

무릇 배가 물에 뜨고 수레가 뭍에서 굴러가는 것은 자연스러운 도이다. 나라가 잘 다스려지지 못하는 경우가 있는 것은 미리 준비할 줄을 모르고 있었기 때문이다.

夫舟浮於水, 車轉於陸, 此自然道也. 有不治者, 知不豫焉.

【豫】'預'와 같음. 일이 있기 전에 미리 준비하고 일에 대하여 알고 있음.

〈陶船〉(全) 1954 廣東 廣州 출토

019(1-19)
나무토막에 걸려 넘어진 수레

무릇 나무토막에 걸려 수레의 바퀴 축이 부러지고 물 속의 돌이 배를 깨뜨리되 그 나무토막이나 돌을 원망하지 아니하고 도리어 수레나 배를 제대로 몰고, 젓지 못한 것을 원망한다. 이는 그 나무토막이나 돌에게는 지혜라는 것이 실려있지 않기 때문이다. 그러므로 도道라는 것이 앎이라는 것이 있다면 감정이 있을 것이요, 덕德이라는 것이 마음이 있다면 위험하게 될 것이며, 마음에 눈이 있다면 혼란에 빠지고 말 것이다.

이 까닭으로 규구規矩란 한 번 통일 시켜 놓으면 이를 바꿀 수 없는 것이니 진秦나라, 초楚나라라고 해서 이를 느슨하게 할 수 없고, 호胡나 월越이라고 해서 그 모습을 고칠 수 없는 것이다. 항상 한결같이 하여 사악한 쪽으로 휩쓸리지 아니하고, 항상 방정하게 하여 유속流俗으로 빠져들지도 않는 것이다.

어느 하루 이 형태를 법으로 만들어 놓고 나면 만세토록 이를 전하여 주는 것이니 여기에 더 이상 작위를 더 보탬이 없어야 하는 것이다.

夫木擊折轊, 水戾破舟, 不怨木石而罪巧拙, 智故不載焉. 故道有知則惑, 德有心則嶮, 心有目則眩.

是以規矩一而不易, 不爲秦楚緩節, 不爲胡越改容. 常一而不邪, 方行而不流.

一日形之, 萬世傳之, 無爲爲之也.

【轊】 수레바퀴의 끝 부분.
【智】 원본에는 이 글자가 없으나《淮南子》主術訓과《文子》下德, 그리고 伍非百의《鄧析子辯僞》에 의해 이 글자를 첨가함.
【道】 이 역시 원본에는 없음.
【感】 惑자가 아닌가 함. 이에 따라 "德有心則嶮, 心有目則眩"과 대응됨.
【心】 이 역시 원본에는 없음.
【緩節】 절조를 고침.《회남자》에는 '變節'로 되어 있으며 伍非百의《辯僞》에는 이에 따라 '變節'로 고쳐져 있음.
【常一】 영원불변의 뜻.
【形】 典型. 規範의 뜻과 같음.

020(1-20)
남의 눈과 귀

무릇 스스로 직접 보아야 밝게 볼 수 있는 것이니 남의 눈을 빌려 보게 되면 제대로 볼 수가 없다. 스스로 직접 들어야 밝게 듣는 것이니 남의 귀를 통해 들으면 귀머거리가 듣는 것과 같아진다. 명석한 임금이 이를 알게 되면 거취去就의 분별이 정해진다.

임금 된 자라면 의당 마치 겨울의 햇볕과 같고 여름의 그늘과 같아 만물이 스스로 그쪽을 향해 찾아들도록 하니 이는 그렇게 시켜서 될 일이 아니다.

편안히 누워 있어도 그 공은 저절로 성취되며 마음 편히 유유자적하여도 정치는 저절로 치적을 이루게 된다.

그러니 어찌 눈을 부릅뜨고 팔을 비틀며, 손으로 직접 채찍을 잡고 휘두르고 나서야 다스림이 이루어지겠는가?

夫自見之明, 借人見之闇也. 自聞之聰, 借人聞之聾也. 明君知此, 則去就之分定矣.

爲君者, 當若冬日之陽, 夏日之陰, 萬物自歸, 莫之使也.

恬臥而功自成, 優游而政自治.

豈在振目搤腕, 手據鞭樸而後爲治歟?

【自見之明】《意林》에 인용된 것과 馬叙倫의《鄧析子校錄》에는 모두 "自見則明"으로 되어 있으며 아래 두 구절도 마찬가지임.
【聽】馬叙倫의《鄧析子校錄》과 伍非百의《鄧析子辯僞》에는 모두 '聰'으로 되어 있어 위의 명과 호응됨.
【者】이 글자는 원본에 없으나《太平御覽》(620)과《文選》褚淵碑 注에 의해 첨가함.
【當若冬日之陽】의당 겨울의 햇볕처럼 누구나 그곳의 따뜻함을 찾아 오도록 해야 함. 馬叙倫의《鄧析子校錄》에 "《周書》大聚解曰: 譬之若冬日之陽, 夏日之陰, 不召而自來, 此謂歸德"이라 함.
【振目搤腕】'振'은 '瞋'의 가차자로 보고 있음. 눈을 크게 뜸.
【據】'操'자의 오기가 아닌가 함.
【鞭樸】'樸'은 '撲'자로 봄. 군주가 채찍으로 신하를 질책하고 징벌함.

021(1-21)
군주는 사람을 가려 쓸 줄 알아야 한다

무릇 일의 처리가 합당한 경우가 있고 합당하지 못한 경우가 있으니 이는 서로 아는 사이와 알지 못하는 사이의 차이 때문이다. 서로 합당하다고 여겼으나 아무런 결과를 얻지 못하는 경우가 있으니 이는 겉으로 친하면서 속으로는 멀리하게 때문이다.

그러므로 멀리 있으면서도 친하게 여기게 되는 경우란 그 뜻이 서로 응하기 때문이요, 가까이 있으면서도 도리어 멀리하게 되는 경우란 그 뜻이 서로 부합하지 못하기 때문이다.

다가가도 채용되지 못하는 경우는 모책이 제대로 짜여지지 못했기 때문이며, 떠나고도 다시 찾아 불러 오는 경우는 위배된 행동을 하지 않았기 때문이다. 그리고 가까이 곁에 있으면서도 임금에게 쓰이지 못하는 경우는 서로의 마음이 뒤틀려 통하지 못하고 있기 때문이며, 멀리 떨어져 있어도 서로 그리워하게 되는 경우는 그 모책이 서로 합치되기 때문이다.

그러므로 명석한 군주가 사람을 가려 쓸 때 이를 잘 살피지 아니할 수 없으며, 선비로서 진취進趣의 문제에서도 역시 이를 상세히 따져 보지 아니할 수 없는 것이다.

夫合事有不合者, 知與未知也. 合而不結者, 陽親而陰疏. 故遠而親者, 忘相應也. 近而疏者, 忘不合也.

就而不用者, 策不得也. 去而反求者, 無違行也. 近而不御者, 心相乖也. 遠而相思者, 合其謀也.

故明君擇人, 不可不審. 士之進趣, 亦不可不詳.

【合事有不合者】馬叙倫의 《鄧析子校錄》에 孫詒讓의 말을 인용하여 "此章亦見 《鬼谷子》內揵, 彼作'事有不合者, 有所未知也'. 疑此文本作'事有合不合者'."라 함.
【陽親而陰疏】겉으로는 매우 친숙한 듯이 여기지만 속으로는 멀리함. 어떤 일에 자세히 알고 있지 못함을 뜻함.
【忘】'志'자의 오기. 《文選》 曹子建〈贈白馬王彪〉주, 馬叙倫《鄧析子校錄》, 伍非百《鄧析子辯僞》, 《鬼谷子》內揵 등에는 모두 '志'로 되어 있음.

2. 전사편 轉辭篇
(022-038)

〈鴞鼎〉 1958 陝西 華縣 출토

022(2-1)
바꾸어 생각해 보자

　세상을 살면서 비애와 희락, 그리고 진노嗔怒와 우수憂愁가 사람을 괴롭힌 지 이제까지 오래되었다.
　그러나 지금 이를 달리 생각해 보자.
　자신이 슬픔에 처해 있을 때 남은 비통함에 처해 있고, 자신이 즐거움에 들떠 있을 때 남은 희열에 가득 차 있으며, 자신이 불만에 차 있을 때 남은 노기에 떨고 있으며, 자신이 근심에 차 있을 때 남은 더 큰 걱정을 하고 있기도 하다.
　마치 부조해 주는 것과 밀쳐 던지는 것, 그리고 고맙게 여기는 것과 잘못을 거론하는 것, 얻는 것과 잃는 것, 허락하는 것과 거절하는 것 사이는 그 거리가 천리나 된다.

　世間悲哀喜樂, 嗔怒憂愁, 久惑於此. 今轉之:
　在己爲哀, 在他爲悲. 在己爲樂, 在他爲喜. 在己爲嗔, 在他爲怒. 在己爲愁, 在他爲憂.
　在己若扶之與攜, 謝之與議, 故之與右, 諾之與已, 相去千里也.

【今轉之】지금 시각을 바꾸어 자세히 살피고 구분함.
【在已若扶之與攜】이 구절에서 '在已' 두 글자는 연문으로 여기고 있음.
【扶之與攜】다른 인용문에는 "扶之與提"로 되어 있음.
【故之與右】馬叙倫의 《鄧析子校錄》에 洪頤煊의 말을 인용하여 "右當作古. 古猶先也"라 하였으며, 《淮南子》 說林訓에는 "故之與先"이라 함. 伍非百의 《鄧析子辯僞》에는 兪樾의 《諸子平議》를 인용하여 "'故之與先', 當作'得之與失'. 草書得故相似, 隷書先失相近, 皆形近而誤, 可據《文子》校正"이라 함.

023(2-2)
말 잘하는 기술

무릇 말하는 기술은 지혜로운 자와 말을 나눌 때는 박식함에 의거하여 대화를 하고, 박식한 자와 말을 나눌 때는 달변에 의거하여 대응하며, 말을 잘하는 자와 말을 할 때는 안정된 태도에 의거하여 대화를 하며, 귀한 자와 말을 나눌 때는 권세에 의거하여 대화를 하며, 부유한 자와 말을 나눌 때는 호탕함에 의거하여 대화를 하고, 가난한 자와 말을 나눌 때는 이익에 의거하여 대화를 하며, 천한 자와 말을 나눌 때는 겸손함에 의거하여 대화를 하며, 용기 있는 자와 말을 나눌 때는 과감함에 의거하여 대화를 하며, 어리석은 자와 말을 나눌 때는 즐거움에 의거하여 대화를 하는 것이다. 이것이 말하는 기술이다.

夫言之術, 與智者言依於博, 與博者言依於辯, 與辯者言依於安, 與貴者言依於勢, 與富者言依於豪, 與貧者言依於利, 與賤者言依於謙, 與勇者言依於敢, 與愚者言依於說. 此言之術也.

【與智者言依於博】 지혜가 있는 사람과 대화를 나눌 때 깊고 넓은 내용을 주제로 함.

【安】 '要'자의 오기가 아닌가 함. 그러나 안정된 태도로 보아 풀이하였음.
【勢】 권세나 위세.
【與賤者言依於謙】 원본에는 이 구절이 없으며 《鬼谷子》權篇에 의해 보충해 넣은 것임.
【說】 '悅'과 같음.

024(2-3)
입 밖을 벗어난 말은 거두어들일 수 없다

곤액에 처하지 않으려면 미리 대책을 세워야 하며, 궁함에 처하지 아니하려면 미리 농사를 지어야 한다. 마땅히 하지 말아야 할 말은 하지 않아 그 허물을 피해야 하며, 마땅히 하지 말아야 할 행동은 하지 않아 그 위험을 피해야 하며, 의당 취해서는 안 될 물건이라면 취하지 않아야 그 허물을 벗어날 수 있으며, 의당 다투지 말아야 할 일이라면 다투지 말아야 그 원성에서 벗어날 수 있다.

말 한 마디가 그릇되면 네 필 말이 끄는 빠른 속도라 해도 따라갈 수 없고 말 한 마디가 급박하면 네 필 말도 따라갈 수 없다.

그러므로 악한 말은 입에서 내지 말 것이며, 구차스러운 말은 귀에 담아두지 말아야 한다. 이를 일러 군자君子라 한다.

不用在早圖, 不窮在早稼. 非所宜言勿言, 以避其怨; 非所宜爲勿爲, 以避其危; 非所宜取勿取, 以避其咎; 非所宜爭勿爭, 以避其聲.

一聲而非, 駟馬勿追. 一言而急, 駟馬不及.

故惡言不出口, 苟語不留耳. 此謂君子也.

【用】'困'자의 오기가 아닌가 함.(馬叙倫)
【稼】농사짓는 일체의 일.
【以避其愆】원본에는 이 구절이 없으며 馬叙倫은 錢熙祚의 말을 인용하여 "非所宜言勿言'句下當有'以□其□'一句"라 하여 앞의 구형과 같은 어떤 구절이 누락되었다고 여겼으며, 伍非百의 《鄧析子辯僞》에는 "疑當增'以避其愆'四字"라 함.
【咎】착오, 과실, 허물.
【一聲而非】《意林》과 《昭明文選》(〈竟陵文宣王行狀〉 注), 그리고 《藝文類聚》(19), 《太平御覽》(390) 등에 인용된 구절에는 모두가 "一言而非, 駟馬不能追; 一言而急, 駟馬不能及"이라 함.
【苟語不留耳】《藝文類聚》(19)에는 "苟聲不入耳"로 되어 있음.

025(2-4)
신하를 임용하는 방법

무릇 신하를 임용하는 방법이란 어두운 임금이라면 그에 맞는 신하를 임용하지 못하고, 지혜로운 임금이라면 맹종만 하는 사람을 신하로 임용하지는 않는다. 그리고 어진 임금이라면 친하다고 해서 임용하는 법이 없으며, 용감한 군주라면 가까이 있다는 이유로 그를 신하로 삼는 법이란 없으며, 믿음이 있는 군주라면 그 사람이 미덥다는 이유 하나만으로 그를 신하로 쓰지는 않는다. 이처럼 사람의 자리를 위해 사람을 쓰는 경우가 없기 때문에 그 때문에 신령하다 말하는 것이다.

노기는 노기를 부리지 않는 모습 속에서 나타내며, 행동은 아무런 행동을 하지 않는 것처럼 하는 속에서 한다. 아무 것도 없는 속에서 보면 그 보이는 바가 있게 마련이며 소리가 없는 속에서 들으면 그 들리는 바가 있게 마련이다. 그러므로 형태가 없는 것은 형태가 있는 것의 근본이며 소리가 없는 것은 소리가 있는 것의 어머니이다. 명성을 잘 살펴 그에 맞는 실질을 갖추도록 하는 것이 실체의 지극함이요, 실체에 근거하여 이름을 정하는 것이 이름의 지극함이다.

이를 참고하여 서로 화평하도록 하고 이를 돌려 서로 성취하도록 해 주어야 한다. 그렇게 하여야 형태와 이름의 제 값을 얻을 수 있다.

夫任臣之法, 闇則不任也, 慧則不從也, 仁則不親也, 勇則不近也, 信則不信也. 不以人用人, 故謂之神.

怒出於不怒, 爲出於不爲. 視於無有, 則得其所見. 聽於無聲, 則得其所聞. 故無形者, 有形之本. 無聲者, 有聲之母. 循名責實, 實之極也. 按實定名, 名之極也.

參以相平, 轉而相成. 故得之形名.

【闇則不任】 군주가 혼암할 경우 그가 쓰는 신하도 그 임무를 제대로 못하는 사람일 경우가 많음.
【從】 맹종함.
【不親】 친하다는 이유로 사람을 임용하지는 않음.
【信則不信】 군주가 믿음이 있을 경우 그가 부려쓰는 신하도 역시 믿음을 잃지 않음.
【不以人用人】 사람을 위하여 자리를 만들어 그를 임용하지는 않음. 爲人設官하지 않음을 뜻함.
【怒出於不怒】 노기는 노기를 부리지 않는 것에서 나옴. 《莊子》 庚桑楚에 "出怒不怒, 則怒出於不怒矣; 出爲無爲, 則爲出於無爲矣"라 함.
【視於無有】 無有의 배후에 숨겨져 있는 것을 잘 살필 수 있으면 보이는 물건에 대해서는 당연히 잘 보게 됨. 이하의 구절도 같은 구형임.

026(2-5)
냇물이 말라 버린 골짜기

무릇 냇물이 메마르면 골짜기가 텅 비게 되며 언덕이 깎여 평지가 되면 못이 메워지고 만다.

성인이 죽어 사라지면 대도大盜가 일어나지 않아 천하는 태평하여 아무런 사고가 없게 된다. 성인이 죽지 않음으로써 대도가 그치지 않는 것이니 어떻게 이를 알 수 있는가?

두곡斗斛이라는 것을 만들어 곡식의 양을 재자 이 두곡을 아울러 절취하여 도둑질을 하게 되고, 저울을 만들어 형평을 재자 이 저울을 모두 아울러 절취하여 도둑질을 한다. 그리고 부절이나 옥새玉璽를 만들어 서로의 믿음을 확인하는 방법을 만들어 내자 이들을 모두 아울러 절취하여 도둑질을 한다.

게다가 인의仁義라는 것을 만들어 사람을 가르치자 이 인의를 함께 어울러 절취하여 도둑질을 한다.

어떻게 이를 알 수 있겠는가?

저 그저 재물을 훔친 자는 주살을 당하고 나라를 훔친 자는 제후가 된다. 제후가 되고 나면 그 가문에는 인의가 있다고 여겨지게 된다. 이 어찌 인의를 훔친 것이 아니겠는가? 그러므로 드디어 대도가 되어 제후를 제패하는 것이다. 이는 이익을 중히 여겨 도척盜跖이 되는 것을 금할 수 없는 바이니 바로 성인의 죄이다.

夫川竭而谷虛, 丘夷而淵實.

聖人以死, 大盜不起, 天下平而無故也. 聖人不死, 大盜不止. 何以知其然?

爲之斗斛而量之, 則幷斗斛而均之. 爲之權衡以平之, 則幷與權衡而竊之. 爲之符璽以信之, 則幷與符璽而功之.

爲之仁義以敎之, 則幷與仁義以竊之.

何以知其然?

彼竊財者誅, 竊國者爲諸侯. 諸侯之門, 仁義存焉. 是非竊仁義邪? 故遂於大盜, 霸諸侯. 此重利也盜跖所不可桀(禁)者, 乃聖人之罪也.

【夫川竭而谷虛】 냇물이 말라 버리면 골짜기의 모습도 허황하게 됨.
【聖人以死】 聖人이 없으면 大盜도 없게 됨을 말함. 여기서의 '대도'란 성인이 가르친 仁義를 근거로 천하를 탈취하는 군주, 聖王, 聖君을 말함.
【天下平而無故也】 원래 '無'자가 없으나 《莊子》 胠篋篇에 "天下平而無故也"에 따라 보입함.
【斗斛】 고대 들이의 단위. 斗는 말. 斛은 16斗를 1곡이라 하였으나 南宋 때는 5두를 1곡으로 하였다 함.
【均之】 《莊子》 胠篋篇과 〈指海本〉에는 모두 "切之"로 되어 있으며 馬叙倫의 《鄧析子校錄》에 "均, 蓋切字之誤. 切, 又爲竊之音誤"라 함.
【權衡】 저울을 가리킴.
【竊之】 원래 저울이란 공평함을 위한 것이지만 도리어 이를 통해 사리사욕을 취하는 거짓과 위선이 생겨남. 저울을 속여 자신의 이익을 취함.
【符】 서로 믿음을 확인하는 부절이나 符契. 서로 믿지 못하기 때문에 생겨난 제도라고 본 것.
【璽】 도장. 秦始皇이 처음 황제의 확인을 위해 만든 제도로 御璽라 하였음.

【功之】《莊子》胠篋篇과 〈指海本〉, 그리고 《太平御覽》(682) 등에는 모두 '竊之'로 되어 있으며 馬叙倫의 《鄧析子校錄》에 "功, 亦竊字之誤"라 하였고, 俞樾의 《諸子平議補錄》에는 "均之, 功之, 皆無義, 均與功并竊字之誤, 俗書竊字或作窃, 或誤爲均或誤爲功"이라 함.
【教之】《莊子》에는 '矯之'로 되어 있음.
【與】원본에는 없으나 《장자》와 〈지해본〉에 의해 보입함.
【以】《장자》와 〈지해본〉에는 '而'자로 되어 있음.
【彼竊財者誅】작은 재물을 훔친 자라도 주살을 당함. 《史記》游俠列傳의 "竊鉤者誅, 竊國者侯"와 같음 뜻임.
【是非竊仁義邪】'이것이 인의를 절취한 것이 아니겠는가?'의 뜻.
【遂於大盜】'遂'자가 《장자》에는 '逐'으로 되어 있음.
【盜跖】고대의 대도. 《장자》盜跖편 참조.
【乃聖人之罪也】《장자》에는 '罪'자가 '過'자로 되어 있음.

027(2-6)
말에는 믿음이 있어야 한다

좋아하는 것과 싫어하는 것, 선량한 것과 악한 것, 이 네 가지는 변화를 몰라 놓치는 것이며 공손함과 검약함, 경애함과 오만함, 이 네 가지는 수양이 모자라 놓치는 것이다.

따라서 사람됨이 소박하고 고통을 담당하면서도 과실이 없이 스스로를 수양하기에 힘쓴다면 이것이 미덕을 영원히 보전하는 길이다.

말에는 믿음이 있어야 함에도 신용을 지키지 못한다거나 말에는 선함이 있어야 함에도 선하게 행동하지 못하는 경우가 있다면 이는 자세히 살펴보지 아니할 수가 없다.

欲之與惡, 善之與善(惡), 四者變之失. 恭之與儉, 敬之與傲, 四者失之脩.

故善素樸任惔憂而無失未有脩焉, 此德之永也.

言有信而不爲信, 言有善而不爲善者, 不可不察也.

【故善素樸任惔憂而無失未有脩焉】 문장의 구조로 보아 '無失'과 '未有脩' 사이에 탈간이 있는 것으로 여김.

028(2-7)
법을 세워놓고 사사로이 한다면

무릇 다스림의 방법으로서 사사로운 행동을 하지 못하도록 하는 일보다 더 중요한 일은 없고, 임금의 공으로서 백성들로 하여금 다투지 않도록 하는 일보다 더 중요한 일은 없다.

지금은 법을 세워 놓고도 사사롭게 행동하니 이는 사사로움과 법이 서로 다투는 것으로 그 혼란함은 법이 없을 때보다 더 심하다. 그리고 임금을 세워 놓고도 똑똑한 자를 더 존중하니 이는 똑똑한 자와 임금을 다투게 하는 것으로 그 혼란함은 임금이 없을 때보다 더 심하다.

그러므로 정도를 지키는 나라라면 법이 세워지면 사사로운 선행이 행해지지 아니해도 되고, 임금이 세워지면 똑똑한 자라 해도 존경을 받지 않는다. 백성은 임금에게 하나로 통일되고 모든 일은 법에 따라 판단된다. 이것이 나라의 도이다. 명석한 군주는 대신을 감동하고 자신의 행동에 근거하여 명분을 책임지게 하며, 다시 그 명분에 따라 형태를 책임지게 하며, 형태에 따라 실질을 책임지도록 한다. 이렇게 되면 신하는 무거운 형벌이 다가올 것을 두려워하여 감히 사사로운 행동을 하지 못하게 되는 것이다.

夫治之法, 莫大於使私不行; 君之功, 莫大於使民不爭.
今也立法而行私, 是私與法爭, 其亂也, 甚於無私; 立君而尊愚(賢), 是賢與君爭. 其亂也, 甚於無君.

故有道之國, 法立則私善不行, 君立而愚者不尊(賢). 民一於君, 事斷於法, 此國之道也. 明君之督大臣, 緣身而責名, 緣名而責形, 緣形而責實. 臣懼其重誅之至, 於是不敢行其私矣.

【莫大於使私不行】馬叙倫의《鄧析子校錄》에 朱希祖의 말을 인용하여 "愼子佚文: '法以功, 莫大使私不行; 君之功, 莫大使民不爭.' 則此'私不行'上當有'使'字"라 함. 아래 구절도 같음.
【君之功】《藝文類聚》(54)와《太平御覽》(638)에 인용된《愼子》佚文에 '功'자 위에 모두 '君之' 두 글자가 더 있음.
【是私】원본에는 이 두 글자가 없으나 伍非百의《鄧析子辯僞》에 의해 보입함.
【無私】다른 교정본에 모두 '無法'으로 되어 있음.
【尊愚】'尊賢'의 오기로 보고 있음.
【是賢】원본에는 없으나 다른 교감본에 의해 보입함.
【法立】역시 원본에는 없음.
【愚】의미상으로 보아 '賢'자여야 맞음.
【緣】근거로 함.
【是】원본에는 없음.

029(2-8)
조급하게 굴지 말라

마음에 안정을 취하고자 하고 생각에는 깊고 멀리 내다보고자 해야 한다. 마음이 안정을 얻으면 신책神策이 생겨나고 생각이 깊고 원대하면 계모計謀가 성취된다.

마음이 조급하게 굴지 않도록 하고 생각이 천박하게 되지 않도록 해야 한다.

마음이 조급하면 정신精神이 고정되지 못하고 생각이 천박하면 모든 일이 기울어 엎어지고 만다.

心欲安靜, 慮欲深遠. 心安靜則神策生, 慮深遠則計謀成.
心不欲躁, 慮不欲淺.
心躁則精神滑, 慮淺則百事傾.

【神策生】 神策은 신묘한 책략을 말함. 그러나 《鬼谷子》本經에는 '神明榮'으로 되어 있음.

030(2-9)
상징적인 형벌

잘 다스려지는 시대의 예禮란 간단하면서도 실천에 옮기기가 쉬웠다. 그러나 난세의 예는 번거롭기만 할 뿐 이를 준수하기는 쉽지 않았다.

상고시대의 음악은 질박하면서도 슬프지 않았으나 지금의 음악은 사악하면서 음란하다. 상고시대의 백성은 실질적이고 돈박敦樸하였으나 지금의 백성들은 속임수를 쓰고 많은 행위를 저지른다.

상고시대에는 상형象刑뿐이었는데도 백성들은 법을 범하는 경우가 없었으나 지금은 묵형墨刑과 의형劓刑 같은 극형이 있는데도 이를 치욕으로 느끼지 않는다. 이는 백성으로서 혼란은 많고 다스림은 적기 때문에 생기는 현상이다.

요堯임금은 마음 놓고 임금의 잘못을 간할 수 있는 북을 설치하였었고, 순舜임금은 자신을 마음놓고 비방할 수 있는 나무를 설치하였었으며, 탕湯임금은 법을 곧이곧대로 다스리는 사직司直이라는 관직을 두었으며, 무왕武王은 자신을 늘 경계하는 좌우명을 새겨 두었었다. 이 네 군자는 모두가 성인이다. 그럼에도 오히려 이와 같이 삼갔던 것이다.

그러나 율륙씨栗陸氏 시대에는 동리자東里子를 죽여 없앴고, 숙사씨宿沙氏는 기문箕文을 죽였으며 걸왕桀王은 관룡봉關龍逢을 죽였고 주왕紂王은 비간比干을 해부하여 죽였다. 이 네 군주는 난군亂君이었다. 그 때문에 어진 이를 질시하기를 마치 원수처럼 여겼던 것이다.

이 까닭으로 어진 사람과 어리석은 사람의 서로 깨닫는 정도는 그 차이가 마치 백 길 높은 산과 천 길 깊은 골짜기와 같고, 아홉 층의 땅 속과 겹친 하늘 끝 저 높은 언덕을 비교하는 것과 같다.

治世之禮, 簡而易行; 亂世之禮, 煩而難遵.
上古之樂, 質而不悲; 當今之樂, 邪而爲淫.
上古之民, 質而敦樸; 今世之民, 詐而多行.
上古象刑而民不犯, 敎(今)有墨劓不以爲恥, 斯民所以亂多治少也.

堯置敢諫之鼓, 舜立誹謗之木, 湯有司直之人, 武有戒愼之銘. 此四君子者, 聖人也, 而猶若此之勤.

至于粟陸氏殺東里子, 宿沙氏戮箕文, 桀誅龍逢, 紂刳比干, 此四主者亂君, 故其疾賢若仇.

是以賢愚之相覺, 若百丈之谿與萬仞之山, 若九地之下與重天之顚.

【象刑】요순 시대에는 덕으로 나라를 다스렸으므로 형벌도 상징적인 것으로 하였음. 육형에 상대되는 의미로 복장이나 겉모습을 달리함으로써 고대 五刑이었던 墨, 劓, 荊, 宮, 大辟을 대신하였음.
【敎】다른 본에는 '今'으로 되어 있음.
【墨劓】墨刑과 의형(劓刑). 묵형은 이마에 검게 문신을 하는 것이며 의형은 코를 베는 형벌.
【堯】陶唐氏이며 이름은 放勛. 부락 연맹의 수령이 되었으며 그가 당을 세워 唐堯라고도 함. 禪讓制度를 실행하여 舜에게 천자의 지위를 물려줌. 그러나 일설에는 堯가 만년에 힘이 쇠약해지자 舜이 이를 가두고 자신이 천자의 지위를 탈취하였다고도 함.
【敢】다른 본에는 모두 '欲'으로 되어 있음.
【舜】姚姓이며 有虞氏. 이름은 重華. 그가 虞나라를 세워 虞舜으로도 부름. 천자의 지위를 禹에게 물려주었다 함. 그러나 만년에 우가 그를 내쫓아 남방의 蒼梧山에서 죽었다고도 함.

【誹謗之木】순임금 때 康衢의 거리에 나무를 세워 놓고 정치의 비리를 마음 놓고 적어 놓도록 하였다 함. '誹謗木', '華表木'이라고도 함.
【湯】商湯. 은(상)나라를 세운 개국군주. 武湯, 天乙, 郯湯, 成唐, 高祖乙이라고도 칭함. 伊尹을 등용하여 여러 정벌 끝에 葛, 韋, 昆吾를 별하고 끝으로 夏나라 桀王을 멸망시킴.
【司直】간언을 담당하며 불법자를 검거하는 임무를 맡은 관직.
【武】周나라 武王. 殷의 말왕 紂를 멸하고 주나라 기초를 이룩한 군주. 姬發.
【銘】다른 기록에는 모두 '鞀'(작은 북. 鼗와 같음)로 되어 있음.
【子】錢熙祚는 衍文이라 주장하였음.
【栗陸氏】고대 횡포를 부리기로 이름이 났던 부락의 맹주. 사적은 알 수 없음.
【東里子】栗陸氏 통치 아래에 있던 어떤 어진 인물.
【宿沙氏】《太平御覽》(77, 492)에는 '宿沙君'으로 되어 있으며 고대 그 씨족의 군주로 여김.
【箕文】숙사씨 통치시대의 현사. 충신.
【桀】夏나라 말왕. 포악한 군주로 널리 알려짐. 이름은 履癸. 商湯에게 멸망함.
【龍逢】關龍逢. 하나라 桀王 때의 賢士로 충간하다가 죽임을 당함.
【紂】殷(商)나라 말왕으로 桀과 함께 포악한 군주로 널리 알려진 인물. 周 武王에게 멸망을 당함.
【刳比干】비간은 紂王의 숙부였으며 충간을 하자 비간의 배를 갈라 죽였다 함.
【此】원본에는 없으나 《太平御覽》(492)에 "此四君者聖人也"라 하여 '此'자를 보입함.
【相覺】《太平御覽》(77)의 인용에 '相較'로 되어 있음.

2. 전사편轉辭篇 77

031(2-10)
무거운 짐을 지고 살얼음을 건너듯이

명석한 군주가 백성을 다스림에는 마치 내닫는 말에 고삐 없이 타고 있듯이 조심하며, 얇은 얼음을 무거운 짐을 지고 걷듯이 조심한다. 친한 사람을 멀리하고 먼 사람을 가까이 해야 한다. 그러므로 검소해야 한다고 겁을 내고 있으면 복이 생기는 법이요, 교만과 사치를 부리면 재앙이 생기게 마련이다.

성인은 이 세상에 한 번 와서 느긋하게 소요하였고, 만물의 형태에 대하여 아무런 작위를 하려 하지 않았다.

조용히 두어 채찍질로 벌을 내리는 일도 없었고, 조용히 하여 남을 원망하는 소리도 일어나지 않았다. 그렇게 했건만 백성은 물자가 넉넉하였고 사람들은 풍족함을 누려 천하가 태평하였다. 이는 모든 것을 아주 밝게 보고 어두운 곳도 속속들이 알아 내었으며, 아직 움직이지 아니하는 것을 미루어 일어나지 않는 것을 볼 수 있었던 것이다. 그러므로 그 신령스러움이 겉으로 드러나지 않았으며 그윽이 있어서 그 실체가 드러나지 않았다 한 것은 이를 두고 이른 말이다.

明君之御民, 若御奔而無轡, 履冰而負重. 親而疎之, 疎而親之. 故畏儉則福生, 驕奢則禍起.
聖人逍遙一世之間, 罕匹萬物之形.

寂然無鞭樸之罰, 莫然無呪咤之聲, 而家給人足, 天下太平. 視昭昭, 知冥冥. 推未運, 覩未然. 故神而不可見, 幽而不可見, 此之謂也.

【御】 다른 인용에는 모두 '乘'으로 되어 있음.
【無】 《太平御覽》(68)의 인용문에는 '去'로 되어 있음.
【履冰而負重】 《意林》에는 '負重而履冰'으로 되어 있어 더욱 명확함. 무거운 짐을 지고 얇은 얼음 위를 걸어감.
【罕匹】 '宰匠'의 오기. 글자 형태가 비슷하여 판각에 오류가 생긴 것임. 宰匠은 나라의 행정 업무를 맡은 자를 말함. 그러나 원 글자대로 '세상 만물에 짝을 이루어 어떠한 일에 작위를 부리려 하지 않았다'로 보아도 될 것으로 보임.
【鞭樸】 '鞭撲'의 오기.
【呪咤之聲】 '呪'는 '叱'자의 오기. 매우 큰 소리로 남을 원망하며 분노를 터뜨림.

〈大禹像〉 山東 嘉祥縣 武梁祠(東漢 畵像石)

032(2-11)
많은 입은 쇠도 녹인다

임금이 되어 스스로 자신 있게 일을 처리하지 못하고 신하에게 모든 것을 맡기기를 좋아한다면 지혜는 날로 곤핍해지고 술수術數는 날로 궁해지고 만다.

신하로부터 핍박을 받으면 자신의 의견을 펼 수가 없게 되고, 나라 백성의 요구대로 따라가다 보면 능히 위치를 유지할 수가 없게 된다. 나라를 다스릴 지식이 충분하지 못하거나 위엄이 형벌을 내리기에 충분하지 못하면 아랫사람과 교류를 이룰 수 없다.

그러므로 즐겁다고 신하들에게 상을 내리도록 맡기게 되면 그 공에 꼭 맞지 않을 수도 있으며, 노하였다고 신하에 벌을 내리도록 위임하면 그 죄에 꼭 맞지 않을 수도 있는 일이 벌어지고 만다.

그러니 자신의 희노를 삼가지 않거나 주벌과 상을 내리는 일을 오로지 자신의 의사에 의해 결정하지 아니하고, 모든 것을 신하에게 위임하기 때문에 국가의 멸망이 끊임없이 이어지며, 임금을 죽이고 윗사람을 범하는 일이 연이어 벌어지는 것이다.

옛사람이 "많은 입은 쇠도 녹이고, 세 사람의 같은 말로 저자에 호랑이가 나타났다고 하면 사실이 되고 만다"라 하였으니 잘 살피지 아니할 수 없다.

君人者不能自專而好任下, 則智日困而數日窮.

迫於下則不能申, 行隨於國則不能持. 知不足以爲治, 威不足以行誅, 則無以與下交矣.

　故喜而使賞, 不必當功. 怒而使誅, 不必值罪.

　不愼喜怒, 誅賞從其意, 而欲委任臣下, 故亡國相繼, 殺君不絕.

　古人有言:「衆口鑠金, 三人成虎」, 不可不察也.

【數】術數, 혹 運數, 運命.
【行隨於國則不能持】백성의 뜻을 듣고 그에 따라 행동하면 결코 자신 마음대로 할 수 없음.
【衆口鑠金】여러 사람의 입은 쇠도 녹임. 많은 사람이 비방을 하면 그것이 사실인 것처럼 됨.《國語》周語에 실려 있음.
【三人成虎】시중에 호랑이가 나타났다고 세 사람이 똑같은 말을 하게 되면 이를 믿게 됨.《戰國策》魏策에 실려 있는 고사임.

033(2-12)
요순의 태평시대를 흉내만 내면서

 무릇 사람의 정이란 말을 하면 남을 이기려 하고 일을 벌이면 반드시 성취하고자 한다. 그러므로 명석한 자라면 자신의 단점을 가지고 남의 장점을 질시하지 아니하며, 자신의 졸렬함을 가지고 남의 뛰어난 점을 헐뜯지 않는다.
 훌륭한 말을 하는 자가 있으면 상을 주고, 그릇된 말을 하는 자가 있으면 이에게 벌을 내린다. 사악하고 굽은 길은 막아 버리고 음탕한 말의 단서는 씻어 내어 버린다. 이렇게 되면 신하들이 입을 닫게 되고, 좌우 근친은 혀를 묶고 쓸데없는 말을 하지 못하게 되어 명석한 군주로 불리게 되는 것이다.
 훌륭한 일을 하는 자에게는 임금이 직접 그에게 상을 내리고, 악한 짓을 하는 자에게는 임금이 그에게 직접 벌을 내려야 한다.
 그에 맞게 찾아 오는 자에게는 보답을 하고 그 나아가는 바에 맞게 순응하는 자에게는 응답을 주어야 한다. 성인은 이에 근거하여 일을 처리하기 때문에 능히 그들을 들어 쓸 수 있는 것이며 그 이치를 근거로 따르기 때문에 능히 오래도록 이어갈 수 있는 것이다.
 지금 군주가 된 자는 요순堯舜과 같은 뛰어난 재능도 없으면서 도리어 요순과 같은 치세를 이루기를 바라고 있다. 그 때문에 종신토록 혼란스럽고 어두운 속에서 엎어지고 죽어 가고 있으면서도 일마다 밝고 환한 방법을 깨닫지 못하고 있는 것이다. 이로써 헛되이 그러한 치세를 사모하면서 그 치세를 이루고자 하는 명분만 있을 뿐 난세를 헤쳐 나가는 데는 아무런 도움도 되지 못하고 있다.

夫人情發言欲勝, 擧事欲成. 故明者不以其短疾人之長, 不以其拙病人之工.

言有善者則而賞之, 言有非者顯而罰之. 塞邪枉之路, 蕩淫辭之端. 臣下閔之(閉口), 左右結舌, 可謂明君.

爲善者, 君與之賞. 爲惡者, 君與之罰.

因其所以來而報之, 循其所以進而答之. 聖人因之, 故能用之, 因之循理, 故能長久.

今之爲君者, 無堯舜之才而慕堯舜之治, 故終身顚殞乎混冥之中, 而事不覺於昭明之術, 是以虛慕欲治之名, 無益亂世之理也.

【人情發言欲勝】《鬼谷子》權篇에는 "出言則欲聽"으로 되어 있음.
【疾】질투를 뜻함.
【淫辭】'淫辟'의 오기로 봄.
【君者】원본에는 이 두 글자가 없으나 다른 교주본에 의해 보입함.
【身】역시 원본에는 없음.
【顚殞】'顚頓'의 오기. 顚沛困頓함을 뜻함.
【混冥】몽매하여 혼암함.
【事不覺】《淮南子》에는 '不知覺悟'로 되어 있음.
【治】〈指海本〉에는 '仕'로 되어 있음.

034(2-13)
효도는 처자로 인해 희미해지는구나

관직에 있는 자의 근심은 관에서 무엇을 성취했다는 데에서 시작되며 병은 조금 나았을 때 다시 시작된다. 그리고 재앙은 게으름과 거만함에서 생겨나고 효성은 처자로 인해 쇠미해진다. 이 네 가지를 잘 살펴 그 마칠 때 조심하기를 시작할 때의 각오와 같도록 해야 한다.

부유할 때는 가난한 자에게 나누어 주고 힘이 있을 때는 노인들을 위해 힘을 써 주어야 한다. 자신의 정욕대로 제멋대로 하다가는 틀림없이 많은 사치와 모욕을 받을 것이다.

그러므로 존귀할수록 남보다 높다고 여기지 말 것이며, 총명할수록 남에게 총애를 받지 않도록 해야 하며, 물자가 풍족할수록 남에게 앞서지 말 것이며, 굳세고 용감할수록 남보다 나아지려 하지 말아야 한다. 능히 이러한 것을 실천에 옮길 수 있으면 가히 천하의 임금이 될 수 있으리라.

患生於官成, 病始於少瘳, 禍生於懈慢, 孝衰於妻子. 察此四者, 愼終如始也.

富必給貧, 壯必給老. 快情恣欲, 必多侈侮.

故曰: 尊貴無以高人, 聰明無以寵人, 資給無以先人, 剛勇無以勝人. 能履行此, 可以爲天下君.

【患生於官成】《意林》,《說苑》(敬愼篇)에는 "官怠於宦成, 病加於少愈, 禍生於懈惰, 孝衰於妻子; 察此四者, 愼終如始"라 하여 "官怠於宦成"으로 되어 있으며《韓詩外傳》(8)에는 "官怠於有成, 病加於小愈, 禍生於懈惰, 孝衰於妻子, 察此四者, 愼終如始. 易曰:『小狐汔濟, 濡其尾』詩曰:『靡不有初, 鮮克有終』"라 하여 "官怠於有成"으로 되어 있음.《文子》符言에도 이와 비슷한 구절이 있으며 "學敗於官茂, 孝衰於妻子, 患生於憂解, 病甚於且瘉. 終身如始, 則無敗事"라 함.

【始】《韓詩外傳》(8)과《說苑》등에는 '殆'로 되어 있음.

【瘳】'癒', '愈'와 같은 뜻임. 병이 나아감.

【懈慢】《文子》에는 '憂解'로 되어 있음. 근신하던 일이 해결됨.

【察】원본에는 없는 글자임.

【籠】〈指海本〉과 馬叙倫의《鄧析子校錄》에는 모두 '籠'으로 되어 있음.

【資給】풍족함.

035(2-14)
평지에 물을 부으면

무릇 모책을 짜는 사람으로서는 이를 꼭 들어 주기만 해도 좋겠다는 결과를 얻기보다 더 어려운 일이 없고, 일이란 반드시 성취했으면 하지만 이렇게 이루기란 여간 어려운 것이 아니다. 성공이란 반드시 운수에 맞아야 하며 들어 주는 일이란 반드시 그 사정에 맞아야 한다.

그러므로 섶을 껴안고 불을 더 보태 주면 마른 부분이 먼저 타게 마련이며, 평지에 물을 쏟으면 젖은 곳에 먼저 스며들게 된다.

따라서 움직임에는 그 닮은 점을 이용해야 하나니 그렇게 되면 어찌 응하지 않는 경우가 있겠는가? 이것이 독행獨行의 방법이다.

夫謀莫難於必聽, 事莫難於必成. 成必合於數, 聽必合於情.

故抱薪加火, 爍者必先燃; 平地注水, 濕者必先濡.

故曰動之以其類, 安有不應者? 獨行之術也.

【成】 일부본에는 '威'로 되어 있음.
【成必合於數】 논리적으로 이 구절의 앞에 "聽必合於情"의 구절이 있어야 하며 도치된 것이 아닌가 함.
【爍】《藝文類聚》(80),《北堂書鈔》(99)와 馬叙倫의《鄧析子校錄》, 伍非百의《鄧析子辯僞》등 다른 인용본과 교정본에는 모두 '燥'로 되어 있음.

【必】다른 본에는 이 글자가 없음.
【燃】《藝文類聚》(80)에는 '著'로 되어 있음.
【平地注水】《太平御覽》(811)에 인용된 《尸子》에 "平地而注水, 水流濕; 均薪而施火, 火從燥"라 하였으며, 《荀子》(大略篇)와 《呂氏春秋》(應用)에는 모두 "均薪施火, 火就燥; 平地注水, 水流濕"이라 하였으며, 《春秋繁露》(同類相動)에는 "平地注水, 去燥就濕; 均薪施火, 去濕就燥"라 하였음.
【獨行之術也】이 구절은 전체 논리상 전혀 맞지 않다. 앞뒤에 脫漏된 구절이 있는 것이 아닌가 한다.

036(2-15)
난군과 망국

명석한 군주라면 법을 세운 다음에는 그 법에 맞게 행동하는 자에게는 상을 주고 그 법에 어긋나게 하는 자에게는 벌을 내린다.
이러한 일을 실행하지 못하는 자를 일러 임금일 경우 난군亂君이라 하고 그러한 나라일 경우 망국亡國이라 한다.

明君立法之後, 中程者賞, 缺繩者誅.
非此之謂, 君曰亂君, 國曰亡國.

【中程】법률과 규정에 맞음. 程은 법이나 規程, 章程을 뜻함.
【缺繩】繩은 繩墨. 즉 먹줄을 가리키지만 引伸하여 法을 말함.
【非】이 글자는 원본에 없으나 伍非百의 《鄧析子辯偽》에 "'此'字上, 舊脫一 '非'字"라 하여 보입함.

037(2-16)
시비와 거취

지혜로운 자는 시비를 잘 살핀다. 그러므로 선악이 변별되는 것이다. 명석한 자는 거취去就를 잘 살핀다. 그러므로 진퇴에 착오가 없다.

만약 지혜롭다면서 시비를 제대로 살피지 못하거나 명석하다면서 거취를 제대로 알아차리지 못한다면 이를 일러 허망虛妄하다고 한다.

智者寂(察)於是非, 故善惡有別. 明者寂(審)於去就, 故進退無類.

若智不能察是非, 明不能審去就, 斯非(謂)虛妄.

【智者寂於是非】이 구절에서 '寂'은 '察'자의 잘못으로 여김.
【明者寂於去就】이 구절에서 '寂'은 '審'자의 잘못으로 여김.
【進退無類】이 구절에서 '類'는 '纇'(협)자의 오기로 봄. 실의 매듭으로 '매끄럽게 바늘이 들어가지 못하다'의 뜻으로 '결점'을 말함.
【斯非虛妄】'非'자는 '謂'자의 오기로 봄.

038(2-17)
눈과 귀, 그리고 마음의 귀한 임무

눈이란 밝게 보는 것이 가장 귀한 임무이며, 귀란 바르게 듣는 것이 가장 귀한 임무이며, 마음이란 공평함을 판단하는 것이 가장 귀한 임무이다.

천하의 눈으로 본다면 보이지 않는 것이 없을 것이요, 천하의 귀로 듣는다면 들리지 않는 것이 없을 것이며, 천하의 지혜로 염려한다면 알아내지 못할 것이 없을 것이다.

이 세 가지 방법을 터득하면 아무 것도 하지 않아도 세상을 보존할 수 있을 것이다.

目貴明, 耳貴聰, 心貴公.
以天下之目視, 則無不見; 以天下之耳聽, 則無不聞; 以天下之智慮, 則無不知.
得此三術, 則存於不爲也.

【目貴明】눈의 귀중한 역할이란 밝게 보는데 있음. 《鬼谷子》符言에 "目貴明, 耳貴聰, 心貴公. 以天下之目視, 則無不見; 以天下之耳聽, 則無不聞; 以天下之智慮, 則無不知"라 함.

부록

I. 《등석자鄧析子》 일문佚文

II. 《등석자鄧析子》 관련 역대 기록

III. 《등석자鄧析子》 서발序跋

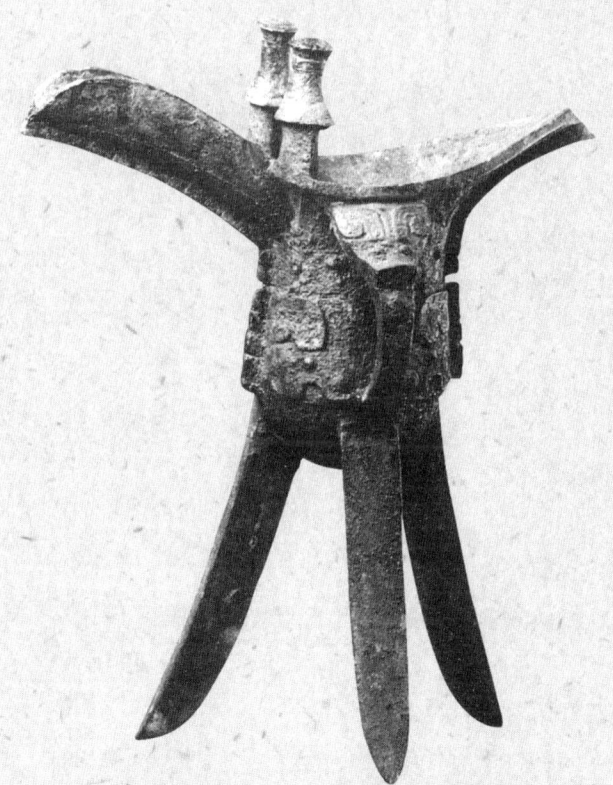

〈銅爵〉(商) 1976 河南 安陽 婦好墓 출토

I.《등석자鄧析子》일문佚文

嚴可均의《鐵橋漫稿》에서《太平御覽》80의《符子》에 引用된 것이《鄧析子》의 일문이라 하였음.

(佚-1)
古詩云: 堯舜至聖, 身如脯脂; 桀紂無道, 肌膚二尺.

※ 그러나 본인이 역주 중《藝文類聚》에도 등석의 문장이 있는 것을 발견하였다. 이를 연결하여 제시한다.

(佚-2)《藝文類聚》권9
鄧析書曰:「明君之御民, 若乘奔而無轡, 履冰而負重也.」

(佚-3)《藝文類聚》권19
鄧析書曰:「一言而非, 駟馬不能追; 一言不急, 駟馬不能及. 故惡言不出口, 苟聲不入耳.」

(佚-4)《藝文類聚》권52
鄧析書曰:「夫水濁則無掉尾之魚, 政苛則無逸樂之士.」

(佚-5)《藝文類聚》권71
鄧析書曰:「同舟涉海, 中流遇風, 救患若一, 所憂同也.」

(佚-6) 《藝文類聚》 권80

鄧析書曰: 「譬猶拯溺而硾之以石, 救火而投之以薪.」

(佚-7) 《藝文類聚》 권80

又曰: 「抱薪蓺火, 燥者先著.」

Ⅱ.《인물지鄧析子》관련 역대 기록

※《등석자》는 위작이지만 戰國시대부터 이미 鄧析에 대한 학설과 역사적 사실에 대하여 여러 곳에 기록이 보인다. 이를 열거하면 다음과 같다.

1.《左傳》定公 9年
鄭駟歂殺鄧析, 而用其竹刑.

2.《荀子》不苟篇
山淵平, 天地比, 齊秦襲, 入乎耳, 出乎口, 鉤有須, 卵有毛』, 是說之難持者也, 而惠施·鄧析能之, 然而君子不貴者, 非禮義之中也.

3.《荀子》不苟篇
不恤是非·然不然之情, 以相薦撙, 以相恥怍, 君子不若惠施·鄧析.

4.《荀子》非十二子篇
不法先王, 不是禮義, 而好治怪說, 玩琦辭, 甚察而不惠, 辯而無用, 多事而寡功, 不可以爲治綱紀. 然而其持之有故, 其言之成理, 足以欺惑愚衆. 是惠施·鄧析也.

5.《荀子》宥坐篇
是以, 湯誅尹諧, 文王誅潘止, 周公誅管叔, 太公誅華仕, 管仲誅付里乙, 子産誅鄧析·史付. 此七子者, 皆異世同心, 不可不誅也.

6. 《列子》仲尼篇

鄭之圃澤多賢, 東里多才. 圃澤之役有伯豐子者, 行過東里, 遇鄧析. 鄧析顧其徒而笑曰:「爲若舞, 彼來者奚若?」

其徒曰:「所願知也.」

鄧析謂伯豐子曰:「汝知養養之義乎? 受人養而不能自養者, 犬豕之類也; 養物而物爲我用者, 人之力也. 使汝之徒食而飽, 衣而息, 執政之功也. 長幼羣聚而爲牢藉庖廚之物, 奚異犬豕之類乎?」

伯豐子不應. 伯豐子之從者越次而進曰:「大夫不聞齊魯之多機乎? 有善治土木者, 有善治金革者, 有善治聲樂者, 有善治書數者, 有善治軍旅者, 有善治宗廟者, 羣才備也. 而無相位者, 無能相使者. 而位之者無知, 使之者無能, 而知之與能爲之使焉. 執政者, 迺吾之所使; 子奚矜焉?」鄧析無以應, 目其徒而退.

7. 《列子》力命篇

鄧析操兩可之說, 設無窮之辭, 當子産執政, 作竹刑, 鄭國用之. 數難子産之治. 子産屈之. 子産執而戮之, 俄而誅之. 然則子産非能用竹刑, 不得不用; 鄧析非能屈子産, 不得不屈; 子産非能誅鄧析, 不得不誅也.

可以生而生, 天福也; 可以死而死, 天福也. 可以生而不生, 天罰也; 可以死而不死, 天罰也. 可以生, 可以死, 得生得死, 有矣; 不可以生, 不可以死, 或死或生, 有矣. 然而生生死死, 非物非我, 皆命也. 智之所無奈何. 故曰:「窈然無際, 天道自會; 漠然無分, 天道自運.」天地不能犯, 聖智不能干, 鬼魅不能欺. 自然者默之成之, 平之寧之, 將之迎之.

8. 《列子》楊朱篇

子産相鄭, 專國之政; 三年, 善者服其化, 惡者畏其禁, 鄭國以治; 諸侯憚之. 而有兄曰公孫朝, 有弟曰公孫穆. 朝好酒, 穆好色. 朝之室也聚酒千鍾, 積麴成封, 望門百步, 糟漿之氣逆於人鼻. 方其荒於酒也, 不知世道之安危, 人理之悔吝, 室內之有亡, 九族之親疏, 存亡之哀樂也. 雖水火兵刃交於前,弗知也. 穆之後庭比房數十, 皆擇稚齒婑媠者以盈之. 方其耽於色也, 屏親昵, 絕交遊, 逃於後庭, 以晝足夜; 三月一出, 意猶未惬. 鄉有處子之娥姣者, 必賄而招之, 媒而挑之, 弗獲而後已. 子產日夜以為戚, 密造鄧析而謀之, 曰:「僑聞『治身以及家, 治家以及國』, 此言自於近至於遠也. 僑爲國則治矣, 而家則亂矣. 其道逆邪? 將奚方以救二子? 子其詔之!」

鄧析曰:「吾怪之久矣, 未敢先言. 子奚不時其治也, 喻以性命之重, 誘以禮義之尊乎?」

子產用鄧析之言, 因間以謁其兄弟, 而告之曰:「人之所以貴於禽獸者, 智慮. 智慮之所將者, 禮義. 禮義成, 則名位至矣. 若觸情而動, 耽於嗜慾, 則性命危矣. 子納僑之言, 則朝自悔而夕食祿矣.」

朝穆曰:「吾知之久矣, 擇之亦久矣, 豈待若言而後識之哉? 凡生之難遇而死之易及. 以難遇之生, 俟易及之死, 可孰念哉? 而欲尊禮義以夸人, 矯情性以招名, 吾以此爲弗若死矣. 爲欲盡一生之歡, 窮當年之樂. 唯患腹溢而不得恣口之飮, 力憊而不得肆情於色; 不遑憂名聲之醜, 性命之危也. 且若以治國之能夸物, 欲以說辭亂我之心, 榮祿喜我之意, 不亦鄙而可憐哉? 我又欲與若別之. 夫善治外者, 物未必治, 而身交苦; 善治內者, 物未必亂, 而性交逸. 以若之治外, 其法可暫行於一國, 未合於人心; 以我之治內, 可推之於天下, 君臣之道息矣. 吾常以此術而喻之, 若反以彼術而敎我哉?」

子產忙然無以應之. 他日以告鄧析.

鄧析曰:「子與眞人居而不知也, 孰謂子智者呼? 鄭國之治偶耳, 非子之功也.」

9.《說苑》指武篇

昔堯誅四凶以懲惡, 周公殺管蔡以弭亂, 子產殺鄧析以威侈, 孔子斬少正卯以變衆, 俊賊之人而不誅, 亂之道也. 易曰:「不威小, 不懲大, 此小人之福也.」

10.《說苑》反質篇

衛有五丈夫, 俱負缶而入井, 灌韭, 終日一區. 鄧析過, 下車爲敎之曰:「爲機, 重其後, 輕其前, 命曰橋. 終日溉韭, 百區不倦.」五丈夫曰:「吾師言曰: 有機知之巧, 必有機知之敗; 我非不知也, 不欲爲也. 子其往矣, 我一心溉之, 不知改已!」鄧析去, 行數十里, 顏色不悅, 憚自病. 弟子曰:「是何人也? 而恨我君, 請爲君殺之.」鄧析曰:「釋之, 是所謂眞人者也. 可令守國.」

11.《呂氏春秋》離謂篇

鄭國多相縣以書者. 子產令無縣書, 鄧析致之. 子產令無致書, 鄧析倚之. 令無窮, 則鄧析應之亦無窮矣. 是可不可無辨也. 可不可無辨, 而以賞罰, 其罰愈疾, 其亂愈疾, 此爲國之禁也. 故辨而不當理則僞, 知而不當理則詐, 詐僞之民, 先王之所誅也. 理也者, 是非之宗也.

12.《呂氏春秋》離謂篇

洧水甚大, 鄭之富人有溺者. 人得其死者. 富人請贖之, 其人求金甚多, 以告鄧析. 鄧析曰, 安之. 人必莫之賣矣. 得死者患之, 以告鄧析. 鄧析又答之曰, 安之. 此必無所更買矣. 夫傷忠臣者, 有似於此也. 夫無功不得民, 則以其無功不得民傷之, 有功得民, 則又以其有功得民傷之. 人主之無度者, 無以知此, 豈不悲哉? 比干, 萇弘以此死, 箕子, 商容以此窮, 周公, 召公以此疑, 范蠡, 子胥以此流, 死生存亡安危, 從此生矣.

13.《呂氏春秋》離謂篇

子產治鄭, 鄧析務難之, 與民之有獄者約, 大獄一衣, 小獄襦袴. 民之獻衣襦袴而學訟者, 不可勝數. 以非爲是, 以是爲非, 是非無度, 而可與不可日變. 所欲勝因勝, 所欲罪因罪. 鄭國大亂, 民口讙譁. 子產患之, 於是殺鄧析而戮之, 民心乃服, 是非乃定, 法律乃行. 今世之人, 多欲治其國, 而莫之誅鄧析之類, 此所以欲治而愈亂也.

14. 劉向《鄧析子敍錄》

鄧析者, 鄭人也, 好刑名, 操兩可之說, 設無窮之辭, 當子產之世, 數難子產之法. 記或云: 子產起而戮之. 於《春秋左氏傳》昭公二十年而子產卒, 子太叔嗣爲政. 定公八年, 太叔卒, 駟歂嗣爲政. 明年, 乃殺鄧析而用其《竹刑》. 君子謂子然於是乎不忠. 苟有可以加於國家, 棄其邪可也.《靜女》之三章, 取彤管焉. 竿旄何以告之? 取其忠也. 故用其道不棄其人.《詩》云:「蔽芾甘棠, 勿翦勿伐, 召伯所茇」思其人猶愛其樹也, 況用其道不恤其人乎? 子然無以勸能矣.《竹刑》, 簡法也. 久遠, 世無其書. 子產卒後二十年而鄧析死. 傳說或稱子產誅鄧析, 非也. 其論「無厚」者言之異同, 與公孫龍同類.

Ⅲ. 《등석자鄧析子》 서발序跋

1. 《鄧析子》原序 ·················· (〈四部備要·四部叢刊〉)

　　鄧析子崇文總目: 鄧析子, 戰國時人. 漢志二篇, 初析著書四篇. 劉歆有目有一篇, 凡五. 歆復校爲二篇. 中鄧析書四篇, 臣敍書一篇, 凡中外書五篇, 以相校除, 復重爲一篇.(漢志作二篇, 與今本合, 此一字誤.) 皆定殺而書, 可繕寫也.(殺下脫靑字) 鄧析者, 鄭人也. 好刑名, 操兩可之說, 設無窮之辭. 當子産之世, 數難子産之法, 記或曰:「子産起而戮之.」於《春秋左氏傳》昭公二十年, 而子産卒, 子太叔嗣爲政. 定公八年, 太叔卒, 駟歂嗣爲政. 明年乃殺鄧析, 而用其竹刑. 君子謂子駟歂, 於是乎不忠. 苟有可以加於國家. 棄其邪可也. 靜女之三章, 取彤管焉. 竿旄何以告之? 取其忠也. 故用其道, 不棄其人. 詩之(當依傳文作云)蔽芾甘棠, 勿剪勿伐. 召伯所茇, 思其人. 猶愛其樹也. 況用其道, 不恤其人乎? 然無以勸能矣, 竹刑, 簡法也. 久遠世無其書. 子産卒後二十年, 而鄧析死. 傳說或稱子産誅鄧析, 非也. 其論無厚者言之異同, 與公孫龍同類. 謹上.

2.《鄧子》序　　　　　　　　　　弇州山人(《百子全書》)

　　鄧析子五篇, 鄧析子, 鄭人也. 或云數難子產之政, 子產戮之. 按: 左氏駟顓嗣子太叔爲政始殺析, 其人不足論; 其文辭, 戰國策士傾耳循名責實, 察法立威, 先申韓而鳴者也. 至謂天於人, 父於子, 兄於弟, 俱無厚者, 何哉? 先王之用刑也, 本於愛; 析之用刑也, 本於無厚, 於乎誅晚矣. 〈轉辭篇〉與智者言依於辯數語, 同《鬼谷子》. 豈後人傳其旨, 苟益其辭也耶? 要之, 小人之言, 往往出語機心之發, 故不甚相遠耳.《呂氏春秋》記析嘗數獲溺尸者‧購逆尸者交勝而不可窮, 固市井舞文之魁也, 孰謂駟顓失刑哉!
　　弇州山人序.

3. 《鄧子》序　　　　　　　　　　　　　楊愼(〈百子全書〉)

　　昔人謂東方曼倩學不純師, 余於鄧析子亦云, 從來虛無則老莊司化, 刑名則商韓執契, 景帝則敬仲持欒, 飛箝捭闔則鬼谷導機. 蓋悉有專門, 各不相借, 凜凜乎如畫界而守也. 今觀是書, 則經緯相雜, 元黃互陳, 宮商迭奏, 初無定質. 其言神不可見, 幽不可見, 智者寂於是非, 明者寂於去就, 則鬼谷子家言也. 其言百官有司, 各務其刑, 循名責實, 察法立威, 則商韓氏意也. 其言達道者無知之道, 無能之道, 聖人以死, 大盜不起, 則漆園語也. 起言心欲安靜, 慮欲深遠, 尊貴無以高人, 聰明無以籠人, 資給無以先人, 剛勇無以勝人, 則柱下史知雄守雌·知白守黑之遺敎也. 至云藏形匿影, 群下無私, 明君視民而出政, 又云民一於君, 事斷於法, 君人者不能自專而好任下, 則智日困而數日窮, 則又皆管大夫不失政柄·君臣明法之旨也. 然篇中多御轡勵臣之語, 鄧析殆長於治國者歟? 雖其書合纂組以成文, 然皆幾幾乎道, 可謂列素點絢, 流潤發彩, 言之成服者矣.
　　成都楊愼撰.

4. 《鄧子》小引 ······················· 張鴻擧(〈百子全書〉)

　　骨塡肉補之藥, 長於養體益壽 而不可以救喝溺之急; 務寬含垢之政, 可以苾敦御樸, 而不可以拯衰弊之變, 此鄧析一書所由作也. 或謂子産殺其身而用其言, 倘亦疑其〈無厚〉一論, 微有過情焉者乎? 今讀其書, 雖覺仁氣少而義氣多, 然其通練精深之言, 眞可與申商幷垂不朽. 余故與躬三, 次第行之, 若欲以此人文士之胸, 發其筆光舌電, 則余何敢!
　　乙丑長至日西湖張鴻擧漫題於竹浪館.

5.《鄧析子》提要 ……………………………… (〈四部備要〉)

鄧析子一卷, 周鄧析撰. 析, 鄭人,《列子》力命篇曰:「鄧析操兩可之說, 設無窮之辭, 子產執政作竹刑, 鄭國用之, 數難子產之治, 子產屈之, 子產執而戮之, 俄而誅之.」劉歆奏上其書.(按高似孫《子略》, 誤以此奏爲劉向, 今據《書錄解題》改正) 則曰:「於《春秋左氏傳》, 昭公二十年而子產卒, 子太叔嗣爲政, 定公八年, 太叔卒, 駟歂嗣爲政, 明年乃殺鄧析, 而用其竹刑.」然則《列子》爲誤矣. 其書《漢志》作二篇, 今本仍分〈無厚〉·〈轉辭〉二篇, 而併爲一卷. 然其文節次不相屬, 似亦掇拾之本也. 其言如"天於人無厚, 君於民無厚, 父於子無厚, 兄於弟無厚. 勢者君之輿, 威者君之策", 則其旨同於申韓, 如"令煩則民詐, 政擾則民不定, 心欲安靜, 慮欲深遠", 則其旨同於黃老. 然其大旨主於勢, 統於尊, 事覈於實, 於法家爲近. 故竹刑爲鄭所用也. 至於"聖人不死, 大盜不止"一條, 其文如《莊子》同, 析遠在莊周以前, 不應預有剿說, 而莊子所載. 又不云鄧析之言, 或篇章殘缺, 後人撫莊子以足之歟!

임동석중국사상100
윤문자
尹文子

尹文 撰 / 林東錫 譯註

"상아, 물소 뿔, 진주, 옥, 진괴한 이런 물건들은 사람의 이목은 즐겁게 하지만 쓰임에는 적절하지 않다. 그런가 하면 금석이나 초목, 실, 삼베, 오곡, 육재는 쓰임에는 적절하나 이를 사용하면 닳아지고 취하면 고갈된다. 그렇다면 사람의 이목을 즐겁게 하면서 이를 사용하기에도 적절하며, 써도 닳지 아니하고 취하여도 고갈되지 않고, 똑똑한 자나 불초한 자라도 그를 통해 얻는 바가 각기 그 자신의 재능에 따라주고, 어진 사람이나 지혜로운 사람이나 그를 통해 보는 바가 각기 그 자신의 분수에 따라주되 무엇이든지 구하여 얻지 못할 것이 없는 것은 오직 책뿐이로다!"

《소동파전집》(34) 〈이씨산방장서기〉에서 구당(丘堂) 여원구(呂元九) 선생의 글씨

일러두기

1. 이 책은 〈사고전서四庫全書〉(文淵閣) 잡가류雜家類, 〈사부총간四部叢刊〉본 자부子部, 〈신편제자집성新編諸子集成〉본 명가류名家類, 〈백자전서百子全書〉본 잡가류雜家類, 〈사부비요四部備要〉본 등에 실려 있는 《윤문자尹文子》를 기본으로 대조하여 역주한 것이다.
2. 현대 백화어 역주본으로 《신역윤문자新譯尹文子》(徐忠良 註譯 三民書局 臺灣 1996)와 《신자愼子 · 윤문자尹文子 · 공손룡자公孫龍子》(高流水 · 林恒森 譯. 貴州人民出版社 1996)가 있으며 많은 참고가 되었음을 밝힌다.
3. 〈대도상大道上〉과 〈대도하大道下〉로 나누어 각기 일련번호를 부여하고 65장으로 분장하였으나 이는 절대적인 것이 아니며 읽기 편하도록 하기 위함이다.
4. 각 장별로 한글 제목을 부여하였으며 판본 및 관련 삽화를 실어 이해에 도움이 되도록 하였다.
5. 부록의 〈윤문자일문〉은 서충량의 《신역윤문자》의 내용을 그대로 옮겼으며 모두 역주하였다.
6. 해제를 실어 내용과 판본, 제자학諸子學으로서의 역사적 위치 등을 간략하게 설명하였다.
7. 부록으로 《윤문자》 서발序跋 등 자료를 실어 연구에 도움이 되도록 하였다.
8. 본 책의 역주에 참고한 자료는 다음과 같다.

❋ 참고문헌
1. 《尹文子》 四庫全書(文淵閣) 子部 雜家類
2. 《尹文子》 四部備要本

3. 《尹文子》新編諸子集成(제6책, 名家) 世界書局 1978 臺北
4. 《尹文子》百子全書, 雜家 岳麓書社 1993 湖南 長沙
5. 《尹文子》四部叢刊「書同文」電子版 北京
6. 《新譯尹文子》徐忠良(注譯) 三民書局 1996 臺北
7. 《愼子·尹文子·公孫龍子》高流水·林恒森(譯) 貴州人民出版社 1996 貴陽 貴州
8. 《漢書》藝文志
9. 《中國學術講論》林東錫 傳統文化硏究會 2002 서울
10. 《中國哲學百科大辭典》(上下) 中國大百科全書出版社 1988 北京
11. 기타 공구서 및 중국철학사 관련 자료는 생략함.

해제

　　윤문(尹文: B.C.362?~B.C.293?)은 전국시대 제齊나라 사람으로 직하稷下 학궁學宮의 유명한 학자 중의 하나이다. 당월唐鉞의 고증에 의하면 기원전 362(?)년부터 293년까지 대략 69세를 살았으며, 송형宋鈃, 팽몽彭蒙, 전변田騈 등과 동시대 인물로서 공손룡보다는 앞선 자라 하였다. 맹자가 만난 송경 (宋牼:《孟子》告子下)은 바로 윤문과 동시대의 송형宋鈃이다. 따라서 맹자보다 약간 앞선 인물로도 보고 있다. 특히《설원》군도편君道篇에는 제齊 선왕 宣王의 질문에 윤문이 대답한 내용이 실려 있으며 그 외《여씨춘추》(정명편), 《순자》,《장자》,《한비자》등에도 그에 관한 기록이 널리 실려 있다.

　　윤문의 사상은 유가, 명가, 법가의 학설을 고르게 종합한 직하학파稷下學派 중의 황로술黃老術 사상이라 규정하고 있다. 우선 노자老子의 학설을 강조 하여 이를 곳곳에 인용하고 있으며, 동시에 명가의 사상을 혼입하여 '정명 正名'을 제창하기도 하였다. 그런가 하면 이를 더욱 발전시켜 법가法家의 법法, 술術, 권權, 세勢 등을 내세워 실행 측면의 이론을 펴기도 하였다. 그 때문에 윤문의 사상은《한서》예문지에는 당연히 명가名家에 올라 있지만 보는 이에 따라 묵가墨家, 도가道家, 법가法家, 잡가雜家 등 소속이 넘나들어 구류십가 九流十家의 어느 한 학파에 고정적으로 속한다고는 볼 수 없다. 그는 도가의 황로학파黃老學派로 널리 알려져 있으나 그럼에도《중국철학백과대사전》에는 등석鄧析, 공손룡公孫龍, 혜시惠施와 함께 "전국명가사인戰國名家四人"으로 확정하고 있다. 이는 장자, 순자, 한비자 등의 윤문에 대한 평가와 언급을 기준으로 한 것이다.

한편 근현대에 이르러《윤문자》책에 대한 연구가 활발히 이루어져 많은 이들이 우선 위작에 대한 논란을 제기하였다.

즉 청대 요제항姚際恒으로부터 호적胡適, 곽말약郭沫若, 당월唐鉞, 나근택羅根澤, 호가총胡家聰 등은 모두 자신들의 의견에 따라 진위문제를 논하였다.

우선 고대 기록을 살펴보면《한서》예문지 명가에《윤문자》1편이 저록되어 있으며 반고班固의 자주自註에 "제 선공에게 유세하였으며 공손룡보다는 앞선 인물"(說齊宣公, 先公孫龍)이라 하였고, 안사고顏師古의 주에는 "유향의 설명에 의하면 송형과 함께 직하에 유학하였다 한다"(劉向云與宋鈃俱游稷下)라 하였다. 그리고《여씨춘추》선식람先識覽 정명편正名篇 고유高誘 주에는 "윤문은 제나라 사람으로《명서名書》1편을 지었으며 공손룡보다 앞선 인물이다. 공손룡이 그를 칭송했다"라 하였다.

그 뒤《수서》경적지 명가류에《윤문자》2권의 주에 "윤문은 주周나라 처사로 직하에 유학하였다"라 하였으며,《구당서》경적지 명가류《윤문자》2권 주에는 "윤문자가 편찬한 책"이라고만 하였으며,《신당서》예문지에는 주석 없이 서명과 1권이라고만 표시되어 있고《송사》예문지도 같다. 그리고 뒤를 이어 원元 마단림馬端臨의《문헌통고文獻通考》경적고經籍考에도《윤자尹子》1권이 저록되어 있고,《사고전서총목》에는 잡가류에《윤문자》1권이 실려 있다. 아울러《사고전서총목제요》에는 "이 책은〈대도상〉,〈대도하〉로 되어 있어 서문과 일치한다. 다만 1권으로 통합된 것은 아마 후대 사람들이 합병한 것이 아닌가 한다"(此本亦題〈大道上〉·〈大道下〉, 與序相符, 而通爲一卷, 蓋後人所合倂也)라 하였다.

이상과 같음에도 현존《윤문자》에 대하여 일부 학자들은 진수(陳隋, 남북조 말기부터 수나라 초기, 唐鉞)시기에 나왔다거나, 그보다 앞선 위진魏晉시기에 나왔을 것(羅根澤)이라는 주장을 제기하였다.
 우선 지금 전하는《윤문자》서문의 작자 "산양山陽 중장씨仲長氏"가 어느 시대 누구인가 라는 점에 착안한 것이다.

 尹文子者, 蓋出於周之尹氏. 齊宣王時, 居稷下, 與宋鈃·彭蒙·田駢同學於公孫龍, 公孫龍稱之. 著書一篇, 多所未綸. 莊子曰:「不累於物, 不苟於人, 不忮於衆. 願天下之安寧以活於民命, 人我之養畢足而止之, 以此白心, 見侮不辱, 此其道也.」而劉向亦以其學本於黃老, 大較刑名家也, 近爲誣矣. 余黃初末始到京師, 繆熙伯以此書見示, 意甚玩之, 而多脫誤, 聊試條次, 撰定爲上下篇, 亦未能究其詳也. 山陽仲長氏撰.

 여기서 황초黃初는 위魏 문제文帝 조비曹丕의 연호로 220년부터 226년까지 7년간의 연호이다. 그리고 무희백繆熙伯에서 희백熙伯은 무습繆襲의 자이다. 따라서 이 서문에서의 중장씨仲長氏는 바로 중장통仲長統이라는 것이다. 이에 따라 조공무晁公武의《군재독서지郡齋讀書志》에서 이가《윤문자》를 편찬했을 것이라고 주장한 것이다.

 그러나 중장통은《후한서》와《삼국지》위지魏志의 전을 보면 자는 공리公理이며 산양 고평高平 사람으로 한漢 헌제獻帝가 조씨(曹丕, 魏)에게 나라를 넘겨주던 연강延康 원년(220)에 죽은 인물이다. 그런데 서문에 무제 황초 말(226년) 경사에 올라갔다고 하는 것으로 보아 의문이 가지 않을 수 없으며,

뒷사람들은 이 논거를 들어 조공무의 주장을 인정하지 않게 되었다. 그럼에도 지금까지 마총馬總《의림意林》, 송렴宋濂의 《제자변諸子辨》, 요제항姚際恒의 《고금위서고古今僞書考》 등에서는 끊임없이 위작임을 주장하여 그 진위가 아직 밝혀지지 않은 상태이다.

좌우간 지금 전하는《윤문자》의 대도大道 상하 두 편은 전국시대 명가의 학설을 살피는 데 귀중한 자료로서 그 가치는 퇴색될 수 없다고 볼 수 있다.

한편 본 책의 〈일문佚文〉은 《의림意林》,《예문류취藝文類聚》,《태평어람太平御覽》,《군서치요群書治要》,《사기史記》〈굴원열전屈原列傳〉 색인,《시경詩經》〈분저여汾沮洳〉의 소疏,《소명문선昭明文選》〈박혁론博弈論〉 주,〈책수재문策秀才文〉 주,〈권진표勸進表〉 주,〈동경부東京賦〉 주, 그리고《후한서後漢書》〈풍연전馮衍傳〉 주,《북당서초北堂書鈔》 등을 근거로 17조를 찾아낸 것이며, 이는 서충량徐忠良의《윤문자》(新譯, 三民書局 1995, 臺北)에 실려 있는 것을 그대로 전재한 것임을 밝힌다.

《尹文子》四庫全書(文淵閣)本．子部(10) 雜家類(1) 雜學之屬

欽定四庫全書

尹文子

大道上

山陽　仲長統　定

大道無形稱器有名名也者正形者也形正由名則名不可差故仲尼云必也正名乎名不正則言不順也大道不稱衆有以稱則隁形自得其所稱也大道治者則名法儒墨自廢以名法儒墨治者則不得離道老子曰道者萬物之奥善人之寶不善人之所寶是道治者謂之善人道治者謂之善人籍名法儒墨者謂之不善人善人之與不善人名分而離不待審察而得也道不足以治則用法法不足以治則用術術不足以治則用權權不足以治則用勢勢用則反權權用則反術術用則反法法用則反道道用則無為而自治故窮則徼終徼終則反始始終相襲無窮極也有形者必有名有名者未必有形形而不名未必失其方圓白黑之實名而不可不尋名以檢其差

欽定四庫全書　尹文子

故亦有名以檢形形以定名名以定事事以檢名察其所以然則形名之與事物無所隱其理矣名有三科法有四呈一曰命物之名方圓白黑是也二曰毀譽之名善惡貴賤是也三曰況謂之名賢愚愛憎是也一曰不變之法君臣上下是也二曰齊俗之法能鄙同異是也三曰治衆之法慶賞刑法是也四曰平準之法律度權量是也術者人君之所密用羣下不可妄窺勢者制法之利器羣下不可妄為人君有術而使羣下得窺非術之奥者有勢使羣下得為非勢之重者大要在乎先正名分使不得相侵雜然後術可秘勢可專名者名形者也形者應名也然形非正名也名非正形也則形之與名居然別矣不可相亂亦不可相無無名故大道無稱有名故名以正形今萬物具存不以名正之則亂萬名具列不以形應之則乖故形名者不可不正也善名命善惡名命惡故善有善名惡有惡名聖賢仁智命善者也頑嚚凶愚命惡者也今即聖賢仁智之名以求聖

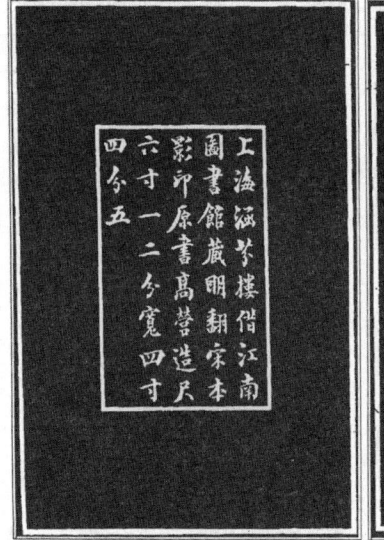

《尹文子》四部叢刊本. 上海 涵芬樓 각의 〈明翻宋本〉을 근거로 한 전자판본(북경「書同文」)

尹文子

大道上

周尹文撰　金山錢氏校本

大道無形，稱器有名。名也者，正形者也。形正由名，則名不可差，故仲尼云：必也正名乎！名不正則言不順也。大道不稱，衆有必名也。生于不稱，則羣形自得其方圓。名生于方圓，則衆名得其所稱也。大道治者，則名法儒墨自廢；以名法儒墨治者，則不得離道。老子曰：道者，萬物之奧，善人之寶，不善人之所寶。是道治者，謂之善人；藉名法儒墨者，謂之不善人。善人之與不善人，名分（扶問切）日離，不待審察而得也。

道不足以治則用法，法不足以治則用術，術不足以治則用權，權不足以治則用勢。勢用則反權，權用則反術，術用則反法，法用則反道，道用則無爲而自治。故窮則徼（吉弔切）終，徼終則反始，始終相襲，無窮極也。

有形者必有名，有名者未必有形。形而不名，未必失其方圓白黑之實。名而不可不尋名以檢其差。故亦有名以檢形，形以定名，名以定事，事以檢名。察其所以然，則形名之與事物，無所隱其理矣。

名有三科，法有四呈。一曰命物之名，方圓白黑是也。二曰毀譽之名，善惡貴賤是也。三曰況謂之名，賢愚愛憎是也。一曰不變之法，君臣上下是也。二曰齊俗之法，能鄙同異是也。三曰治衆之法，慶賞刑罰是也。四曰平準之法，律度權量是也。術者，人君之所密用，羣下不可妄窺；勢者，制法之利器，羣下不可妄爲。人君有術而使羣下得窺，非術之奧者；有勢

차례

※ 책머리에
※ 일러두기
※ 해제

尹文子

1. 대도 大道(上)

001(上-1) 이름부터 정확히 ·· 128
002(上-2) 대도는 이름이 없다 ··· 130
003(上-3) 도란 누구나 지녀야 할 보물 ······························ 131
004(上-4) 도가 궁해지면 ··· 133
005(上-5) 이름은 실질과 맞아야 한다 ································ 135
006(上-6) 명칭의 세 가지 과제와 법의 네 가지 과정 ·········· 137
007(上-7) 술術과 세勢 ··· 139
008(上-8) 형태와 명칭 ··· 141
009(上-9) 좋은 뜻의 명칭과 나쁜 뜻의 명칭 ····················· 143
010(上-10) 명칭은 허실을 점검하는 것 ······························ 145
011(上-11) 좋은 소와 좋은 말 ·· 147
012(上-12) 오색, 오성, 오취, 오미 ···································· 149

013(上-13) 장단은 자로 재고 무게는 저울로 잰다 ·················· 151
014(上-14) 한 사람이 모든 재능을 다 갖출 수는 없다 ·············· 153
015(上-15) 이익이 되지 않는 논리 ····································· 155
016(上-16) 소인의 행동 ··· 157
017(上-17) 자신의 임무와 그에 맞는 능력 ·························· 159
018(上-18) 잘하는 것을 칭찬하는 이유 ······························ 160
019(上-19) 혼자의 힘으로는 한계가 있다 ··························· 162
020(上-20) 욕심은 사람마다 가지고 있지만 ························ 164
021(上-21) 사람의 출세욕 ·· 165
022(上-22) 지혜로운 자도 물욕은 있게 마련 ······················ 166
023(上-23) 만물은 고유한 자신만의 본성이 있다 ················ 167
024(上-24) 만물은 고유한 자신만의 능력이 있다 ················ 169
025(上-25) 도가 행해지는 세상 ······································· 171
026(上-26) 풍속과 일상용품 ··· 172
027(上-27) 자줏빛 옷과 허리 가는 여자 ···························· 174
028(上-28) 앞다리를 들고 대드는 개구리 ·························· 176
029(上-29) 예악의 효용 ··· 178
030(上-30) 어진 사람의 통치 ·· 179
031(上-31) 명망과 지위 ··· 180
032(上-32) 이익을 좇아가는 인지상정 ······························ 181
033(上-33) 상과 형벌은 임금의 고유권한 ·························· 182
034(上-34) 군주의 권위와 신하의 직무 ····························· 183
035(上-35) 명칭과 실질이 바뀌는 경우 ······························ 185
036(上-36) 제나라 선왕의 활쏘기 ···································· 186

037(上-37) 못생긴 딸 188
038(上-38) 꿩을 봉황이라 속였더니 190
039(上-39) 밭 갈다 주운 보옥 192
040(上-40) 시비의 엇갈림 194
041(上-41) 성군과 폭군의 차이 195
042(上-42) 송양지인 196
043(上-43) 제환공과 관중 197
044(上-44) 진문공 200
045(上-45) 선이란 백성의 의견을 따르는 것 201
046(上-46) 나라가 혼란해지는 세 가지 원인 203

2. 대도大道(下)

047(下-1) 여덟 가지 통치술 206
048(下-2) 국가 존망의 여섯 가지 징조 209
049(下-3) 정치를 어지럽히는 근본 212
050(下-4) 공자가 소정묘를 죽인 이유 213
051(下-5) 귀신도 홀리는 아첨 216
052(下-6) 보랏빛이 붉은 색을 빼앗으니 218
053(下-7) 정正과 기奇 219
054(下-8) 죽음을 두려워하지 않는 백성 221
055(下-9) 성인聖人과 성법聖法 223

056(下-10) 아이 이름을 도둑으로 지어 놓고 ·················· 225
057(下-11) 구슬과 쥐고기 ·· 227
058(下-12) 내쫓은 아내를 그리워하지도 말라 ············· 229
059(下-13) 부유한 자와 가난한 자 ···························· 231
060(下-14) 임금이 전제를 펼 수 있도록 ····················· 233
061(下-15) 가난하면 남을 원망하는 법 ····················· 234
062(下-16) 용서할 수 없는 교만함 ···························· 236
063(下-17) 각기 서로 다른 세 가지 경우 ··················· 237
064(下-18) 치세와 난세의 차이 ································ 239
065(下-19) 아주 작은 것을 바라건만 ························ 240

3. 《윤문자尹文子》 일문佚文

066(佚-1) 어진 자와 불초한 자 ································ 244
067(佚-2) 호가호위狐假虎威 ·· 246
068(佚-3) 아첨하는 자의 교묘한 술책 ······················· 248
069(佚-4) 자신에게 이익이 있어야 움직인다 ············· 250
070(佚-5) 귀로 듣는 것보다 눈으로 보는 것이 정확하다 ········· 253
071(佚-6) 눈으로 물건을 접할 수 없으니 ·················· 254
072(佚-7) 숫자의 정확함 ·· 255
073(佚-8) 준걸俊傑 ··· 256
074(佚-9) 나의 의지에 의해 결정 ······························ 257

075(佚-10) 도박 ··· 258
076(佚-11) 요임금의 검소함 ·· 259
077(佚-12) 요임금의 덕화 ·· 260
078(佚-13) 같은 지혜를 가진 두 사람 ························· 261
079(佚-14) 총명함과 몽매함 ·· 262
080(佚-15) 우宇의 뜻 ·· 263
081(佚-16) 전쟁에 나설 때는 ······································· 264
082(佚-17) 사물의 감응 ·· 265

◉ 부록

《윤문자》 서발序跋 자료 ·· 269

1. 대도 大道
(상편)

〈鴨尊〉(서주) 遼寧省 출토

001(上-1)
이름부터 정확히

    대도大道는 형태가 없는 것이나 물건은 그에 맞는 이름이 있게 마련이다. 이름이란 그 형태를 바르게 표현한 것이다. 그 형태를 바르게 표현한 것이 이름 때문이라면 그 이름은 그 물건과 차이가 있을 수 없다.
    그러므로 중니仲尼는 "반드시 해야 할 일이라면 이름을 정확히 하는 것이다. 이름이 정확하지 않으면 그 말이 순리에 맞지 않게 된다"라 하였다.

    大道無形, 稱器有名. 名也者, 正形者也. 形正由名, 則名不可差.
    故仲尼云:「必也正名乎! 名不正, 則言不順」也.

【道·器】道는 器에 상대되는 의미로 쓰였음. 즉 구체적인 형태가 없으면서도 천하에 편재하며 그 기능과 규율을 다하는 추상적인 것. 이에 비해 기는 실제로 존재하는 구체적인 사물.
【形·名】형은 명과 상대되는 의미로 구체적이며 실재적인 형태를 갖춘 것. 구체적인 사물, 사건, 행동, 활동의 경과 등을 말함. 이에 비해 명은 사물의 형태나 사건, 활동의 경과 등을 命名하고 이름을 붙인 것.
【仲尼】공자의 자. 仲은 둘째 아들을 뜻함. 공자는 이름이 丘. 춘추 말기 魯나라 사람으로 儒家의 성인으로 至聖先師라 불림.

【必也正名乎】반드시 이름부터 정확히 함. 《論語》子路篇에 "子路曰:「衛君侍子而爲政, 子將奚先?」子曰:「必也正名乎!」子路曰:「有是哉, 子之迂也! 奚其正?」子曰:「野哉, 由也! 君子於其所不知, 蓋闕如也. 名不正, 則言不順; 言不順, 則事不成; 事不成, 則禮樂不興; 禮樂不興, 則刑罰不中; 刑罰不中, 則民無所措手足. 故君子名之必可言也, 言之必可行也. 君子於其言, 無所苟而已矣."라 함.

002(上-2)
대도는 이름이 없다

대도大道는 부를 수 있는 이름이 없지만 세상 만물은 반드시 이름이 있다.

이름 지을 수 없는 대도에서 이름이 생겨났다면 세상의 많은 형태는 그래도 자기 스스로 모가 나건 둥글건 구속을 받지 않는다. 명칭이란 그 모나고 둥근 것에서 생겨났다면 많은 이름이란 각기 그에 부합된 바가 있게 마련이다.

大道不稱, 衆有必名.
生於不稱, 則群形自得其方圓; 名生於方圓, 則衆名得其所稱也.

【不稱】명칭을 부여할 수 없음. 이름이 없음.
【衆有】세상에 있는 만물. 道와 상대되는 개별적인 일반 성질을 가진 사물들. 器를 말함.
【生於不稱】이름이 없는 것에서 태어남. 이름이란 어떻게 칭할 수 없는 대도에서 생겨난 것임.
【稱】부합됨. 구체적인 사물을 각기 서로 다른 외형의 특징을 가지고 이름을 짓는다면 세상의 만물은 그의 실제와 부합하는 명칭을 가지게 됨을 뜻함.

003(上-3)
도란 누구나 지녀야 할 보물

대도로써 천하를 다스리게 되면 명가名家, 법가法家, 유가儒家, 묵가墨家의 무리들은 저절로 사라지게 될 것이며, 반대로 명가, 법가, 유가, 묵가의 이론으로 천하를 다스리게 되면 성공하지도 못할 뿐만 아니라 도에서 더욱 멀어지고 말 것이다.

《노자老子》에는 이렇게 말하였다.

"도란 만물이 오묘하게 숨어 있는 곳이며 착한 사람의 보물이요, 착하지 못한 사람도 이를 보호하고 지녀야 할 바이다."

따라서 이 도를 바탕으로 나라를 다스리는 자를 일러 선인善人이라 하고, 명가나 법가, 유가, 묵가를 바탕으로 하는 자를 일러 불선인不善人이라 한다.

선인과 불선인의 차이는 명칭과 직분이 날로 멀어지는 것이니 이를 깊이 헤아려 살펴보기를 기다리지 않아도 알 수 있다.

以大道治者, 則名法儒墨自廢; 以名法儒墨治者, 則不得離道.

老子曰:「道者, 萬物之奧, 善人之寶, 不善人之所保」

是道治者, 謂之善人; 藉名法儒墨者, 謂之不善人.

善人之與不善人, 名分日離, 不待審察而得也.

【名法儒墨】名家, 法家, 儒家, 墨家를 말함. 명가는 명분론(명실론)을 주제로 한 학파이며 법가는 법치주의를, 유가는 인의도덕을 주창하였으며 묵가는 박애를 주창하였음.

【不得離道】'不得而離道'로 해석함. "성공하지도 못할뿐더러 오히려 도로부터 멀어지다"의 뜻.

【老子】李耳로 알려진 道家의 비조. 자는 伯陽이며 시호는 聃. 老聃으로도 불리며 춘추시대 楚나라 苦縣 사람이라 함.《老子(道德經)》5천여 자를 남김.《史記》老莊申韓列傳 참조.

【道者】《노자》62장에 "道者萬物之奧. 善人之寶, 不善人之所保. 美言可以示尊, 美行可以加人. 人之不善, 何棄之有? 故立天子, 置三公, 雖有拱璧以先駟馬, 不如坐進此道. 古之所以貴此道者何? 不曰: 求以得, 有罪以免邪? 故爲天下貴"라 함.

【藉】의지함. 근거로 함.

【名分】이름과 그에 상응하는 직분.

【審察】깊이 헤아려 자세히 살핌.

〈老子騎牛圖〉宋 晁補之(畫)

004(上-4)
도가 궁해지면

도만 가지고 다스리기에 부족하면 법을 쓰게 마련이며, 법으로써 다스리기에 부족하면 술術을 쓰게 마련이며, 다시 술로만 다스리는데 한계가 있으면 권權을 쓰게 마련이며, 권만으로 다스릴 수 없으면 세勢를 쓸 수밖에 없다.

그러나 세를 쓴다 해도 다시 권으로 돌아와야 하며, 권을 쓴다 해도 다시 술로 돌아와야 하며, 술을 쓴다 해도 다시 법으로 돌아와야 하며, 법을 쓴다 해도 다시 도로 돌아와야 하며, 도를 쓰면서는 아무 작위를 더하지 않아야 저절로 다스려진다.

그러므로 궁窮해지면 해결할 방법을 찾아 최종 목표를 향해 가게 되고, 그 찾아가는 중간에서 다시 처음 시작할 때로 되돌아오게 된다. 이처럼 시작과 끝은 서로 이어진 것으로 그 궁극이란 없는 것이다.

道不足以治則用法, 法不足以治則用術, 術不足以治則用權, 權不足以治則用勢.

勢用則反權, 權用則反術, 術用則反法, 法用則反道, 道用則無爲而自治.

故窮則徼終, 徼中則反始, 始終相襲, 無窮極也.

【道】여기서의 도는 도가에서 말하는 도임. 즉 無爲而治를 가리킴. 이를 통해 治國의 목표에 도달함을 말함.
【法】법가에서 말하는 강제적 법률.
【術】군주가 신하와 백성을 다스리며 통제하는 책략이나 통치술.
【權】군주가 스스로 지니고 있어야 하는 권위. 군주라는 직위 자체로 이미 그러한 권위가 있음을 말함.
【勢】군주가 형세의 변화에 따라 실행할 수 있는 권세와 지위.
【勢用則反權】이미 세를 운용하였다면 응당 권으로 되돌아와야 함.
【窮】곤핍함. 곤궁하고 沮礙를 받아 펴지 못함. 출로를 찾지 못함.
【徼】邀와 같음. '맞이하다, 찾아내다'의 뜻.
【中】일의 過程. 中間.
【窮極】결말. 끝까지 이름.

005(上-5)
이름은 실질과 맞아야 한다

형태를 가지고 있는 것은 반드시 이름이 있지만 이름을 가지고 있는 것이라고 해서 반드시 이름이 있는 것은 아니다.

형태는 있지만 이름이 없는 것이라 해서 반드시 그 방원方圓이나 흑백黑白의 실제를 잃었기 때문이라 할 수는 없다. 마찬가지로 이름만 있고 형태가 없는 것은 그 이름으로써 실질과 차이가 있는지를 검사하여 찾아보지 않으면 안 된다.

그러므로 역시 이름이 있는 것은 그 형태를 점검해 보아야 하며 형태가 있는 것은 그에 맞게 이름이 있어야 한다. 이름은 그 사실에 맞게 정해 주어야 하며 사실은 그 이름에 맞는지를 점검하여야 한다. 그것의 형태와 이름이 그럴 수밖에 없음을 살피고 나면 형태와 이름이 그 사실과 구체적인 물건 사이에 그 이치를 감출 수 없게 되는 것이다.

有形者必有名, 有名者未必有形.

形而不名, 未必失其方圓白黑之實; 名而不形, 不可不尋名以檢其差.

故亦有名以檢形, 形以定名. 名以定事, 事以檢名. 察其所以然, 則形名之與事物, 無所隱其理矣.

【名而不形】 원래 '不形' 두 글자는 없으나 中華書局판(1959) 陶鴻慶의 《讀諸子札記》(16) 《尹文子校札》에 의해 보입함.(〈三民本〉)
【尋】 찾아냄. 선택함.

006(上-6)
명칭의 세 가지 과제와 법의 네 가지 과정

명칭에는 세 가지 과제科가 있고 법에는 네 가지 과정呈이 있다.

세 가지 과제란 첫째, 물건의 명칭을 지음에는 형태로서의 방원方圓과 색깔로서의 흑백黑白이 이것이다. 둘째, 헐뜯고 칭찬하는 명칭으로는 선악善惡과 귀천貴賤이 이것이다. 셋째, 상황을 붙여 명칭을 지을 때는 현우賢愚와 애증愛憎이 이것이다.

다음으로 네 가지 과정이란 첫째, 불변의 법칙으로서 임금과 신하, 윗사람과 아랫사람의 관계가 이것이다. 둘째, 민간의 풍속을 나란히 하는 법이니 능비能鄙와 동이同異가 이것이다. 셋째, 민중을 다스리는 법이니 경상慶賞과 형벌刑罰이 이것이다. 넷째, 사물에 공평한 기준을 삼는 법이니 율도律度와 권량權量이 이것이다.

名有三科, 法有四呈.
一曰命物之名, 方圓白黑是也; 二曰毀譽之名, 善惡貴賤是也; 三曰況謂之名, 賢愚愛憎是也.
一曰不變之法, 君臣上下是也; 二曰齊俗之法, 能鄙同異是也; 三曰治衆之法, 慶賞刑罰是也; 四曰平準之法, 律度權量是也.

【呈】程과 같으며 종류, 품류의 뜻으로 봄.
【毀譽】비평을 뜻함. 잘못된 것을 들춰내거나 잘한 것을 칭찬함. 襃貶과 같음.
【況謂】상황을 비유하여 설명함.
【齊俗】민간의 풍속이나 정서를 하나로 통일함.
【能鄙同異】능함과 비천함을 구별함. 능한 자와 비천한 자를 구별하여 그에 맞는 사회적인 지위 등을 부여함.
【慶賞】축하와 시상.
【刑罰】고대 형과 벌은 구분되어 형은 肉刑을 벌은 罰金을 뜻하였음.
【平準】고대 물자나 상품 등을 통제하여 그 값이나 유통을 고르게 하고자 하였음.
【律度權量】고대의 측량 단위나 측량 행위를 말함. 律은 비율, 度는 길이, 權은 무게, 量은 들이 등을 구분하여 측량함을 뜻함.

007(上-7)
술術과 세勢

술術이란 임금이 비밀스럽게 사용하는 것으로 여러 신하로서는 마구 엿볼 수 있는 것이어서는 안 된다.

세勢란 법을 제정하는 이기利器로서 여러 신하들이 마구 할 수 있도록 해서는 안 되는 것이다.

임금이 술을 가지고 있으면서 여러 신하들로 하여금 이를 엿볼 수 있게 한다면 이는 술의 오묘함을 구사할 수 없는 자요, 세를 가지고 있으면서 여러 신하들로 하여금 하고 싶은 대로 할 수 있게 한다면 이는 세의 중함을 지키지 못하는 자이다.

가장 큰 요체는 먼저 명분名分을 바르게 하는 데에 있으니 서로 침벌하거나 뒤섞이지 않도록 해야 한다. 그러한 다음에 술은 가히 비밀스럽게 쓸 수 있으며 세는 오로지 자신만이 구사할 수 있게 되는 것이다.

術者, 人君之所密用, 群下不可妄窺; 勢者, 制法之利器, 群下不可妄爲.

人君有術, 而使群下得窺, 非術之奧者; 有勢, 使群下得爲, 非勢之重者.

大要在乎先正名分, 使不相侵雜. 然後術可秘, 勢可專.

【術】 군주의 통치술.
【密用】 몰래 사용함. 공개하지 아니함.
【妄窺】 몰래 살펴봄. 엿봄.
【勢】 군주의 지위 자체에 부여된 권세.
【利器】 예리한 무기. 군주의 법령이나 통치술을 뜻함.
【術之奧者】 오묘하고 비밀스러운 술책.
【大要】 가장 중요한 요체. 관건.
【名分】 군주와 신하 사이의 신분과 지위의 구분.
【侵雜】 서로 뒤섞여 雜沓함을 말함.

008(上-8)
형태와 명칭

명칭이란 형태가 있는 것을 이름 지은 것이며 형태란 이름과 상응한 것이다. 그러나 형태가 곧 그 명칭에 맞는 것이 아니며 이름은 곧 그 형태를 정확하게 이름 지은 것은 아니다. 그렇다면 형태와 이름과의 관계란 확연히 별개의 것이니 서로 혼란이 일어나게 해서는 안되며 역시 서로 없어서도 안될 것이다.

이름이 없기 때문에 대도大道는 어떻게 칭할 방법이 없고, 구체적인 물건은 이름이 있으므로 해서 이름은 그 형태를 정확하게 일러 주는 것이다.

지금 만물이 함께 존재하고 있으니 이름을 정확히 구분하지 아니하면 혼란이 일어날 것이요, 만 가지 이름이 모두 나열되어 있으니 형태가 그에 상응하지 못하다면 괴리가 생기고 말 것이다. 그러므로 형태와 명칭이란 정확하지 않으면 안 되는 것이다.

名者, 名形者也; 形者, 應名者也. 然形非正名也, 名非正形也, 則形之與名, 居然別矣, 不可相亂, 亦不可相無.

無名, 故大道無稱; 有名, 故名以正形.

今萬物具存, 不以名正之則亂, 萬名具列, 不以形應之則乖. 故形名者, 不可不正也.

【居然】 뚜렷함. 확연함.
【相亂】 서로 뒤섞여 혼란을 야기함. 형태가 이름에 대응하지 못함을 말함.
【相無】 서로 대체함. 형태는 있으면서 이름이 없는 경우를 뜻함.

009(上-9)
좋은 뜻의 명칭과 나쁜 뜻의 명칭

좋은 이름이란 선함을 명명한 것이며 나쁜 이름이란 악한 것을 명명하는 것이다. 그러므로 훌륭한 것은 좋은 이름을 갖게 되고 악한 것은 악한 이름을 갖게 되는 것이다.

성聖, 현賢, 인仁, 지智는 훌륭함을 두고 명명한 것이며, 완頑, 은嚚, 흉凶, 우愚는 악한 것을 두고 이름 지은 것이다.

지금 성, 현, 인, 지의 이름은 성, 현, 인, 지의 실질을 요구하는 것으로 아직 가끔은 그에 미진한 경우가 있을 수 있고, 또 완, 은, 흉, 우의 명칭도 역시 그 완, 은, 흉, 우의 실질을 요구하고 있으나 역시 혹 그에 미진한 경우가 있을 수 있다.

선악의 구분이 완전하도록 하여야 한다. 비록 그 사물의 진실이 아직 모두가 그렇지 못하다고 해도 그 차이에 대하여 걱정도 하지 않고 있다.

그러므로 "이름은 서로 변별되지 아니하면 안 된다"라고 말하는 것이다.

善名命善, 惡名命惡, 故善有善名, 惡有惡名.
聖賢仁智, 命善者也; 頑嚚凶愚, 命惡者也.
今卽聖賢仁智之名, 以求聖賢仁智之實, 未之或盡也; 卽頑嚚凶愚之名, 以求頑嚚凶愚之實, 亦未或盡也.
使善惡盡然有分, 雖未能盡物之實, 猶不患其差也.
故曰:「名不可不辯也」

【頑嚚】 완고하고 고집이 세며 우매함. 남을 배려하지 못하고 말에 믿음과 충실함이 없음. 嚚은 '은'으로 읽음.
【盡然】 완전함.
【辯】 '辨'과 같음. 구별함. 변별함.

010(上-10)
명칭은 허실을 점검하는 것

　명칭이란 피차彼此를 구별하고 허실虛實을 점검하는 것이다. 예로부터 지금에 이르도록 이를 사용하여 정확함을 얻고 저를 사용하여 진실을 놓친 적이 없지 않았다. 진실을 잃은 것은 이름을 사용할 때 구분에 혼란이 있었기 때문이며, 정확함을 얻은 것이란 이름을 사용하되 구분을 바르게 살폈기 때문이다.
　지금 어진 이를 친히 하고 불초한 자를 멀리하며, 잘하는 자에게 상을 주고 악한 자에게 벌을 내린다. 그러나 어짊과 불초함, 그리고 선악의 명칭이란 마땅히 저에게 있어야 하며, 친소親疏와 상벌의 명칭은 마땅히 나에게 있어야 한다고 여기고 있다. 이처럼 저는 나에게 있어서 각기 하나씩의 관점에 따라 명칭이 있는 것일 뿐이다.
　명칭에 대하여 잘 살피는 자는 어짊과 불초함을 이름 지어 친소親疏를 삼고, 선악을 명칭으로 하여 상벌을 삼는다. 피아彼我의 똑같은 하나의 명칭을 합하여 구별하지 않고 있으니 이름에 혼란이 일어나는 것이다.
　그러므로 "명칭이란 살피지 않을 수 없는 것이다"라고 말하는 것이다.

名稱者, 別彼此而檢虛實者也. 自古至今, 莫不用此而得, 用彼而失. 失者由名, 分混, 得者由名, 分察.
今親賢而疏不肖, 賞善而罰惡. 賢不肖·善惡之名, 宜在彼; 親疏·賞罰之稱, 宜屬我. 我之與彼, 各得一名.

名之察者也, 名賢不肖爲親疏, 名善惡爲賞罰. 合彼我之一稱而不別之, 名之混者也.

故曰:「名稱者, 不可不察也」

【名分】이름과 그에 상응하는 직분.
【各得】원래 '又復'으로 되어 있으나 陶鴻慶의 《讀諸子札記》(16) 《尹文子校札》에 "'又復', 疑'各得'二字之誤. 上文云: 賢不肖善惡之名, 宜在彼; 親疏賞罰之稱, 宜屬我. 彼我各有所宜, 是各得一名也"라 함. 이에 따라 고침.(《三民本》)

011(上-11)
좋은 소와 좋은 말

속설에 '좋은 소'라고 말하면서 다시 '자세히 살피지 않을 수 없다'라고 했다면 '좋다'는 말은 물건을 두고 통상적으로 어디에나 붙일 수 있는 말이지만 소라고 하였을 때는 이는 고정적인 형태를 가진 물체이다. 그런데 통상적으로 아무 것에나 붙일 수 있는 형용사를 고정적인 형태를 가진 물건에 마구 따라 쓰고 있는데 이러한 예는 끝도 없이 많다.

가정하여 다시 '좋은 말'이라 한다면 '좋다'는 표현을 말[馬]에게 연결하여 붙일 수 있다. 그렇다면 '좋다'는 표현은 그 통괄하는 바가 정확한 규정이 없는 것이 된다.

가정하여 다시 '좋은 사람'이라 하였다면 좋다는 표현이 사람에게도 접속될 수 있다. 그렇다면 '좋다'가 '사람'이 아니며, '사람' 역시 '좋다'는 아니다. 그러니 '좋은 소', '좋은 말', '좋은 사람'이라는 명칭은 저절로 괴리될 수밖에 없다.

그러므로 "명칭과 직분은 서로 괴리되어서는 안 된다"라고 말하는 것이다.

語曰:「好牛」又曰:「不可不察也」'好'則物之通稱, '牛'則物之定形, 以通稱隨定形, 不可窮極者也.

設復言'好馬', 則復連於馬矣. 則'好'所通, 無方也.

設復言'好人', 則彼屬於人也. 則'好'非人, '人'非好也; 則 '好牛', '好馬', '好人'之名自離矣.
故曰:「名分不可相亂」也.

【語】속어. 속담. 격언. 俚諺.
【又曰不可不察也】다른 교감본에 모두 '又曰' 두 글자는 衍文으로 보고 있음. 그리고 나아가 '不可不察也' 역시 陶鴻慶의 《讀諸子札記》에는 "'不可不察也' 五字乃涉上文誤重, 非原文也"라 하여 이 7자 모두를 연문으로 보았음.
【定形】고정된 형태.
【所通】통괄하고 있는 바.
【方】常規. 규정. 정해진 방식.

012(上-12)
오색, 오성, 오취, 오미

    오색, 오성, 오취, 오미 등 네 가지 부류는 자연히 천지 사이에 존재하고 있는 것이며, 사람이 그를 이용하여 써 주기를 기대하고 있는 개념은 아니다. 그런데 사람들이 반드시 이를 사용하여 종신토록 각기 좋아하고 싫어하면서 그 이름과 직분을 변별하지 못하고 있다. 그러한 명칭은 저들이 저절로 가지고 있는 것이며 이를 분별하고 구별하는 것은 당연히 나에게 있는 것일 뿐이다.
    나로서는 흰색을 좋아하고 검은 색을 싫어할 수 있으며, 상조商調의 음악을 즐겨 듣고 치조徵調의 음악은 멀리할 수도 있으며, 짐승 고기의 누린내는 좋아하되 태우는 냄새는 싫어할 수 있으며, 단 것은 즐겨 먹고 쓴맛을 거부하기도 한다. 흰색白, 검은색黑, 상조商, 치조徵, 누린내膻, 태운내焦, 단맛甘, 쓴맛苦은 저들이 스스로 가지고 있는 이름이며, 이를 두고 좋아하고愛, 싫어하고憎, 즐겨듣고韻, 버리고舍, 좋아하고好, 미워하고惡, 즐겨하고嗜, 거역하는逆 것은 내가 구분하는 것일 뿐이다. 그러니 이러한 명칭과 본분을 정한다면 만사는 혼란이 없게 되는 것이다.

五色·五聲·五臭·五味, 凡四類, 自然存焉天地之間, 而不期爲人用. 人必用之, 終身各有好惡而不能辯其名分, 名宜屬彼, 分宜屬我.

我愛白而憎黑, 韻商而舍徵, 好羶而惡焦, 嗜甘而逆苦. 白, 黑, 商, 徵, 羶, 焦, 甘, 苦, 彼之名也, 愛, 憎, 韻, 舍, 好, 惡, 嗜, 逆, 我之分也. 定此名分則萬事不亂也.

【五色】青, 赤, 白, 黑, 黃의 다섯 가지 색깔.
【五聲】宮, 商, 角, 徵, 羽의 다섯 가지 음계.
【五臭】羶(누린내), 焦(타는 냄새), 香(향내), 腥(고기냄새), 朽(썩는 내)의 다섯 가지 냄새.
【五味】辛(매운맛), 酸(신맛), 鹹(짠맛), 苦(쓴맛), 甘(단맛)의 다섯 가지 맛.
【韻】감상함. 좋아함.
【舍】捨와 같음.
【羶】양고기 등의 육류의 냄새. 누린내.
【焦】臊의 假借字. 돼지고기의 냄새. 그러나 타는 냄새로 봄이 마땅할 듯함.

013(上-13)
장단은 자로 재고 무게는 저울로 잰다

옛사람은 자와 같은 도구를 써서 장단을 헤아리고, 말이나 되를 써서 양의 다소를 용납하며 저울 등을 써서 무게를 달고 형평을 헤아리며 율관律管을 써서 음의 청탁淸濁을 고르게 하며 이름을 써서 허실을 헤아리며, 법을 써서 치란을 안정시키며, 간략함을 써서 번혹煩惑스러움을 통제하며 쉬운 방법을 써서 험난함을 제어하였다.

이처럼 만사가 모두 하나로 귀결되는 것이며 백 가지 측량이 모두가 법을 기준으로 하게 되는 것이다. 하나로 귀결되는 것은 간략의 지극함이요, 법을 기준으로 한다 함은 쉬운 것의 극치이다.

이와 같이만 된다면 완고한 자頑나 못된 속임수를 쓰는 자囂, 귀머거리聾, 장님瞽이라 해도 모두가 잘 살피는 자察, 지혜로운 자慧, 귀밝은 자聰, 눈밝은 자明처럼 함께 다스릴 수 있게 되는 것이다.

古人以度審長短, 以量受多少, 以衡平輕重, 以律均清濁, 以名稽虛實, 以法定治亂, 以簡制煩惑, 以易御險難.

以萬事皆歸於一, 百度皆準於法. 歸一者, 簡之至; 準法者, 易之極.

如此, 則頑囂聾瞽可與察慧聰明, 同其治矣.

【古人】원본에 '故人'으로 되어 있으나 校勘記에 의해 '古人'으로 고침.《《三民本》》
【度】물체의 장단을 재는 표준.
【量】물체의 양을 재는 단위. 鍾, 斗, 斛 등을 말함.
【衡】물체의 무게를 재는 단위나 기구. 저울 등을 말함.
【律】고대 음율을 재는 기구. 律管.
【稽】조사함. 심정함. 考覈함.
【聰明】원래 聰은 귀가 밝은 것으로 음에 대하여 밝히 아는 능력을 말하며 明은 사물을 보는 시력이 뛰어남을 말하였음.

014(上-14)
한 사람이 모든 재능을 다 갖출 수는 없다

천하 모든 만물과 사건이란 모두가 능함을 갖추고 있을 수는 없으니 한 사람에게 이러한 능력을 모두 갖추고 있으라고 요구한다면 똑똑한 사람이나 성스러운 사람일지라도 오히려 이를 큰 고통으로 느낄 것이다.

가정하여 한 사람이 능히 천하의 모든 일에 능통하고 좌우 전후의 모든 사물에 능통하다고 해도 원근과 지질遲疾의 사이에서 틀림없이 모두 동시에 처리할 수 없는 경우가 생길 것이다. 이렇게 함께 겸하여 처리하지 못한다면 다스림은 결함이 생기고 말 것이다.

따라서 나라 전체가 다스려지고 결함이 없도록 하려면 대소大小와 다소多少가 모두 각기 사람마다 분담한 것이 있어야 한다. 농사에 종사하는 자, 장사하는 자, 물건 만드는 자, 벼슬하는 자가 그 생업을 바꾸지 않게 되면 농사에 노숙하게 되고 장사에 장기를 보이며, 공업에 숙달되게 되고, 벼슬에 익숙해져서 그 업을 존속시키지 못함이 없게 된다. 이렇게 되면 윗자리에 처한 임금으로서 고통을 느끼며 관여할 일이 무엇이 있겠는가?

天下萬事不可備能, 責其備能於一人, 則賢聖其猶病諸.
設一人能備天下之事, 能左右前後之宜, 遠近遲疾之間, 必有不兼者焉. 苟有不兼, 於治闕矣.
全治而無闕者, 大小多少, 各當其分, 農商工仕, 不易其業, 老農·長商·習工·舊仕, 莫不存焉. 則處上者何事哉?

【備能】능력을 갖추고 있어서 자신의 임무를 수행해 냄을 뜻함.
【病諸】이를 병으로 여김. 이를 해내지 못함을 안타까워함. 諸는 '之於'의 줄인 말로 종결사로 쓰였음.
【遲疾】느리고 빠름. 시간이 걸려야 해결할 수 있는 문제와 급히 처리해야 할 일 등 다양한 상황을 뜻함.
【長商】상술에 뛰어난 자.
【習工】물건을 만드는 기능에 뛰어난 工匠.
【舊仕】노련한 벼슬아치.
【處上者】만민의 위에 있는 군주를 말함.

015(上-15)
이익이 되지 않는 논리

그러므로 이치로 보아 맞지만 다스림에 이익이 되지 않는 논리라면 군자는 이에 대하여 거론하지 않으며, 능력이 있으나 사무 처리에 도움이 되지 않는 것이라면 군자는 이러한 행동을 하지 않는다.

군자란 자신이 의견이 있음을 말하기를 즐겨하기 때문이 아니라 다스림에 보탬이 되는 것이기 때문에 어쩔 수 없이 거론하는 것이며, 군자로서 행동하는 것을 즐겨서가 아니라 사무 처리에 보탬이 되기 때문에 어쩔 수 없이 행동하는 것이다.

그러므로 그들이 말하는 바란 명분과 법률, 권權, 술術에 대한 것을 넘어서지 아니하며 그들이 하는 행동이란 농사짓는 일, 군대에 관한 일을 넘어서지 않는다. 단지 자신의 업무를 주도면밀하게 하기 위한 것일 뿐이기 때문에 명석한 군주라면 이들을 임용하여 쓰는 것이다.

故有理而無益於治者, 君子弗言; 有能而無益於事者, 君子弗爲.

君子非樂有言, 有益於治, 不得不言; 君子非樂有爲, 有益於事, 不得不爲.

故所言者, 不出於名法權術; 所爲者, 不出於農稼軍陣. 周務而已, 故明主任之.

【君子】여기서는 名家나 法家를 가리킴.
【軍陣】군사 업무.
【周務】어떤 일을 주도면밀하게 잘 처리함.
【任之】원본에 '不爲'로 되어 있으나 校勘記에 의해 '任之'로 고침.(《三民本》)

016(上-16)
소인의 행동

다스림을 위한 명분, 법률, 권, 술 이외의 이론에 대하여 소인이라면 반드시 거론하게 되며, 사무 처리 이외의 능력에 대한 것이라면 소인은 틀림없이 행동에 나서게 된다. 소인도 역시 그들이 떠드는 언론이 치국에 손해를 입힐 것을 알면서도 그들은 거론하지 아니하지 못하고, 소인으로서도 역시 하는 행동이 사무 처리에 손상을 준다는 것을 알면서도 행동하지 아니하지 못하는 것이다.

그러므로 그들은 유가나 묵가의 시비에 대한 변론을 끝까지 몰고 가며, 그들은 거짓과 편벽된 행동을 끝까지 견지하게 된다. 그들은 단지 명예를 구하는 것일 뿐이기 때문에 명석한 군주라면 이들을 처벌하여 없애 버리는 것이다.

治外之理, 小人之所必言; 事外之能, 小人之所必爲. 小人亦知言損於治, 而不能不言; 小人亦知爲損於事, 而不能不爲.
故所言者, 極於儒墨是非之辯; 所爲者, 極於堅僞偏抗之行. 求名而已, 故明主誅之.

【治外之理】 앞 장에서 말한 名, 法, 權, 術 이외의 나라 다스리는 방법이나 원리.

【事外之能】앞 장에서 말한 農, 商, 工, 仕 이외의 일 처리 능력.
【小人之所必爲】원본에는 이 6글자가 없음. 校勘記에 의해 보충함.(〈三民本〉)
【言損於治】말이 명, 법, 권, 술의 치국의 도리에 손상을 줌.
【爲損於事】행위가 농, 상, 공, 사의 일에 저해됨. 원본에는 이 글자가 없음.
【堅僞偏抗】위선을 부리며 굽힐 줄 모른 채 치우쳐 있음.
【求名】앞 장의 '周務'에 상대하여 쓴 말. 명예를 구함.

017(上-17)
자신의 임무와 그에 맞는 능력

옛말에 "다스림 이외의 일에 대하여 알지 못하는 것이 군자에게 해가 되지 않으며, 군자로서 다스림 이외의 일에 아는 것이 소인에게 손해가 되지 않는다. 공인이 자신의 일 이외에 대하여 능력이 없다 해도 물건을 잘 만드는 데 해가 되지 않으며, 군자가 그러한 것을 모른다 해도 다스림에는 아무런 장애가 되지 않는다"라 하였으니 이 말은 사실 그렇다.

古語曰:「不知無害於君子, 知之無損於小人. 工匠不能, 無害於巧, 君子不知, 無害於治」此言信矣.

【不知】治外之理를 두고 한 말.
【不能】事外之能을 모름.

018(上-18)
잘하는 것을 칭찬하는 이유

훌륭한 일을 하면서 사람들로 하여금 이를 따르도록 하지 못한다면 이는 독선獨善이다. 공교하게 일을 잘하면서 사람들로 하여금 이를 따르도록 하지 못한다면 이는 독교獨巧이니 이는 아직 잘 하지도 못하고 공교하게 하지도 못하는 것이다.

훌륭하게 하면서 대중이 실행하도록 하고 공교하게 하면서 대중이 능히 그렇게 하도록 한다면 이는 잘하는 것 중의 잘하는 것이며 공교한 것 중의 공교한 것이다.

그러므로 성인의 다스림은 귀히 여기되 홀로 다스리는 것을 귀히 여기지 않는 이유는 능히 대중과 더불어 다스림을 이루어 나가는 것을 귀히 여기기 때문이다. 그리고 공수工倕의 공교함을 귀히 여기고 홀로 공교함을 귀히 여기지 아니하는 것은 그 공교함을 여러 대중과 함께 함을 귀히 여기기 때문이다.

爲善使人不能得從, 此獨善也; 爲巧使人不能得從, 此獨巧也, 未盡善巧之理.

爲善與衆行之, 爲巧與衆能之, 此善之善者, 巧之巧者也.

故所貴聖人之治, 不貴其獨治, 貴其能與衆共治也; 所貴工倕之巧, 不貴其獨巧, 貴其能與衆共巧也.

【不能得從】이를 따라할 수 없음.
【工倕】黃帝 때의 훌륭한 장인. 이름은 倕. 농기구 耒耜와 鐘, 銚, 規矩, 準繩 등을 처음 발명한 사람이라고도 함.

019(上-19)
혼자의 힘으로는 한계가 있다

지금 세상 사람들은 행동에는 홀로 똑똑하고자 하며, 일 처리에는 홀로 능력 있기를 바라며, 언변에 있어서는 자신만이 무리 속에서 뛰어나기를 바라고, 용맹함에 있어서는 자신만이 무리를 뛰어넘기를 바라고 있다.

무릇 홀로 행동하는 똑똑함이란 족히 교화를 성취할 수 없으며, 홀로 능한 일 처리는 두루 업무를 잘 수행하기에 부족하며, 무리 속에 뛰어난 언변은 집집마다 다 찾아다니며 말할 수는 없으며, 무리를 뛰어넘는 용맹이라 해도 홀로 적진을 모두 정복할 수는 없다. 이 네 가지는 혼란이 일어나는 근원이다.

이 까닭으로 성인은 도에 맡겨 그 험한 바를 극복하며 법을 세워 그 차이를 다스리며, 똑똑한 사람이나 어리석은 사람이나 서로 자신의 능력을 포기하지 않도록 하며, 능력 있는 사람이나 비루한 사람이나 서로 버리는 일이 없도록 한다.

능력 있는 사람이나 비루한 사람이 서로 버리지 아니하면 그들의 능력이나 비루함에 관계없이 이루는 공이 같아질 것이며, 똑똑한 사람이나 어리석은 사람이 서로 포기하지 않게 되면 똑똑함이나 어리석음이 그 염려하는 것이 모두 같아질 것이다.

이것이 지극한 다스림을 이루는 술術이다.

今世之人, 行欲獨賢, 事欲獨能, 辯欲出群, 勇欲絶衆.
獨行之賢, 不足以成化; 獨能之事, 不足以周務; 出群之辯, 不可爲戶說; 絕衆之勇, 不可與征陣. 凡此四者, 亂之所由生.

是以聖人任道以夷其險. 立法以理其差, 使賢愚不相棄, 能鄙不相遺.

能鄙不相遺, 則能鄙齊功, 賢愚不相棄, 則賢愚等慮. 此至治之術也.

【成化】여러 사람을 교화하고 훌륭한 풍속을 형성함.
【戶說】집집마다 다니며 이를 실행할 것을 권하고 권면함.
【夷其險】험난하고 곤란함을 극복함.
【理其差】각기 다른 사람을 다스림.
【齊功】함께 하여 그 功效가 동등하도록 함.
【等慮】똑같은 염려나 생각.

020(上-20)
욕심은 사람마다 가지고 있지만

이름이 정해지면 사람이 서로 다투지 않게 되며 직분이 명확하면 사사로운 행동이 없어지게 된다. 사람이 다투지 아니하는 것은 경쟁하고자 하는 마음이 없어서가 아니라, 이름이 정해짐으로 해서 그 마음을 달리 쓸 바가 없어지기 때문이다. 사사로운 행동이 없어지는 것은 욕심이 없어서가 아니라, 직분이 명확함으로 해서 그 욕심을 달리 쓸 바가 없어지기 때문이다.

그렇다면 마음과 욕심은 사람마다 가지고 있는 것이로되 아무런 욕심이 없어지는 것과 같은 결과를 얻게 된다. 이처럼 욕심이 없게 되는 것은 바로 이것을 제어하는 도가 있어야 하는 것이다.

名定則物不競; 分明則私不行. 物不競, 非無心, 由名定, 故無所措其心; 私不行, 非無欲, 由分明, 故無所措其欲.
然則心欲人人有之, 而得同於無心無欲者, 制之有道也.

【物】衆人을 가리킴.
【制】통제함. 제어함. 다스림.

021(上-21)
사람의 출세욕

전변田騈은 이렇게 말하였다.

"천하의 선비들로 하여금 누구나 자신의 집안에만 머물러 처자들에게 모심을 받고 살기만을 바라지 않고 반드시 밖으로 나서서 제후들의 조정에 벼슬을 하고 싶도록 하는 것은 이익이 그들을 끌어내기 때문이다. 이렇게 제후들의 조정에 나서서 유세하여 모두가 경卿, 대부大夫의 벼슬에 뜻을 두고 있지만, 그들이 제후들처럼 높은 신분이 되지 못하는 것은 그 이름이 한계를 짓고 있기 때문이다."

田騈曰:「天下之士, 莫肯處其門庭, 臣其妻子, 必遊宦諸侯之朝者, 利引之也. 遊於諸侯之朝, 皆志爲卿大夫, 而不擬於諸侯者, 名限之也.」

【田騈】 전국시대 중기의 齊나라 사상가. 학자. 稷下學士로서 黃老學에 밝았음. '전병'으로도 읽음.
【處其門庭】 자신의 집에 편안히 거함.
【臣其妻子】 처자나 자녀들의 모심을 받음.
【遊宦】 멀리 나가서 벼슬함.
【卿大夫】 관직 이름. 제후국에 국군과 경, 대부들이 있었음.

022(上-22)
지혜로운 자도 물욕은 있게 마련

팽몽彭蒙은 이렇게 말하였다.

"꿩이나 토끼가 들에 있을 때는 많은 사람이 이들을 사냥감으로 쫓아다니니 이는 그 소유가 정해지지 않았기 때문이다. 그러나 닭이나 돼지가 시장에 가득하다 해도 그것에 뜻을 두지 않는 것은 그 소유가 이미 정해져 있기 때문이다."

세상에 욕심낼 물건이 많으면 어진 자나 지혜로운 자라 해도 물건에 굴복하고 만다. 그러나 직분이 정해지면 탐욕스러운 자나 비루한 자라 해도 이를 갖겠다고 다투지 않는다.

彭蒙曰:「雉兎在野, 衆人逐之, 分未定也. 鷄豕滿市, 莫有志者, 分定故也.」

物奢則仁相屈, 分定則貪不爭.

【彭蒙】戰國 중기 齊나라 사상가이며 학자. 역시 稷下學士였으며 黃老學에 밝았고 田騈의 스승이었음.

【雉兎在野】이 비유는 《愼子》佚文에 "一兎走街, 百人追之, 貪人具存, 人莫之非者, 以兎爲未定分也. 積兎滿市, 過而不顧, 非不欲兎也, 分定之後, 雖鄙不爭."라 하여 실려 있으며, 《呂氏春秋》愼勢篇에 《愼子》를 인용하여 「今一兎走, 百人逐一, 非一兎足爲百人分也, 由未定. 由未定, 堯且屈力, 而況衆人乎? 積兎滿市, 行者不顧, 非不欲兎也, 分已定矣. 分已定, 人雖鄙不爭. 故治天下及國, 在乎定分而已矣」라 하였음.

023(上-23)
만물은 고유한 자신만의 본성이 있다.

둥그런 물건은 잘 굴러가는데 이는 능히 잘 굴러서 그렇게 굴러가는 것이 아니며 굴러가지 않을 수 없어서 그렇게 구르는 것이다. 모나고 바른 것은 정지하는데 이는 능히 정지할 수 있어서 정지하는 것이 아니라 정지할 수밖에 없어서 그렇게 되는 것이다.

둥글다고 해서 저절로 잘 굴러 그를 멈추게 할 수 없으며 모났다는 이유로 저절로 잘 멈추어 이를 굴러가게 할 수가 없는 것에 대하여 어찌 물건이 자신의 직분을 잃었다고 걱정하겠는가?

그러므로 똑똑한 자라는 이유로 쓰임이 있어 그를 쓰이지 않도록 할 수 없고, 어리석은 자이기 때문에 그가 쓸데가 없으니 그를 쓰이도록 할 수도 없다. 쓰임과 쓰이지 못함은 모두가 내 마음에 있는 것이 아니요, 그가 가히 쓰일 수 있음과 쓰일 수 없음에 그 원인이 있는 것이며 스스로 그 쓰임을 가지고 있어야 하는 것이니 어찌 사물이 이토록 혼란스럽다고 걱정하겠는가?

圓者之轉, 非能轉而轉, 不得不轉也; 方正之止, 非能止而止, 不得不止也.

因圓之自轉, 使不得止: 因方之自止, 使不得轉, 何苦物之失分? 故因賢者之有用, 使不得不用;

因愚者之無用, 使不得用, 用與不用, 皆非我也, 因彼可用與不可用, 而自得其用, 奚患物之亂乎?

【物奢】물건이 너무 많아 사람이 욕심을 내게 됨을 뜻함.
【仁智相屈】仁者나 智者라 할지라도 그들로 하여금 물욕의 유혹을 받아 경쟁이 일어나도록 함.
【貪鄙】비루하고 탐욕스러움. 仁, 智에 상대하여 쓴 말.
【分】사물의 고유한 성능. 본성. 특성.

024(上-24)
만물은 고유한 자신만의 능력이 있다

세상 만물은 모두가 외부에서 능력을 주어 능한 것이 아니라 스스로 능력을 가지고 있는 것이며, 사람의 지식도 외부에서 지식을 주어 아는 것이 아니라 스스로 지식을 가지고 있는 것이다.

지혜도 남이 능히 그를 지혜롭도록 할 수 있는 것이 아니라 스스로 지혜로운 것이며, 어리석음도 남이 능히 그를 어리석도록 해서가 아니라 스스로 어리석은 것이며, 아름다움이라는 것도 남이 그를 능히 아름답도록 해서가 아니라 스스로 아름다운 것이며, 추함도 남이 그를 능히 추하게 할 수 있는 것이 아니라 스스로 추한 것이다.

무릇 외부에서 능력을 주어서 능한 것이 아니고 남이 그를 알도록 해서 아는 것이 아니라면 지혜나 아름다움이라는 것이 어찌 귀중한 것이겠는가? 그리고 어리석음과 추함이 어찌 천한 것이겠는가?

그렇다면 지혜롭다고 해서 능히 어리석은 자 앞에서 뽐낼 일도 아니며 아름답다고 해서 추한 자를 비웃을 일도 아니다.

이것이 도를 터득하는 방법이다.

物皆不能自能, 不知自知.
智非能智而智, 愚非能愚而愚, 好非能好而好, 醜非能醜而醜.

夫不能自能, 不知自知, 則智好何所貴? 愚醜何所賤?
則智不能得夸愚, 好不能得嗤醜. 此爲得之道也.

【物皆不能自能】만물은 모두가 외부로부터 어떤 능력이 주어진 것이 아니라 스스로 고유한 자신만의 기능을 가지고 있음을 말함.
【智非能智而智】지혜란 능히 지혜롭도록 요구해서 지혜로워지는 것이 아님.
【夸愚】총명한 자가 우매한 자에게 자신을 과시하고 자랑함.
【嗤醜】아름답게 생긴 자가 추하게 생긴 자를 비웃음.
【得】터득함. 체득함.

025(上-25)
도가 행해지는 세상

도가 행해지는 세상이라면 빈천한 자라 해도 원망하지 아니하며 부귀한 자라 해도 교만하지 아니하며, 어리석고 약한 자라 해도 겁내지 아니하며 지혜롭고 용맹한 자라 해도 남을 능멸하지 못한다. 이는 각각의 직분이 정해져 있기 때문이다.

법이 행해지는 세상이라면 빈천한 자는 감히 부귀한 자를 원망할 수 없고 부귀한 자는 감히 가난한 자를 능멸할 수 없으며, 어리석고 약한 자가 감히 지혜롭고 용맹한 자가 되기를 바랄 수 없으며, 지혜롭고 용맹한 자는 감히 어리석고 약한 자를 비천하다 깔볼 수 없다. 이처럼 법은 도에 미치지 못한다.

道行於世, 則貧賤者不怨, 富貴者不驕, 愚弱者不懾, 智勇者不陵, 定於分也.

法行於世, 則貧賤者不敢怨富貴, 富貴者不敢陵貧賤, 愚弱者不敢冀智勇, 智勇者不敢鄙愚弱. 此法之不及道也.

【陵】 능멸함. 남을 깔보거나 속임.
【法之不及道】 법은 도에 미치지 못함. 도를 중시하고 도를 다스림의 근본으로 삼으면서 법치를 보조로 삼아야 한다는 주장을 편 것임.

026(上-26)
풍속과 일상용품

세상 사람들이 귀하게 여기는 바를 똑같이 귀하게 여기는 것을 일러 '속俗'이라 하며, 세상 사람들이 사용하는 것을 나도 똑 같이 사용하는 것을 일러 '물物'이라 한다.

그런데 남들이 하는 것을 위배한다면 세속에서는 칭찬을 받지 못할 것이요, 많은 사람의 생각에 어긋나는 일을 한다면 세속에서는 모두가 그런 자를 멀리하고 말 것이다.

그러므로 사람들의 마음이란 모두가 다르지만 그 하는 일은 하나로 같고 사람들이 좋아하는 바는 각각 다르지만 그들이 일상 사용하는 물건은 같다.

이것은 풍속이라는 것이 사람을 똑같이 행동하도록 하고 일상의 물건이 그들의 생활을 똑같이 꾸며주기 때문이다. 그러므로 그렇게 통일시켜 주는 풍속에 대하여 삼가지 않을 수 없고 그렇게 꾸며주는 물건에 대하여 바른 것을 택하지 아니할 수가 없는 것이다.

世之所貴, 同而貴之, 謂之'俗'; 世之所用, 同而用之, 謂之'物'. 苟違於人, 俗所不與, 苟忮於衆, 俗所共去.

故人心皆殊, 而爲行若一; 所好各異, 而資用必同.

此俗之所齊, 物之所飾. 故所齊不可不愼, 所飾不可不擇.

【忮】 위배됨. 거역함. 거스름.
【資用】 일상생활에 사용하는 기물.
【飾】 한결같이 겉으로 사는 모습을 같도록 해 줌.

027(上-27)
자줏빛 옷과 허리 가는 여자

    옛날 제齊나라 환공桓公이 자줏빛 옷을 입기를 좋아하자 나라 안을 통틀어 다른 색깔의 옷감을 파는 자가 사라지고 말았으며, 초楚나라 장왕莊王이 허리가 가는 여자를 좋아하자 나라 전체가 모두 주린 색깔이었다.
    윗사람이 아랫사람을 통솔하는 바에 따라 치란이 그에게서 말미암게 되는 것이다.
    그러므로 풍속이 진실로 퇴폐해지면 반드시 법으로써 이를 고쳐 주어야 하며, 물건이 넘칠 정도로 많아지면 반드시 제도를 세워 이를 점검해 주어야 한다. 나쁜 풍속에 얽매이거나 물건에 제약을 받는다면 그런 경우에는 나라가 잘 다스려질 수가 없게 된다.

    昔齊桓好衣紫, 闔境不鬻異采; 楚莊愛細腰, 一國皆有饑色.
    上之所以率下, 乃治亂之所由也.
    故俗苟渗, 必爲法以矯之; 物苟溢, 必立制以檢之. 累於俗, 飾於物者, 不可與爲治矣.

【齊桓】春秋五霸 중의 첫 패자인 齊나라 桓公. 성은 姜氏. 이름은 小白. B.C.685~B.C.643년까지 43년간 재위함.
【闔境】나라 경내 전체. 온 나라 안.
【鬻】'팔다'의 뜻.
【異采】자줏빛 이외의 다른 색의 비단.
【楚莊】春秋五霸 중의 남쪽 楚나라 왕. B.C.613~B.C.591년까지 23년간 재위함. 성은 미(芈)씨. 혹은 熊氏. 이름은 侶. 혹은 여기서는 가는 허리의 미인을 좋아했던 楚靈王의 일이 아닌가 함.
【饑色】허리를 가늘게 하기 위하여 굶어 주린 얼굴색이 됨.
【沴】기후에 의해 발생하는 질병의 일종. 혹은 해로운 풍속이나 사회 기풍이 퇴폐함을 가리킴.

〈齊桓公〉

028(上-28)
앞다리를 들고 대드는 개구리

　옛날 진晉나라 사람들은 사치로 인해 골머리를 앓았다. 문공文公이 검소함을 바탕으로 이를 고쳐 나가면서 옷은 겹 비단을 입지 않았고 음식은 기이한 육류를 먹지 않았다.
　그러자 얼마 지나지 않아 사람들은 모두가 거친 삼베옷을 입었고 껍질만 대강 벗긴 곡식으로 밥을 지어먹게 되었다.
　월왕越王 구천句踐이 오吳나라에 보복할 모의를 꾸미면서 용맹을 가진 자라면 누구라도 쓰고자 하여 길에서 노한 개구리를 만나자 이를 보고 식軾으로 예를 표하였다. 그로부터 몇 년이 흐르자 백성으로서 어른이고 아이고 할 것 없이 적을 만나면 비록 끓는 물이나 타오르는 불길도 피하지 않았다. 위에 있는 자가 이러한 행동을 보이자 그 효험이 이와 같았던 것이다.

　昔晉國苦奢, 文公以儉矯之, 乃衣不重帛, 食不異肉.
　無幾時, 人皆大布之衣, 脫粟之飯.
　越王句踐, 謀報吳, 欲人之勇, 路逢怒蛙而軾之. 比及數年, 民無長幼, 臨敵雖湯火不避. 居上者之難, 如此之驗.

　【晉】周(春秋)나라 때의 제후국. 姬姓으로 지금의 山西省 일대를 차지하고 있었으며 춘추 후기 六卿의 분할 끝에 韓, 魏, 趙 세 나라로 나뉘어 전국시대를 맞음. 이에 따라 흔히 '三晉'이라 부름.

【苦奢】 풍속이 사치스러워 받는 고통.
【文公】 春秋五霸의 하나인 晉나라 文公. 姬姓으로 이름은 重耳. B.C.636~B.C.628년까지 9년간 재위함. 寒食의 고사를 남긴 임금.
【重帛】 귀중한 예물. 흔히 좋은 비단을 말하기도 함.
【異肉】 품종이 다른 여러 종류의 좋은 고기.
【大布】 조악하고 거친 베옷.
【脫粟之飯】 거친 쌀로 지은 밥.
【句踐】 '勾踐'으로도 표기하며 춘추시대 越나라 군주.
【吳】 춘추시대 제후국으로 지금의 江蘇省 일대를 차지하고 있었으며, 오왕 夫差 때에 국력이 신장하여 越王 勾踐을 패배시켰으나 뒤에 도리어 구천에게 멸망을 당하였음.
【怒蛙】 발을 쳐들고 무모한 용기를 부리는 청개구리.
【軾】 수레의 앞쪽 橫木을 잡고 행하는 예.
【湯火】 끓는 물이나 타오르는 불길.
【難】 나(儺)와 같음. 행동에 절제가 있어 儀表가 됨을 말함.

〈越王句踐臥薪嘗膽圖〉

029(上-29)
예악의 효용

성왕은 민정이란 쉽게 격동하는 것임을 알기 때문에 음악을 만들어 화합을 도모하고 예를 만들어 조절하였다.

아래에 있는 사람은 자신만의 사사로움을 쓸 수 없었기 때문에 예악만으로도 모든 행동의 표준을 삼을 수 있었다.

예악만으로 행동의 표준을 삼을 수 있다면 사사로운 탐욕은 점차 사라지게 될 것이며, 사사로운 탐욕이 점차 사라진다면 어진 사람을 지도자로 만나건 어리석은 자를 지도자로 만나건 사회가 균등하였던 것이다.

聖王知民情之易動, 故作樂以和之, 制禮以節之.

在下者不得用其私, 故禮樂獨行.

禮樂獨行, 則私欲寖廢; 私欲寖廢, 則遭賢之與遭愚均矣.

【聖王】 예악문물을 완비하고 스스로 이를 실천하는 이상적인 군주.
【寖】 서서히 젖어듦.
【遭賢·遭愚】 시대에 따라 백성이 만나는 지도자가 어질 수도 있고 어리석을 수도 있음을 말함.

030(上-30)
어진 사람의 통치

만약 어진 자를 만나면 다스려지고 어리석은 지도자를 만나면 혼란해 진다면 치란이란 어질고 어리석음에 매이는 것이며 예악과는 관계가 없는 것이 되고 만다. 그렇게 되면 성인의 치술治術이란 성스러운 군주가 죽으면 함께 사라지고 만다. 따라서 치세의 방법은 세대가 바뀌고 나면 이를 사용할 수 없는 것이 되어 그렇게 되면 어지러운 시대는 많고 다스려지는 시대는 적게 된다. 어지러운 시대가 많고 다스려지는 시대가 적다면 어진 이라고 해서 귀할 것도 없고 어리석은 자라고 해서 천할 것도 없는 경우가 되고 만다.

若使遭賢則治, 遭愚則亂, 是治亂係於賢愚, 不係於禮樂. 是聖人之術, 與聖主而俱歿. 治世之法, 逮易世而莫用, 則亂多而治寡. 亂多而治寡, 則賢無所貴, 愚無所賤矣.

【係】결정함.
【俱歿】함께 멸망함.
【易世】조대가 바뀜. 혹은 역성혁명으로 조대를 바꿈.
【莫用】효용성이 없음.

031(上-31)
명망과 지위

명망이 있는 지위에 처하였을 때 비록 자신이 어리석다 해도 남들이 자신에게 친해오지 않는다고 해서 걱정할 필요가 없다. 빈천에 처하였을 때라면 비록 자신이 어질고 똑똑하다 해도 남들이 자신을 멀리 한다고 해서 이를 걱정할 필요가 없다.

친해 오고 멀리하는 것은 모두가 권세와 이익에 매인 것이며 어리석다거나 어짊에 달려 있는 것이 아니다.

나 역시 감히 이를 두고 천리天理라고 여길 수는 없으며 그저 땅에 사는 사람들의 형세가 자연스럽게 그렇게 한 것이라 여길 뿐이다.

處名位, 雖不肖, 不患物不親己; 在貧賤, 雖仁賢, 不患物不疎己.

親疎係乎勢利, 不係於不肖與仁賢.

吾亦不敢據以爲天理, 以爲地勢之自然者爾.

【勢利】권세와 재물의 이익.
【地勢】지위와 권세.

032(上-32)
이익을 좇아가는 인지상정

지금 하늘과 땅 사이에 불초한 자는 실제로 많고 어질고 똑똑한 자는 적다. 이익을 좇아가는 사람의 감정이란 불초한 자일수록 특히 심하고 염치를 지키려는 뜻은 어진 사람일수록 많다.

지금 예의禮義만으로 어진 이를 모으고자 한다면 어진 이를 얻기란 만에 하나도 없을 것이다. 그러나 명예와 이익으로 불초한 자를 모으고자 한다면 땅에 닿은 어디에나 있을 것이다.

그러므로 예의는 군자를 성취시키지만 군자라고 해서 예의만이 필수적으로 갖추어야 하는 것은 아니다. 그러나 명예와 이익으로써 소인을 다스려야 하니 소인에게는 명예와 이익이란 없앨 수가 없는 것이다.

今天地之間, 不肖實衆, 仁賢實寡.
趨利之情, 不肖特厚; 廉恥之情, 仁賢偏多.
今以禮義招仁賢, 所得仁賢者, 萬不一焉; 以名利招不肖, 所得不肖者, 觸地是焉.
故曰: 禮義成君子, 君子未必須禮義; 名利治小人, 小人不可無名利.

【趨利之情】이익을 향해 쫓아가는 인지상정.
【觸地】땅이 있는 곳 어디나. 어디에나 있음을 강조한 말.

033(上-33)
상과 형벌은 임금의 고유권한

칭찬과 상, 그리고 형벌은 임금이 쥐고 있어야 할 권한이다. 직무를 지켜내고 능력을 발휘해야 하는 일은 신하로서의 업무이다.

임금으로서 공을 헤아려 출척黜陟을 행사하기 때문에 칭찬과 상, 그리고 형벌이 있는 것이며, 신하로서는 각각 자신의 업무를 삼가기 때문에 직무를 지켜 능력을 발휘하는 것이다.

임금은 신하의 업무에 관여할 수 없으며 신하로서는 임금의 일을 넘볼 수 없다. 상하가 서로 침범하거나 관여하지 않는 것을 일러 명정名正이라 한다. 명분이 정확하고 나면 법이 순리대로 지켜지게 된다.

慶賞刑罰, 君事也; 守職效能, 臣業也.
君料功黜陟, 故有慶賞刑罰; 臣各愼所務, 故有守職效能.
君不可與臣業, 臣不可侵君事. 上下不相侵與, 謂之名正.
名正而法順也.

【料功】 신하의 공을 헤아림.
【黜陟】 파면시키는 것과 승진시키는 것.
【名正而法順】 명분이 정확하게 맞으면 법이 순하게 실행됨.

034(上-34)
군주의 권위와 신하의 직무

만물을 맞이하여 각기 그들에게 맞는 직분을 주며 해내海內를 구별하여 서로 혼잡함이 없도록 한다. 굳센 자로서 모욕을 받아도 치욕으로 느끼지 아니하고 지조가 있는 자로서 추천을 받아도 자랑하지 아니하는 자가 있도록 하며, 포악함을 금하고 전쟁을 그치게 하며, 세상을 구제하기 위하여 투쟁을 하도록 하는 것, 이것이 임금의 덕이며 그러한 임금이라면 군주로 여길 수 있다.

자신의 직분을 지켜 혼란이 없도록 하며, 자신이 맡은 바를 삼가고 사사로운 탐욕을 부리지 아니하며, 주리거나 배부를 때도 한결같은 마음을 가지며 비방과 칭찬에도 흔들리지 않으며, 상을 받아도 마구 행동하지 아니하고 벌을 받아도 원망하지 아니하는 것, 이것이 아래에 처한 사람의 절조이며 가히 신하로 여길 수 있다.

接萬物使分, 別海內使不雜, 見侮不辱, 見推不矜, 禁暴息兵, 救世之鬪. 此人君之德, 可以爲王矣.

守職分使不亂, 愼所任而無私, 饑飽一心, 毁譽同慮, 賞亦不妄, 罰亦不怨. 此居下之節, 可以爲人臣矣.

【接萬物使分, 別海內使不雜】王啓湘의《周秦名家三子校詮》에 "接萬物使□分, 別海內使不雜"이나 혹 "接萬物使分別, □海內使不雜"이 되어야 한다고 보았음.(〈三民本〉) '□'는 탈자를 뜻함.
【救世之鬪】세상의 악을 제거하고 구제하기 위한 전투.

035(上-35)
명칭과 실질이 바뀌는 경우

세상에는 명칭을 위배하여 실질을 얻는 경우가 있고 역시 명칭을 근거로 하다가 실질을 놓치는 경우도 있다.

世有違名以得實, 亦有因名以失實者.

【世有違名以得實】이 문장은 원래 "世有因名以得實, 亦有因名以失實者"로 되어 있으나 왕계상의 교정에 의해 고침.(〈三民本〉)

036(上-36)
제나라 선왕의 활쏘기

제齊나라 선왕宣王이 활쏘기를 좋아하면서 남들이 자신의 능함을 말하자 좋아하였다. 그러나 사실은 그가 사용하던 활은 그저 세 섬의 무게를 견딜 수 있는 강도를 가진 것이었을 뿐이었다. 선왕이 이를 좌우 신하에게 보여주자 좌우 신하들이 모두 이를 당겨보고는 중간에 그치면서 이렇게 말하였다.

"이 활은 최소한 아홉 섬 이하의 무게를 견딜 수 있는 것은 아닙니다. 임금이 아니라면 누가 능히 당길 수 있겠습니까?"

선왕은 아주 좋아하였다.

그리하여 선왕이 상용한 활은 겨우 세 섬 정도를 견디는 약한 활이었으나 종신토록 자신은 아홉 섬 무게를 견디는 센 활을 사용하고 있다고 여겼다.

세 섬을 견디는 정도가 사실이며 아홉 섬은 이름뿐이었다.

선왕은 그 이름을 좋아하였고 그 실질은 잃은 것이다.

齊宣王好射, 說人之謂己能强也, 其實所用弓不過三石, 以示左右, 左右皆引試之, 中關而止, 皆曰:「此不下九石, 非大王孰能用是?」

宣王悅之.

然則宣王用不過三石, 而終身自以爲用九石.

三石, 實也, 九石, 名也.
宣王悅其名而喪其實.

【齊宣王】전국시대 제나라 임금. 嬀姓이며 田氏로 이름은 辟疆. B.C.319~
B.C.301년까지 19년간 재위함.
【石】무게의 단위로 지금의 '섬'과 같음. 1석은 흔히 120근이라 하며 활이
이러한 무게를 견뎌낼 수 있는가의 강도를 셈하는 것으로도 쓰였음.
【中關】활을 반쯤 당김. '關'은 '彎'과 같음.

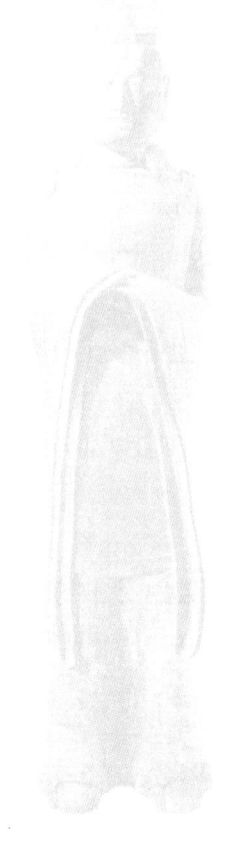

037(上-37)
못생긴 딸

제齊나라에 황공黃公이라는 자가 있어 아주 겸손하고 자신을 낮추기를 좋아하였다. 그에게는 두 딸이 있었는데 모두가 천하의 미인이었다. 그러나 황공은 딸의 아름다움을 두고 항상 겸손한 말로 깎아 내리며 추악하게 생겼다고 말하곤 하였다. 그러자 그 두 딸이 추악하게 생겼다는 소문이 멀리까지 퍼져나가 그 딸들은 혼기가 넘도록 시집을 가지 못한 채 나라 안 누구도 감히 그 집과 혼인을 하겠다고 나서는 자가 없었다.

마침 위衛나라에 어떤 홀아비가 있어 역시 혼기를 넘긴 상태였는데 그런 소문을 무릅쓰고 그 딸에게 장가를 들겠다고 나섰다. 아내로 맞아 보았더니 과연 천하의 미인이었다.

그 뒤에 사람들은 이렇게 말하였다.

"황공은 겸손함을 좋아하여 고의로 그 딸을 깎아 내린 것이니 그 동생도 틀림없이 미인일 것이다."

이에 다투어 혼례를 치르기를 요구하여 몰려들었는데 과연 천하 미인이었다.

천하 미인임은 실질이며 추악하게 생겼다고 말한 것은 이름이다. 이것은 이름을 위배하였다가 실질을 얻은 것이다.

齊有黃公者, 好謙卑. 有二女, 皆國色. 以其美也, 常謙辭毁之, 以爲醜惡. 醜惡之名遠布, 年過而一國無敢聘者.

衛有鰥夫失時, 冒娶之, 果國色.
然後曰:「黃公好謙, 故毀其子. 妹必美.」
於是爭禮之, 亦國色也.
國色, 實也; 醜惡, 名也. 此違名而得實矣.

【國色】傾國之色의 준말. 아주 아름답게 생긴 여자를 말함.
【遠布】멀리까지 그 소문이 퍼짐.
【聘】聘禮를 치름. 혼인을 뜻함.
【衛】주나라 때 제후국. 지금의 河南省 일대였음.
【鰥夫】홀아비. 혹은 결혼 연령을 넘긴 남자.
【妹必美】원문은 "不姝美"로 되어 있으나 厲時熙의 《尹文子簡注》에 의해 고침.(〈三民本〉)

038(上-38)
꿩을 봉황이라 속였더니

초楚나라 어떤 사람이 꿩을 메고 내려오자 길가에서 어떤 사람이 물었다.
"무슨 새입니까?"
꿩을 메고 오던 그 자는 거짓으로 대답하였다.
"봉황입니다."
길가 사람이 다시 물었다.
"나는 봉황이라는 새가 있다는 말은 들었습니다. 지금 직접 좀 봅시다. 그대는 이를 팔지 않겠습니까?"
그가 대답하였다.
"그럽시다."
그리하여 10금金으로 사기를 청하였으나 허락하지 아니하자 그 곱절을 더하여 주자 결국 주게 되었다.
이를 산 자는 장차 이를 초왕楚王에게 바치려던 참이었는데 하룻밤을 자고나자 그 새는 그만 죽고 말았다. 그런데 그 길가 사람은 그 값이 아깝다는 생각은 미처 하지도 못하고 단지 초나라 왕에게 바치지 못하게 되었음을 한스럽게 여겼다.
나라 사람들이 이를 듣고 모두가 진짜 봉황새일 것이라 여겨 그가 임금에게 바치려 한 일을 두고 귀한 일이라 칭송하였다.
그리하여 드디어 초왕이 이를 듣게 되었고 그가 자신에게 그것을 바치려고 한 일에 감격하여 그를 불러 후한 선물을 내려주었는데 그 값은 새를 살 때의 열 곱절이나 되었다.

楚人(有)擔山雉者, 路人問曰:「何鳥也?」

擔雉者欺之, 曰:「鳳凰也.」

路人曰:「我聞有鳳凰, 今始見之, 汝販之乎?」

曰:「然.」

則請買十金, 弗與.

請加倍, 乃與之.

將欲獻楚王, 經宿而鳥死.

路人不遑惜其金, 惟恨不得以獻楚王.

國人傳之, 咸以爲眞鳳凰, 貴, 欲以獻之.

遂聞楚王.

感其欲獻於己, 召而厚賜之, 過於買鳥之金十倍.

【楚】 춘추 전국시대 長江 유역을 중심으로 세력을 키웠던 남방의 대국.
【經宿】 하룻밤을 넘김.
【不遑】 겨를이 없음.

039(上-39)
밭 갈다 주운 보옥

위魏나라 어떤 농부가 들에서 밭을 갈다가 지름이 한 자나 되는 보옥寶玉을 얻게 되었다. 그런데 그는 그것이 옥인 줄 모르고 이웃에게 그 사실을 고하였다. 이웃 사람은 몰래 그것을 가질 속셈으로 거짓으로 이렇게 말하였다.

"괴이한 돌입니다. 이를 집안에 두었다가는 집안에 이로운 일이 없을 것이니 도로 제자리에 가져다 두느니만 못합니다."

농부는 비록 의심이 가기는 하였지만 그래도 이를 거두어 들고 집으로 돌아왔다. 이를 집안에 두었는데 그날 밤 그 옥이 빛을 내어 방안 가득 비추는 것이었다. 농부의 가족이 크게 무서워하며 다시 이웃에게 이 사실을 고하였더니 이웃은 이렇게 말하였다.

"이것이 바로 괴이한 징조입니다. 어서 버리십시오. 그러면 재앙이 사라질 것입니다."

이에 농부는 급히 이를 멀리 들에다 버리고 말았다. 이웃이 얼마 뒤에 이를 훔쳐 위왕魏王에게 바치자 위왕은 옥을 다듬는 공인을 불러 이를 살펴보게 하였다. 옥공은 그저 멀리서 이를 보더니 두 번 절하고 물러나 바르게 서서 말하였다.

"감히 축하의 말을 드립니다. 왕께서는 천하의 보물을 얻으셨습니다. 신은 이런 옥을 본적도 없습니다."

왕이 옥의 값을 묻자 옥공은 이렇게 대답하였다.

"이 옥은 그에 해당하는 값이 없습니다. 다섯 개 성城의 도시를 준다 해도 그 값으로는 겨우 이를 한 번 볼 수 있을 정도일 뿐입니다."

위왕은 즉시 옥을 바친 자에게 천금을 하사하였으며 상대부上大夫의 녹에 해당하는 식록을 길이 받을 수 있도록 해 주었다.

魏田父有耕於野者, 得寶玉徑尺. 弗知其玉也, 以告鄰人. 鄰人陰欲圖之.

謂詐之曰:「怪石也. 畜之, 弗利其家, 弗如復之.」

田父雖疑, 猶錄以歸. 置於廡下. 其夜玉明, 光照一室, 田父其家大怖, 復以告鄰人.

鄰人曰:「此怪之徵, 遄棄, 殃可銷.」

於是遽而棄之於遠野. 鄰人無何盜之, 以獻魏王. 魏王召玉工相之.

玉工望之, 再拜却立曰:「敢賀王得此天下之寶, 臣未嘗見.」

王問其價, 玉工曰:「此玉無價以當之. 五城之都, 僅可一觀.」

魏王立賜獻玉者千金, 長食上大夫之祿.

【魏】전국시대 大梁(河南省 開封) 일대에 세력을 떨치던 전국칠웅의 하나. 趙, 韓과 더불어 晉나라를 三分하여 흔히 三晉이라고도 부름. 도읍이 大梁이어서 梁나라라고도 함.
【猶錄以歸】그래도 그것을 가지고 집으로 돌아옴.
【遄棄】급히 버림.
【却立】몇 발 물러섬. 공경을 표시함.
【五城之都】다섯 개의 성에 해당하는 값어치.
【上大夫】작위 이름.

040(上-40)
시비의 엇갈림

무릇 천하 만리에는 모두 시비가 있으니 나는 이를 감히 속이거나 은폐할 수가 없다. 옳다는 것是은 언제나 옳은 것이며 그르다는 것非은 언제나 그른 것임을 나 역시 믿고 있다. 그러나 옳은 것이 비록 항상 옳기는 하지만 때에 따라서는 이를 사용할 수 없고, 그른 것은 항상 그르다 하나 때에 따라서는 이것으로 해야만 될 때가 있다.

그러므로 옳다는 것을 사용하여 실패하는 경우가 있으며 그른 것을 사용하여 얻을 때가 있으니 시비의 이치는 다른 것으로 흥폐興廢가 뒤바뀌기도 한다. 이를 뒤집어 내가 사용한다면 시비라는 것이 어디에 있겠는가?

凡天下萬里, 皆有是非, 吾所不敢誣; 是者常是, 非者常非, 亦吾所信. 然是雖常是, 有時而不用; 非雖常非, 有時而必行.

故用是而失, 有矣; 行非而得, 有矣. 是非之理不同, 而更興廢, 翻爲我用, 則是非焉在哉?

【誣】 속이거나 숨김. 은폐함.
【興廢】 盛衰. 交替와 같음.

041(上-41)
성군과 폭군의 차이

요堯, 순舜, 탕湯, 무왕武王의 성공은 간혹 순리대로 한 것도 있고 혹은 역으로 한 것도 있다. 그러나 때를 얻으면 창성하여 성공하는 것이다.

그러나 걸桀, 주紂, 유왕幽王, 여왕厲王은 혹 순리대로 하기도 하고 혹 그릇된 짓을 하기도 하였다. 그러나 때를 잃으면 망하고 마는 것이다.

오패五霸의 군주들도 역시 이와 같다.

觀堯, 舜, 湯, 武之成, 或順或逆, 得時則昌.
桀, 紂, 幽, 厲之敗, 或是或非, 失時則亡.
五伯之主亦然.

【堯舜湯武】唐堯, 虞舜, 商湯, 周武王을 가리킴. 흔히 고대 성군으로 널리 알려짐. 그러나 요순은 선양하여 순리대로 한 것이며, 탕과 무왕은 桀과 紂를 쳐서 정권을 탈취한 것이라 본 것이다.

【桀紂幽厲】夏나라 마지막 임금 桀과 殷(商)나라 말왕 紂, 그리고 西周 말기의 혼암한 군주 幽王과 厲王을 가리킴. 모두 말세의 폭군으로 널리 지칭됨.

【五伯】春秋五霸의 다른 말. 흔히 齊桓公, 晉文公, 楚莊王, 秦穆公, 宋襄公을 들고 있으며, 혹은 제환공, 진문공, 초장왕, 吳闔廬, 越勾踐을 들기도 함.

042(上-42)
송양지인

송宋나라 양공襄公이 초楚나라와 홍수泓水에서 전투를 벌이게 되었다. 공자公子 목이目夷가 이렇게 말하였다.

"초나라는 군사가 많고 우리는 적습니다. 청컨대 저들이 물을 다 건너기 전에 공격합시다."

그러나 양공은 이렇게 말하였다.

"안 되오! 내 듣기로 아직 상대가 대열을 갖추기 전에는 우리 쪽에서 공격의 북을 울리지 않는다 하였소. 과인은 비록 망한 상(商, 湯)나라 후예이기는 하나 감히 그런 비열한 행동은 하지 않겠소."

송나라는 결국 전투에 패하였고 초나라 사람들은 양공을 사로잡았다.

宋公以楚人戰於泓, 公子目夷曰:「楚衆我寡, 請其未悉濟而擊之」

宋公曰:「不可! 吾聞不鼓不成列. 寡人雖亡國之餘, 不敢行也」

戰敗, 楚人執宋公.

【宋公】宋나라 襄公을 가리킴. 춘추시대 송나라 군주로 子姓이며 이름은 玆父. 춘추오패의 하나.《史記》 B.C.650~B.C.637년까지 14년간 재위함.

【泓】물 이름. 지금의 河南省 柘城 서북을 흐르던 물. 이곳에서 宋襄公이 楚軍을 맞아 싸웠으나 초나라가 대승을 거둠. 이를 '泓之戰'이라 함.《左傳》 僖公 22년 참조.

【公子目夷】子魚. 宋襄公의 庶兄으로 당시 大司馬(군사책임자)였음.

【亡國之餘】송나라는 商나라의 후예이며 주 무왕이 이를 멸하고 그 제사가 끊어지지 않도록 후손을 봉하여 제후나라로 이어왔음. 이상은 '宋襄之仁'의 고사이며《사기》宋微子世家에 자세히 실려 있음.

043(上-43)
제환공과 관중

제齊나라에 내란이 일어나 사람들이 양공襄公을 죽이고 공손무지公孫無知를 왕으로 세우자 소홀召忽과 관중(管仲, 管夷吾)은 공자 규糾를 모시고 노魯나라로 피신하였고, 포숙아鮑叔牙는 공자 소백小白을 모시고 거莒 땅으로 달아났다. 이윽고 공손무지가 피살되자 두 공자는 임금 자리를 다투게 되었다. 그러나 공자 규가 마땅히 임금이 되어야 하지만 소백이 먼저 들어와 그 때문에 제나라 사람들은 그를 왕으로 세웠다.
    이윽고 소백은 노나라 사람들에게 공자 규를 죽이도록 하였고 소홀도 그를 따라 죽고 말았다. 그런데 소백은 관중을 불러 그를 재상으로 삼았다.

    齊人弑襄公, 立公孫無知. 召忽·夷吾奉公子糾奔魯, 鮑叔牙奉公子小白奔莒. 旣而無知被殺, 二公子爭國. 糾, 宜立者也; 小白先入, 故齊人立之.
    旣而使魯人殺糾, 召忽死之, 徵夷吾以爲相.

【齊人弑襄公】B.C.686년 齊나라 公孫無知가 管至父 등과 정변을 일으켜 양공과 공자들을 죽이고 자립하여 왕이 된 사건. 齊 襄公은 B.C.697~B.C.686년까지 12년간 재위함.《左傳》莊公 8년 참조.
【召忽】춘추시대 제나라 대부.

【夷吾】 管仲. 공손무지의 정변을 피해 제나라 公子 糾를 따라나섰다가 小白에게 패하였으나 뒤에 鮑叔의 추천으로 小白(桓公)을 도와 패자가 되도록 하였던 인물.《史記》齊太公世家 및 《列子》참조.
【魯】 춘추시대 나라 이름. 지금의 山東省 曲阜를 중심으로 발달하였음.
【鮑叔牙】 춘추시대 제나라 대부. 소백을 모시고 피난하였다가 왕이 되도록 도운 인물로 관중을 추천하여 나라를 부강하게 함. 管鮑之交의 고사를 남김.
【小白】 제나라 桓公의 이름. 齊나라에 난이 일어나 管仲이 小白을 모시고 莒 땅에 피신하였고, 鮑叔은 公子 糾를 모시고 魯나라에 피신하였다. 그 뒤 제나라에 임금 자리가 비자 둘 중 먼저 제나라에 이르는 자가 임금이 되게 되어 있었다. 이에 먼저 나선 공자 규의 일행이 소백의 일행을 맞아 활로 소백을 쏘았을 때 소백은 죽은 척하고 쓰러졌다가 지름길로 제나라에 이르러 임금이 되었다. 이가 환공이며 春秋五覇의 首長이었다. 《史記》 齊太公世家 참조.
【莒】 지금의 山東省 莒縣 일대에 있던 춘추시대 작은 나라 이름.
【糾宜立者】 공자 규와 소백은 모두 제 양공의 아우로서 규의 어머니는 魯나라 출신이었고 소백의 어머니는 衛나라 출신이었음. 노나라가 지위로 보아 위나라보다 위였으므로 마땅히 공자 규가 왕위를 이어야 된다고 본 것임.

畵像磚(漢) 〈齊桓公과 管仲〉

044(上-44)
진문공

　진晉 문공文公이 여희驪姬의 참소를 입어 나라를 떠나 19년을 망명하였다. 혜공惠公이 죽자 문공은 진秦나라에게 뇌물을 주어 자신이 돌아가 왕이 될 수 있도록 해 달라고 하여 귀국한 다음 회공懷公을 죽이고 자립하였다.

晉文公爲驪姬之譖, 出亡十九年.
惠公卒, 賂秦以求反國, 殺懷公子而自立.

【晉文公】춘추시대 진나라 군주로 이름은 重耳. 姬姓. 19년의 오랜 망명생활 끝에 귀국하여 왕이 되었으며 介子推와의 寒食의 고사를 남긴 것으로 유명함. 춘추 오패의 하나. B.C.636~B.C.628년까지 9년간 재위함.
【驪姬】晉 獻公의 총희로 그의 미색 때문에 나라에 난이 일어났음.
【譖】여희가 晉 獻公에게 태자 申生과 공자 重耳를 모함하여 결국 신생은 자살하고 중이는 망명길에 오르게 됨을 말함.(B.C.656년)
【十九年】공자 重耳가 B.C.656년에 망명길에 나서 B.C.637년에 귀국하여 왕위에 오름.
【惠公】진나라 군주로 姬姓, 이름은 夷吾. 晉 獻公의 아들이며 공자 중이의 아우. B.C.650~B.C.637년까지 14년간 재위함.
【懷公】역시 진나라 군주로 이름은 圉. 진 혜공의 아들.

045(上-45)
선이란 백성의 의견을 따르는 것

저 정당한 일을 한 임금宋襄公은 포로 신세를 면할 수 없었고, 두 임금(齊桓公·晉文公)은 정당하지 못한 짓을 하였음에도 패업을 이루었다.

자신은 옳다고 여기는데 세상이 통틀어 그르다고 여긴다면 이는 자신의 옳은 줄을 모르는 것이며, 자신은 그르다고 여기는데도 세상 사람들이 모두 이를 옳다고 한다면 이 역시 자신이 그른 줄을 모르는 것이다.

그렇다면 옳고 그름이란 여러 무리의 의견에 따라 정확하게 판단이 되는 것이며 자신이 홀로 알아낼 수는 없는 것이다.

무리의 의견을 거스르는 것이 그른 것이며 무리의 의견을 따르는 것이 곧 옳은 것이 된다. 그러므로 임금 된 자는 권세를 가지고 형세를 타서 사람들이 옳다는 위치에 처하게 되면 사람들은 그를 그르다고 비난할 수 없게 된다.

자리를 차지하면 사람들이 모두 그를 존경하게 되고 행동을 취하게 되면 사람들이 그를 따르게 되며, 말을 내 놓으면 사람들이 그를 지성으로 모시게 되며, 법을 시행하게 되면 사람들이 그를 법으로 여기게 된다. 사람들의 윗자리에 있기 때문에 아래의 무리들을 통제할 수 있는 것이다.

彼一君正, 而不免於執; 二君不正, 霸業遂焉.
己是而擧世非之, 則不知己之是; 己非而擧世是之, 亦不知己所之非.

然則是非隨衆賈而爲正, 非己所獨了.

則犯衆者爲非, 順衆者爲是. 故人君處權乘勢, 處所是之地, 則人所不得非也.

居則物尊之, 動則物從之, 言則物誠之, 行則物則之, 所以居物上, 御群下也.

【一君】'宋襄之仁'의 고사를 낳은 송양공을 가리킴. 041 참조.
【二君】齊桓公(043)과 晉文公(044)을 가리킴.
【處權乘勢】권력을 쥐고 세력을 업고 다님.
【物】일반 백성을 뜻함.

046(上-46)
나라가 혼란해지는 세 가지 원인

나라를 혼란하게 하는 경우는 세 가지 원인이 있다.
흉년이 들어 백성은 흩어져 먹을 것이 없는데도 세금을 거두어 모으면 나라가 혼란해진다. 나라를 다스린다면서 법이 없으면 나라가 혼란해진다. 법은 있으되 이를 능히 사용하지 못하면 나라가 어지러워진다.
먹을 것이 있을 때 백성으로부터 거두어들이고, 법이 있어 이를 능히 실행시키는 데도 나라가 다스려지지 않은 경우란 있어본 적이 없다.

國亂有三事: 年饑民散, 無食以聚之, 則亂; 治國無法, 則亂; 有法而不能用, 則亂.
有食以聚民, 有法而能行, 國不治, 未之有也.

【未之有也】 '없다. 있어본 적이 없다'의 당시 강한 표현.

2. 대도 大道
(하편)

〈吳王夫差鑒〉(全) 春秋, 河南 輝縣 출토

047(下-1)
여덟 가지 통치술

 인仁, 의義, 예禮, 악樂과 명名, 법法, 형刑, 상賞, 무릇 이 여덟 가지는 오제五帝와 삼왕三王이 세상을 다스렸던 통치술이다.
 그러므로 인으로써 사람을 인도하며 의로써 사람을 바르게 하며 예로써 사람을 행동하게 하고 음악으로써 사람을 화목하게 하며, 명名으로써 정확하게 하며 법으로써 통일시키며 형으로써 위협을 가하며 상으로써 권면하였던 것이다.
 따라서 인仁이라고 하는 것은 만물에 널리 그 은덕을 베푸는 것이었지만 역시 그로 인해 사사로움에 치우치도록 하는 탐심이 생겨나고, 의義라고 하는 것은 절의 있는 행동을 세우는 것이지만 그래도 화려함과 거짓을 꾸미는 자가 생겨나고, 예禮라고 하는 것은 행동을 공손하고 삼가게 하는 것이었지만 역시 게으른 자가 생겨나며, 음악이라고 하는 것은 정지情志를 화평하게 하는 것이건만 역시 이로 인해 음일과 방탕이 생겨나며, 명名이라고 하는 것은 존비尊卑의 질서를 정확하게 하는 것이건만 역시 이로 인해 자랑과 찬탈이 생겨났으며, 법이라고 하는 것은 무리의 서로 다른 행동을 통일하여 주는 것이건만 역시 이로 인해 명분을 괴리시키는 일이 생겨나며, 형刑이라고 하는 것은 복종하지 아니하는 자를 위협하기 위한 것이건만 역시 이로 인해 능멸과 포악함이 생겨나고, 상賞이라고 하는 것은 충성과 능력을 권면하는 것이건만 역시 이로 인해 비루함과 다툼이 생겨나기는 한다.
 무릇 이 여덟 가지 통치술은 사람에게 감추어져 있는 것이 아니라 세상에 언제나 존재하는 것이며 요 임금이나 탕 임금 시대라고 해서 스스로를 드러내어 살 수 있는 것이 아니며, 걸이나 주 임금 때라고 해서 어디에 숨어 피할 수 있는 것도 아니다.

그 도를 얻어 바르게 쓰면 천하가 다스려질 것이요, 그 쓰임에 도를 잃으면 천하가 혼란에 빠지고 말 것이다.

이를 간과하고 시간을 넘긴다면 비록 천지를 모두 덮어씌우고 만물을 농락할 수 있는 것이 달리 다른이 방법 있다 해도 이는 치도治道 이외의 것으로서 백성을 포용하여 살릴 수 있는 것이 아니기에 성인은 이를 버려둔 채 거론하지 않았던 것이다.

仁義禮樂, 名法刑賞, 凡此八者, 五帝三王治世之術也.
故仁以道之, 義以宜之, 禮以行之, 樂以和之, 名以正之, 法以齊之, 刑以威之, 賞以勸之.
故仁者, 所以博施於物, 亦所以生偏私; 義者, 所以立節行, 亦所以成華僞; 禮者, 所以行恭謹, 亦所以生惰慢; 樂者, 所以和情志, 亦所以生淫放; 名者, 所以正尊卑, 亦所以生矜篡; 法者, 所以齊衆異, 亦所以乖名分; 刑者, 所以威不服, 亦所以生陵暴; 賞者, 所以勸忠能, 亦所以生鄙爭.
凡此八術, 無隱於人而常存於世, 非自顯於堯湯之時, 非自逃於桀紂之朝.
用得其道, 則天下治; 用失其道, 則天下亂.
過此而往, 雖彌綸天地, 籠絡萬品, 治道之外, 非群生所餐挹, 聖人錯而不言也.

【五帝】 중국 고대 전설상의 훌륭한 다섯 제왕. 이에 대해 흔히 세 가지 주장이 있으며 우선 黃帝, 顓頊, 帝嚳, 唐堯, 虞舜을 들기도 하며 혹, 太皥(伏羲), 炎帝(神農), 黃帝(軒轅), 少皥(金天), 顓頊(高陽)을 들기고 하고, 또는 少昊(金天), 顓頊(高陽), 帝嚳(高辛), 唐堯, 虞舜을 들기도 함.
【三王】 夏, 殷, 周의 개국 군주를 말하며 모두 성인으로 추앙함. 즉 夏禹, 商湯, 周 文王과 武王.
【道】 導와 같음.
【博施於物】 은혜를 모든 사람에게 널리 베풂.
【矜篡】 자신의 업적이나 공을 자랑하며 윗사람의 지위를 찬탈함.
【鄙爭】 탐욕과 분쟁.
【籠絡】 원래는 멍에를 뜻하나 여기서는 만물을 통제함을 뜻함.
【餐挹】 흡수함. 채납함. 백성이 일상생활로 살 수 있도록 해 줌.
【錯】 '措'와 같음.

048(下-2)
국가 존망의 여섯 가지 징조

무릇 나라의 존망에 대한 여섯 가지 징조가 있으니 난국亂國, 쇠국衰國, 망국亡國, 창국昌國, 강국强國, 치국治國이 있다.

소위 난亂이란 나라를 망치는 것으로 거기에 흉학凶虐함이나 잔포殘暴는 포함되지 않는다.

소위 강强함이란 나라를 다스리는 도리로서 거기에 위력威力이나 인의仁義는 포함되지 않는다.

임금이 나이가 많고 잉첩媵妾이 많으며 자손은 적고 종족과는 소원해져 있다면 이는 쇠약해가고 있는 쇠국이다. 임금이 신하만 총애하고 신하는 임금의 사랑만 기다리며 공법公法은 폐기되고 사욕이 횡행한다면 이는 난국이다. 나라는 가난하고 작은데 대부의 집은 부유하고 크며, 임금의 권위는 가벼운데 신하의 세력은 크다면 이는 망국이다.

이러한 세 가지 징조는 흉학함이나 잔포함을 기다린 다음에야 약해지는 것이 아니며, 비록 지금 현존하고 있다고 해도 나는 틀림없이 망할 것이라 말하리라.

다음으로 안으로 오로지 총애만 하는 자가 없고 밖으로는 가까이 익숙히 만나는 자가 없으며 지족과 서얼이 번성하되 장유長幼가 혼란을 일으키지 않는다면 이는 창성할 나라이다. 그리고 농사와 누에치기에 때를 잃지 아니하고 창고가 늘 충만히 차 있으며 군대의 무기가 예리하며 영토 안이 잘 정비되어 있다면 이는 강한 나라이다. 윗사람이라고 해서 아랫사람을 이기려 들지 아니하고 아랫사람은 윗사람을 범하지 아니한다. 상하가 서로 이기거나 범함이 없기 때문에 금지하는 법령이 잘 시행되며 사람마다 사사로운 탐욕을 부리지 않는다면 비록 험한 일과 쉬운 일을 번갈아 겪고 있다 해도 나라가 침범을 당하지 않으니 이러한 나라는 다스려지는 나라이다.

무릇 이 세 가지 징조는 위력이나 인의를 기다린 뒤에 강해지는 것이 아니며, 비록 지금 약하다고 해도 나는 단정적으로 존속해 나갈 것이라 말하리라.

凡國之存亡有六徵: 有亂國, 有衰國, 有亡國, 有昌國, 有强國, 有治國.

所謂亂, 亡之國者, 凶虐殘暴不與焉; 所謂强, 治之國者, 威力仁義不與焉.

君年長, 多妾媵, 少子孫, 疏宗族强, 衰國也; 君寵臣, 臣愛君, 公法廢, 私欲行, 亂國也; 國貧小, 家富大, 君權輕, 臣勢重, 亡國也.

凡此三徵, 不待凶虐殘暴而後弱也, 雖曰見存, 吾必謂之亡者也.

內無專寵, 外無近習, 支庶繁息, 長幼不亂, 昌國也; 農桑以時, 倉廩充實, 兵甲勁利, 封疆修理, 强國也; 上不能勝其下, 下不能犯其上, 上下不相勝犯, 故禁令行, 人人無私, 雖經險易, 而國不可侵, 治國也.

凡此三徵, 不待威力仁義而後强, 雖曰見弱, 吾必謂之存者也.

【媵】여자가 시집갈 때 데리고 가는 몸종. 여자는 媵妾, 남자는 媵臣이라 함.
【家】'國'과 상대되는 단위로 흔히 大夫나 家臣의 집을 말함.
【近習】아주 가까운 신하.
【支庶】支孫과 庶孼. 적장자 이외의 혈족.
【倉廩】곡식을 갈무리하는 창고.
【兵甲勁利】강한 군사력과 뛰어나게 성능이 좋은 무기.
【勝】간섭함. 견제함.
【險易】험한 지형과 유리한 지형. 혹은 험한 경우와 쉬운 경우. 나라의 여러 가지 경험을 말함.

049(下-3)
정치를 어지럽히는 근본

치세를 이루는 군주가 흥할 때는 반드시 먼저 죽여 없애는 대상이 있다.
먼저 죽여 없애야 할 대상은 도둑질한 자가 아니며 간악한 짓을 한 자가 아니다. 이러한 두 악행은 한때의 큰 해가 될 뿐이며 정치를 어지럽히는 근본 원인은 아니다.

정치를 어지럽히는 근본이란 아랫사람이 윗사람의 권위를 침탈하고 신하가 임금의 통치술을 쓰며 마음 속에 당시 금하는 법령을 두려워하지 않는 것과 행동하면서 당시 정해놓은 법을 따르지 않는 것이다. 이것은 나라를 크게 혼란시키는 지름길이다.

治主之興, 必有所先誅.

先誅者, 非謂盜, 非謂姦. 此二惡者, 一時之大害, 非亂政之本也.

亂政之本: 下侵上之權, 臣用君之術, 心不畏時之禁, 行不軌時之法, 此大亂之道也.

【時之禁】지금의 금지명령. 당시 금기로 여기는 것들.
【軌】정상적인 궤도. 순리.

050(下-4)
공자가 소정묘를 죽인 이유

공자孔子가 노魯나라 재상이 되어 이레만에 소정묘少正卯를 죽여 버리자 공자 문인들이 나서서 여쭈었다.

"무릇 소정묘는 노나라에서 널리 알려진 인물입니다. 부자夫子께서 정사를 맡자마자 먼저 이를 죽이시니 실책하신 것이 아닙니까?"

공자가 말하였다.

"앉아라! 내 너에게 그 이유를 말해주마. 사람에게 악행이 다섯 가지가 있는데 절도나 간사함은 거기에 포함되지 않는다. 첫째, 마음이 통달하였으면서도 속이 험악한 것, 둘째, 행동이 편벽되면서도 고집이 센 것, 셋째, 말에 거짓이 있으며 핑계를 잘 대는 것, 넷째, 기억력이 좋고 널리 알고 있는 것, 다섯 째, 비리에 순응하면서 남에게 은택을 베푸는 것이란다. 이 다섯 가지는 사람에게 한 가지만 있어도 군자로부터 죽음을 당하는 경우를 면할 수 없는데 소정묘는 이 다섯 가지를 모두 가지고 있다. 그러므로 그가 처하는 곳이면 족히 무리를 모아 군중을 이루고, 그가 말을 하게 되면 족히 사악한 것을 수식하고 많은 사람을 현혹시킬 수 있으며, 그의 강한 기억력은 족히 그른 것을 뒤집어 홀로 설 수 있을 정도이다. 이는 소인이 걸桀을 영웅으로 보는 경우와 같아 죽이지 않을 수 없었던 것이다. 이러한 까닭으로 탕湯은 윤해尹諧를 죽여 없앴고, 문왕文王은 반정潘正을 죽여 없앴으며, 태공太公은 화사華士를 죽여 없앴고, 관중管仲은 부리을付里乙을 죽여 없앴으며, 자산子産은 등석鄧析과 사부史付를 죽여 없앴던 것이다. 이 여섯 사람은 시대는 다르지만 마음은 같아 죽이지 않을 수 없었던 것이다."

《시詩》에 "군자의 마음이 안타까움은 임금 곁에 무리를 이룬 소인들 때문일세"라 하였으니 소인이 무리를 이루는 것은 족히 두려워할 만한 일이다.

孔丘攝魯相, 七日而誅少正卯.
門人進問曰:「夫少正卯, 魯之聞人也, 夫子爲政而先誅, 得無失乎?」
孔子曰:「居! 吾語汝其故. 人有惡者五, 而竊盜姦私不與焉. 一曰心達而險; 二曰行僻而堅; 三曰言僞而辨; 四曰强記而博; 五曰順非而澤. 此五者, 有一於人, 則不免君子之誅, 而少正卯兼有之, 故居處足以聚徒成群; 言談足以飾邪熒衆; 强記足以反是獨立. 此小人之雄桀也, 不可不誅也. 是以湯誅尹諧, 文王誅潘正, 太公誅華士, 管仲誅付里乙, 子產誅鄧析·史付. 此六子者, 異世而同心, 不可不誅也」
《詩》曰:「憂心悄悄, 慍於群小」小人成群, 斯足畏也.

【孔丘攝魯相】공자가 노나라 定公 9년(B.C.501)에 中都宰라는 벼슬에서 大司寇로 승진하여 재상의 일을 섭정함.
【七日】司馬遷《史記》孔子世家에 의하면 3월, 즉 3개월로 되어 있음.
【少正卯】당시 노나라 대부로 少正氏의 이름은 卯. 혹은 소정은 관직이름이라고도 하며 악행을 저질러 공자가 대사구였을 때 그를 주살하도록 하였다 함.
【夫子】선생님(공자)을 지칭하는 칭호.
【居】'자리를 잡고 앉으라'는 뜻.
【尹諧】인명. 구체적인 생애는 알 수 없음.

【潘正】 역시 인명.

【太公】 呂尙. 성은 姜. 呂氏. 자는 子牙. 이름은 望. 姜太公이라 칭하며 周나라를 도와 殷을 멸하고 齊나라에 봉해져 제나라 시조가 되었음.《사기》齊太公世家 참조.

【管仲】 춘추 초기 齊桓公을 도와 패자로 만든 인물. 이름은 夷吾. 자는 仲. 管鮑之交의 고사를 남김.

【付里乙】 인명. 사적은 알 수 없음.

【子産】 춘추 시대 정나라의 뛰어난 재상. 鄭子産이라 부르며 이름은 僑, 자는 子産, 혹 子美. 정나라를 잘 이끌어 부강하고 안정되게 한 것으로 공자가 크게 칭찬하였음.

【鄧析】 춘추 말기 鄭나라 사람으로 대부였음. 刑名學으로 유명하며 소송과 법률을 竹簡에 써서 이를 근거로 형벌을 집행한 사건으로 유명함. 뒤에 子産이 그를 죽였다는 설이 있음.《등석자》는 그의 이름을 빌려 후세 사람이 위작한 것으로 보고 있음.《呂氏春秋》離謂篇에「學訟者不可勝數, 好辯而亂法」이라 하였으며 劉向은「好刑名, 操兩可之說, 設無窮之辭」라 함.《列子》仲尼篇 참조.

【史付】 인명. 구체적으로는 알 수 없음.

【詩】《詩經》邶風 柏舟의 구절.

【斯足畏也】 이는 족히 두려워할 만한 일이라는 뜻.

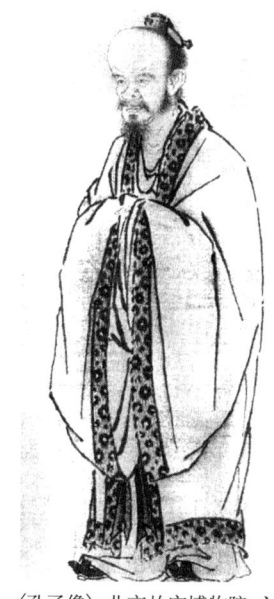

〈孔子像〉北京故宮博物院 소장

051(下-5)
귀신도 홀리는 아첨

속담에 이렇게 말하였다.
"예쁨 받고 말 잘하는 것은 가히 귀신도 형혹熒惑시킬 수 있다."
이에 다른 이가 또 이렇게 말하였다.
"귀신은 총명하고 바르고 곧은데 누가 능히 그를 홀릴 수 있다는 것입니까?"
그러자 이렇게 대답하였다.
"귀신은 진실로 미혹함에 빠지지 않는다. 그렇지만 이처럼 심한 영변佞辯은 파고 들어가지 못할 곳이 없다. 무릇 예쁨 받으면서 언변에도 뛰어난 자는 비록 능히 귀신을 형혹시키지는 못하지만 사람은 형혹시킬 수 있음은 명확한 일이다. 사람의 마음을 탐지하고 사람의 욕구를 재어보며 사람의 기호嗜好에 맞추어주면서 감히 그에 거역하지 아니하여 사람의 사악함을 용납하여 그 이익을 구하는 것이다. 사람이란 자신을 칭찬하는 말을 들으면 즐거워하며 그를 띄워주는데 아주 능하다. 그리고 남이 자신의 과실을 말하는 것을 싫어하며 이를 꾸며 둘러대는 데에 아주 뛰어나다. 눈썹 사이의 작은 표정에서 남을 미혹시키며 상대의 언행에 앞서 그에 맞추어 준다."

語曰:「佞辯可熒惑鬼神」

曰:「鬼神聰明正直, 孰能熒惑者?」

曰:「鬼神誠不受熒惑, 此尤佞辯之巧, 靡不入也. 夫佞辯者雖不能熒惑鬼神, 熒惑人明矣. 探人之心, 度人之欲, 順人之嗜好而不敢逆, 納人於邪惡而求其利. 人喜聞己之美也, 善能揚之; 惡聞己之過也, 善能飾之. 得之於眉睫之間, 承之於言行之先」

【佞辯】아첨으로 예쁨을 받으면서 말솜씨도 뛰어남을 뜻함.
【熒惑】원래는 별 이름이나 흔히 미혹하게 함을 뜻함. 홀림.
【靡不】미는 非, 未, 無와 같음.
【承】영합함. 인정하고 따름.

052(下-6)
보랏빛이 붉은 색을 빼앗으니

《논어》에 이렇게 말하였다.
"보랏빛이 붉은 색을 빼앗는 것을 증오하며 말 잘하는 자가 나라를 온통 뒤덮고 있음을 증오한다."
이 말은 족히 두려워할 만하니 종신토록 이를 깨닫지 못하면 위험과 멸망이 줄을 이을 것이다.

《語》曰:「惡紫之奪朱, 惡利口之覆邦家」
斯言足畏, 而終身莫悟, 危亡繼踵焉.

【惡紫之奪朱】《論語》陽貨篇에 "子曰:「惡紫之奪朱也, 惡鄭聲之亂雅樂也, 惡利口之覆邦家者」"라 하였으며 이는 당시 諸侯의 衣服의 正色이었는데 보라색이 붉은 색을 간섭하여 正色을 흐리게 한다는 뜻이었음.《左傳》哀公 17年에 「紫衣狐裘」라 하여 당시 紫色의 옷을 입는 것이 유행하였던 듯함. 그리고《孟子》盡心(下)에는 "孔子曰: 惡似而非者: 惡莠, 恐其亂苗也; 惡佞, 恐其亂義也; 惡利口, 恐其亂信也; 惡鄭聲, 恐其亂樂也; 惡紫, 恐其亂朱也; 惡鄕原, 恐其亂德也"라 함.
【利口】佞辯과 같음. 날카로운 언변을 말함.
【邦家】국가와 같음.
【繼踵】뒤꿈치를 이어 따름. 끊임없이 이어짐.

053(下-7)
정正과 기奇

《노자老子》에 말하였다.

"정正으로 나라를 다스리고 기奇로써 군사를 부리며, 무사無事로써 천하를 취한다."

여기서 정이란 명名과 법法을 말하는 것이며 명과 법으로써 나라를 다스리면 만물에 능히 혼란이 일어날 일이 없어진다. 기奇란 권權과 술術이며 권과 술로써 군사를 운용하면 만물에 누구도 그에게 대적할 자가 없게 된다. 그리고 무릇 명, 법, 권, 술을 쓰면서 게다가 잔포한 민정을 고쳐 억제한다면 자신에게는 아무런 할 일이 없게 되는 것이다. 자신에게 할 일이 없다면 천하를 얻게 되는 것이다. 그러므로 다스림을 잃으면 법에 맡겨야 하고 법을 잃으면 전쟁의 힘을 빌려야 하며, 무사하고자 한다면 강함을 취해서는 안 된다. 강함을 취하면 부드러운 자가 도리어 능히 강한 자를 굴복시키기 때문이다.

《老子》曰:「以正治國, 以奇用兵, 以無事取天下」

正者, 名·法是也. 以名·法治國, 萬物所不能亂; 奇者, 權·術是也. 以權·術用兵, 萬物所不能敵; 凡能用名·法·權·術, 而矯抑殘暴之情, 則己無事焉. 己無事, 則得天下矣. 故失治則任法, 失法則任兵, 以求無事, 不以取強. 取強, 則柔者反能服之.

【老子曰】《老子》 57장에 "以正治國, 以奇用兵, 以無事取天下. 吾何以知其然哉? 以此: 天下多忌諱, 而民彌貧; 朝多利器, 國家滋昏; 人多伎巧, 奇物滋起; 法令滋彰, 盜賊多有. 故聖人云: 「我無爲而民自化, 我好靜而民自正, 我無事而民自富, 我無欲而民自樸.」"라 함.

【正奇】병법에서 말하는 '奇正'. 고대 병법 중에 가장 중요하며 자주 거론되는 상대적 대립 개념으로 모략과 전법 등에 널리 쓰이는 용어. 즉 일반적이며 상식적인 것을 일러 '正'이라 하며, 특수하고 기이한 방법, 의외의 작전 등을 '奇'라 함. 《孫臏兵法》 奇正篇에 "奇發而爲正, 其未爲發者, 奇也"라 하였으며, 《唐太宗李衛公問對》에는 "太宗曰: 吾之正, 使敵視以爲奇; 吾之奇, 使敵視以爲正, 斯所謂形人者歟? 以奇爲正, 以正爲奇, 變化莫測, 斯所謂無形者歟?"라 함.

【矯抑】바르게 고치고 억제하며 제지함.

【取强】강함을 가지고 위세를 견지함.

〈孫臏〉

054(下-8)
죽음을 두려워하지 않는 백성

《노자老子》에 말하였다.

"백성으로서 죽음을 두려워하지 않는다면 어찌 죽음을 가지고 겁을 줄 수 있겠는가?"

무릇 백성이 죽음을 두려워하지 않게 되는 경우는 형벌이 지나칠 때이다. 형벌이 지나치면 백성은 자신들의 삶을 기댈 데가 없어 임금의 위엄을 아무것도 아닌 양 여기게 된다.

형벌이 정확하면 백성이 죽는다는 것을 두려워하게 되는 것이니 이는 살아 있는 것의 즐거움을 알기 때문이다. 살아 있음의 즐거움을 알기 때문에 가히 죽음이라는 것으로 그를 두렵게 할 수 있다.

이는 임금이 의당 바르게 잡고 있어야 할 내용이며, 신하로서는 의당 신중을 기해야 할 내용이다.

《老子》曰:「民不畏死, 如何以死懼之?」

凡民之不畏死, 由刑罰過. 刑罰過, 則民不賴其生. 生無所賴, 視君之威末如也.

刑罰中, 則民畏死. 由生之可樂也. 知生之可樂, 故可以死懼之.

此人君之所宜執, 臣下之所宜愼.

【老子曰】《老子》74장에 "民不畏死, 奈何以死懼之? 若使民常畏死, 而爲奇者, 吾得執而殺之, 孰敢? 常有司殺者殺. 夫代司殺者殺, 是謂代大匠斲. 夫代大匠斲者, 希有不傷其手矣"라 함.
【不賴其生】기대어 생존할 수 없음.
【末如】무시함. 못 본 척 함. 末은 無와 같음. 雙聲互訓.

055(下-9)
성인聖人과 성법聖法

전자田子가 책을 읽다가 이렇게 말하였다.
"요임금 시대에는 태평하였도다."
송자宋銒가 물었다.
"성인聖人이 다스렸기에 그러한 태평을 이룬 것입니까?"
팽몽彭蒙이 곁에 있다가 말할 차례를 앞질러 이렇게 대답하였다.
"성법聖法이 그러한 태평시대에 이르게 한 것이지 성인의 다스림 때문이 아니다."
송자가 다시 물었다.
"성인과 성법은 어떻게 다릅니까?"
팽몽은 이렇게 말하였다.
"그대가 명칭개념에 대한 혼란이 이렇게 심하다니! 성인이란 모든 다스림이 자신 한 사람에게서 나오는 것이며, 성법이란 그 다스림이 이理에서 나오는 것이라오. 이理가 자신 한 사람에게서 나온다면 그 자신은 이理가 아니며, 자기 한 사람이 능히 이理에서 나왔다면 이理는 그 한 사람이 될 수 없다. 그러므로 성인의 다스림이란 독자적인 혼자의 다스림이며, 성법의 다스림이란 다스림이 아닌 것이 없다. 이는 만세에 이로운 것으로서 오직 성인만이 능히 해박하게 이를 포함할 수 있다."
송자는 그래도 의혹이 풀리지 않아 전자에게 질문하였다.
그러자 전자는 이렇게 말하였다.
"팽몽의 말이 맞습니다."

田子讀書, 曰:「堯時太平.」

宋子曰:「聖人之治以致此乎?」

彭蒙在側, 越次答曰:「聖法之治以至此, 非聖人之治也.」

宋子曰:「聖人與聖法何以異?」

彭蒙曰:「子之亂名甚矣! 聖人者, 自己出也; 聖法者, 自理出也. 理出於己, 己非理也; 己能出理, 理非己也. 故聖人之治, 獨治者也; 聖法之治, 則無不治矣. 此萬世之利, 唯聖人能該之.」

宋子猶惑, 質於田子.

田子曰:「蒙之言然.」

【田子】田駢을 가리킴. 전국시대 제나라 사람으로《莊子》天下篇에 의하면 그는 愼到, 彭蒙과 같은 학파이며《田子》15편을 남긴 것으로 되어 있으나 지금은 전하지 않음.

【堯】陶唐氏이며 이름은 放勛. 부락 연맹의 수령이 되었으며 그가 당을 세워 唐堯라고도 함. 禪讓制度를 실행하여 舜에게 천자의 지위를 물려줌. 그러나 일설에는 堯가 만년에 힘이 쇠약해지자 舜이 이를 가두고 자신이 천자의 지위를 탈취하였다고도 함.

【宋子】宋銒. 전국시대 宋나라 학자로《荀子》非十二子篇의 楊倞 주에 의하면 孟子, 尹文子, 彭蒙, 愼到 등과 동시대 학자이며 그의 학술은 齊나라 稷下學士들의 黃老學派로 이어졌다 함.《宋子》18편이 있었다 하나 지금은 전하지 않음.

【彭蒙】전국시대 齊나라 학자로 그는 자신의 학설을 田駢에게 전수하였다 하나 본 장의 내용에 의하면 이에 부합하지 않음.

【越次】말할 차례를 뛰어넘음.

【該】該博함.

【質】질의, 질문.

056(下-10)
이 이름을 도둑으로 지어 놓고

장리莊里라는 곳의 어떤 늙은이는 큰아들 이름을 '도盜'라 지어 불렀고 어린 아들의 이름은 '구毆'라 불렀다.

마침 큰아들 도가 밖에 나갔을 때 그 아버지가 뒤를 따르며 불렀다.

"도야! 도야!"

그러자 관리가 이 말을 듣고 도둑으로 여겨 이를 잡아 결박하였다.

아버지는 작은 아들 구를 불러 관리에게 사실을 설명하도록 하면서 급한 나머지 발음을 제대로 바꾸지 못하고 다만 "구야! 구야!"라고 할 뿐이었다.

관리는 이를 구타하라는 뜻으로 알고 두들겨 거의 죽음에 이르게 되었다.

또 강구康衢의 어른 하나는 자신의 노비 이름은 '선박善搏'이라 하였고 자신의 개 이름을 '선서善噬'라 하였는데 그 집 문 앞에 3년이 넘도록 빈객이 지나가지 않는 것이었다. 그 어른이 괴이히 여겨 물어보고 나서야 이름 때문임을 알고는 이를 고치자 빈객이 다시 왕래하게 되었다.

莊里丈人, 字長子曰'盜', 少子曰'毆'.

盜出行, 其父在後追呼之, 曰: 「盜! 盜!」

吏聞, 因縛之.

其父呼毆喩吏, 遽而聲不轉, 但言'毆, 毆', 吏因毆之, 幾殪.

康衢長者, 字僮曰'善搏', 字犬曰'善噬', 賓客不過其門者
三年. 長者怪而問之, 乃以實對. 於是改之, 賓客復往.

【莊里丈人】尹文이 가설한 인물. 아래의 康衢長者와 대화를 이룰 수 있도록
내세운 가공 인물임. 莊里는 어떤 지역을 말하며 丈人은 長者와 같음.
어른의 뜻.
【盜·毆】두 아들 이름으로 盜는 '도둑'을 뜻하며 毆는 '毆打'를 뜻함.
【喩吏】관리에게 사정을 말하였으나 그들에게 잡힌 자는 도적이 아니라 그의
이름이 '盜'였을 뿐임을 말함.
【幾殪】거의 죽음에 이름.
【康衢長者】강구는 아주 넓은 대도. 장자는 어른. 역시 장리장인과 함께 가공
으로 내세운 인물.
【善搏·善噬】'육박전을 잘하다'는 뜻과 '물기를 잘하다'의 뜻.

057(下-11)
구슬과 쥐고기

정鄭나라 사람들은 옥 중에 아직 다듬지 아니한 것을 '박璞'이라 하고, 주周나라 사람들은 쥐고기 중에 아직 말리지 아니한 것을 역시 '박璞'이라 불렀다. 주나라 사람이 쥐고기를 품고 정나라 상인에게 말하였다.

"박을 사시겠습니까?"

정나라 상인이 말하였다.

"사겠습니다." 그리하여 그 박이라는 것을 꺼내 놓자 이를 보았더니 쥐고기인 것이었다. 이에 사양하고 사지 않았다.

鄭人謂玉未理者爲'璞', 周人謂鼠未臘者爲'璞'.
周人懷璞謂鄭賈曰:「欲買璞乎?」
鄭賈曰:「欲之」出其璞, 視之, 乃鼠也. 因謝不取.

【鄭】춘추시대 나라 이름. 지금의 河南省 鄭州 일대였음.
【周】주나라 왕조. 西周 시대는 鎬京을 도읍으로 하였으며 지금의 陝西省 西安 부근.
【鼠未臘者】쥐(두더지?)고기를 아직 말리지 않은 상태.
【懷璞】쥐고기를 지니고 있음. 전국책에는 '璞'이 '朴'으로 되어 있음.

【鄭賈】정나라 장사꾼. '賈'는 '고'로 읽음. 이상의 이야기는 《戰國策》秦策(3)에 "應侯曰:「鄭人謂玉未理者璞, 周人謂鼠未腊者朴. 周人懷璞過鄭賈曰:『欲買朴乎?』鄭賈曰:『欲之.』出其朴, 視之, 乃鼠也. 因謝不取. 今平原君自以賢, 顯名於天下, 然降其主父沙丘而臣之. 天下之王尚猶尊之, 是天下之王不如鄭賈之智也, 眩於名, 不知其實也.」"라 하여 실려 있다.

058(下-12)
내쫓은 아내를 그리워하지도 말라

아버지가 아들에게 시킬 수 있는 행동으로 반드시 명에 따라야 할 것이 있고 따를 수 없는 것이 있다. 아들에게 "귀한 처를 내쫓아 버리고 사랑하는 첩을 팔아 버려라"라고 한다면 이러한 명령은 틀림없이 실행에 옮길 수 있다. 그러나 그러고 나서 "너는 감히 한을 품지 말아라! 그리고 감히 떠나보낸 그 여자들을 그리워하지도 말아라!"라고 한다면 그러한 명령은 실행할 수가 없다.

그러므로 남의 윗사람이 된 자는 반드시 명령에 신중해야 한다.

父之於子也, 令有必行者, 有必不行者.「去貴妻, 賣愛妾」, 此令必行者也; 因曰:「汝無敢恨! 汝無敢思!」此令必不行者也.

故爲人上者, 必愼所令焉.

【汝無敢恨】'그대는 한스럽게 여기지 말라'의 뜻.
【爲人上者】남의 윗사람이 된 자나 자신보다 나이가 많은 자. 이 이야기 역시 《戰國策》秦策(3)에 "秦攻邯鄲, 十七月不下. 莊謂王稽曰:「君何不賜軍吏乎?」 王稽曰:「吾與王也, 不用人言.」 莊曰:「不然. 父之於子也, 令有必行者, 必不行者. 曰:『去貴妻, 賣愛妾』, 此令必行者也; 因曰:『毋敢思也』, 此令必不行

者也. 守閭嫗曰:『其夕, 某孺子內某士.』貴妻已去, 愛妾已賣, 而心不有. 欲敎之者, 人心固有. 今君雖幸於王, 不過父子之親; 軍吏雖賤, 不卑於守閭嫗. 且君擅主輕下之日久矣. 聞:『三人成虎, 十夫楺椎. 衆口所移, 毋翼而飛.』故曰: 不如賜軍吏而禮之.」王稽不聽. 軍吏窮, 果惡王稽·杜摯以反. 秦王大怒, 而欲兼誅范睢. 范睢曰:「臣, 東鄙之賤人也, 開罪於楚·魏, 遁逃來奔. 臣無諸侯之援, 親習之故, 王擧臣於羈旅之中, 使職事, 天下皆聞臣之身與王之擧也. 今遇惑或, 與罪人同心, 而王明誅之, 是王過擧顯於天下, 而爲諸侯所議也. 臣願請藥賜死, 而恩以相葬臣, 王必不失臣之罪, 而無過擧之名.」王曰:「有之.」遂弗殺而善遇之."라 하여 실려 있다.

059(下-13)
부유한 자와 가난한 자

무릇 사람이 부유해지면 작록爵祿을 부러워하지 않게 되며, 가난해지면 형벌을 두려워하지 않게 된다. 작록을 부러워하지 않게 되는 이유는 스스로 자신에게 만족하기 때문이며, 형벌을 두려워하지 않게 되는 이유는 자신의 몸을 의존할 데가 없기 때문이다.

이 두 가지는 나라를 다스리는데 심한 병이 되지만 이를 방지하는 술책을 모르기 때문에 법령이 실행되지 아니하며 금지해도 그치지 않는 것이다.

만약 법령이 제대로 지켜지지 못하게 하고 금지하는 것이 제대로 그쳐지지 못한다면 이는 다스림이 없는 것과 같다. 다스림이 없는 것과 같아지면 이는 임금 된 자가 헛되이 그 나라 임금 자리를 지키고 있는 것이며, 한갓 그 백성에게 임금이란 명칭만 있을 뿐 위란危亂을 서서 기다려야 할 판이다.

凡人富, 則不羨爵祿; 貧, 則不畏刑罰. 不羨爵祿者, 自足於己也; 不畏刑罰者, 不賴存身也.

二者爲國之所甚病, 而不知防之之術, 故令不行而禁不止.

若使令不行而禁不止, 則無以爲治. 無以爲治, 是人君虛臨其國, 徒君其民, 危亂可立而待矣.

【爵祿】작위와 봉록.
【不賴存身】자신의 생존을 이어나갈 수 없음.
【二者】부자가 작록을 부러워하지 아니하며 가난한 자가 형벌을 두려워하지 않는 두 가지 상황.
【徒君其民】한갓 그 백성의 임금일 뿐이며 실제 임금다운 권위를 행사하지 못함을 말함.

060(下-14)
임금이 전제를 펼 수 있도록

　지금 작록을 통한 이후라야 부자가 될 수 있다면 사람들은 틀림없이 임금에게 온 힘을 다할 것이며, 형벌을 거친 이후에야 가난해 진다면 사람들은 누구나 죄를 두려워하고 선을 좇을 것이다.
　그러므로 고대 나라를 다스린 자는 백성들로 하여금 스스로 가난해지거나 부자가 되는 일이 없도록 하였다.
　빈부가 모두 임금에게 달려 있도록 한다면 임금은 전제를 써서 제압할 수 있으며, 백성들은 그 돌아갈 바를 알게 된다.

　今使由爵祿而後富, 則人必爭盡力於其君矣; 由刑罰而後貧, 則人咸畏罪而從善矣.
　故古之爲國者, 無使民自貧富.
　貧富皆由於君, 則君專所制, 民知所歸矣.

【無使民自貧富】백성으로 하여금 스스로 가난해지거나 부자가 될 수 없도록 함.
【所制】백성을 제압하는 통치술.

061(下-15)
가난하면 남을 원망하는 법

　가난해지면 남을 원망하고 천해지면 시운을 원망하되 스스로 자신을 원망하는 자가 없음은 사람의 정이 쏠리는 바이다.
　그렇다면 이것이 인정의 대세라고 해서 일괄적으로 묶어 그릇된 것이라고 단정할 수는 없다. 역시 동정할 만하며 자세히 살피지 아니할 수 없다.
　지금 능력이 서로 같고 지모가 비슷한데도 저 사람은 부유하고 나는 가난할 경우 능히 원망을 하지 않는다면 이는 아름다운 일이지만, 비록 원망을 한다고 해도 이것이 아주 그릇된 것은 아니다. 마찬가지로 재능이 같고 지혜가 동등한데도 저 사람은 귀하고 나는 천할 경우 능히 원망을 하지 않는다면 이는 아름다운 일이지만, 그러나 비록 원망을 품고 있다고 해도 이것이 아주 그릇된 것은 아니다. 그러한 병폐는 권력을 등에 타고 그 위세를 자리에 깔고 있기 때문에 다른 것이며, 오직 지혜와 능력만 같으면 부귀빈천도 같아야 되는 줄로 잘못 알고 있기 때문에 벌어지는 일이다.
　이는 세상에서 서로 그러한 자들이 자신의 능력과 지혜를 통달하도록 해 주지 못하여 생긴 과실이니 비록 그러한 군자들의 허물이기도 하지만 그들이 노기를 품을 만한 일이기도 하다.

貧則怨人, 賤則怨時, 而莫有自怨者, 此人情之大趣也.
然則不可以此是人情之大趣, 而一槪非之. 亦有可矜者焉,不可不察也.

　今能同算鈞, 而彼富我貧, 能不怨則美矣, 雖怨無所非也.
才鈞智同, 而彼貴我賤, 能不怨則美矣, 雖怨無所非也.
其敝在於藉不知乘權藉勢之異, 而惟曰智能之同.
　是不達之過, 雖君子之郵, 亦君子之怒也.

【矜】긍휼히 여김. 불쌍히 여김.
【能同算鈞】재능이 서로 같으며 智謀가 비슷함. 能은 능력, 算은 지모를 가리킴.
【敝】弊와 같음. 폐단. 병폐.
【君子】여기서는 부귀 빈천의 차이를 인정하면서도 원망을 품고 사는 사람을 지칭함.
【郵】'尤'의 가차자. 과실, 허물.

062(下-16)
용서할 수 없는 교만함

사람이란 가난하면 남을 원망하고 부유해지면 남에게 교만을 부린다.
남을 원망하게 되는 것은 남이 자신에게 녹祿을 베풀어주지 않음을 원망하는 것이며 이것은 자신의 감정이 그 가난함에 안정하고자 하나 안정을 얻지 못하는 데에서 생겨나는 것으로서 그들의 그러한 감정은 그래도 용서할 수 있다.
그러나 남에게 교만을 부리는 자는 남을 원망할 이유가 없는데도 까닭 없이 남에게 교만을 부린다. 이러한 경우 그 감정도 쉽게 억제할 수 있으련만 능히 이를 억제하지 못한다면 이는 가히 용서할 수가 없다.

人貧則怨人, 富則驕人.
怨人者, 苦人之不祿施於己也, 起於情所難安而不能安, 猶可恕也.
驕人者無苦, 而無故驕人, 此情所易制而弗能制, 弗可恕矣.

【祿施】 관록과 재물을 지급함. 여기서는 가진 자가 자신에게 재물이나 도움을 주지 않음을 말함.
【驕人者】 남에게 교만하게 구는 자. 여기서는 부자를 가리킴.

063(下-17)
각기 서로 다른 세 가지 경우

　일반 사람들은 빈천한 자를 보면 거만하게 굴며 이들을 멀리하고 부귀한 자를 보면 그들을 공경하면서 가까이 한다.
　빈천한 자가 증송받은 재물을 가질 것을 자신에게 요구한다면 이는 멀리하는 것이 옳다. 이는 결코 자신에게 손해가 나지 않기 때문에 멀리하는 것이 아니라, 그들이 재물을 준다 해도 자신 스스로 많은 물건을 갖추는데 아무런 이익이 되지 않기 때문이다.
　만약 부귀한 자가 자신에게 베풀어주는 것이 있다면 이는 가까이 해도 된다. 이는 결코 자신에게 이익이 있다고 여겨 이들을 친하는 것이 아니라, 이를 받아들이지 않으면 저들은 감히 나를 친히 여기지 않기 때문이다.
　이 세 가지는 비록 각각 서로 독립된 것이기는 하지만 친히 여길 바도 멀리할 바도 아니다. 그럼에도 사람의 정이란 끝내 빈천하다거나 부귀하다고 해서 자신의 태도를 바꾸지 않을 수 없으니, 이것이 바로 사회 현상에서의 커다란 의혹이라고 말하는 것이다.

　衆人見貧賤則慢而疏之, 見富貴則敬而親之.
　貧賤者有請賕於己, 疏之可也; 未必損己而必疏之, 以其無益於物之具故也.
　富貴者有施於己, 親之可也; 未必益己而必親之, 則彼不敢親我矣.

三者獨立, 無致親致疏之所, 人情終不能不以貧賤富貴易慮, 故謂之大惑焉.

【請賕於己】 그들이 증송한 재물을 받을 것을 자신에게 요구함.
【物之具】 재물을 구비하여 쌓아둠.
【則彼不敢親我矣】 저들(부귀한 자)의 호의를 받아들이지 않을 경우 저들은 감히 나와 친하게 사귀려 들지 않음.(《三民本》)
【三者】 자기 자신과 빈천한 자, 그리고 부유한 자.
【易慮】 생각과 염려를 바꾸어 태도를 변화시킴.
【大惑】 크게 미혹한 일.

064(下-18)
치세와 난세의 차이

가난하고 외로우며 빈천한 부류에 대하여 치세治世에는 누구나 함께 불쌍히 여겼으나 난세亂世에는 모두가 모욕을 주었다.

치세라고 해서 가난하고 외로우며 빈천한 이들만을 불쌍히 여겼기에 다스림이 이루어진 것이 아니라, 이것은 국가의 여러 다스림 중에 하나의 사무였다.

그러나 난세라고 해서 역시 가난하고 외롭고 빈천한 자를 모욕하기에 바빴기 때문에 어지러워진 것이 아니라, 이 역시 혼란스러운 많은 일 중의 하나였다.

모든 일마다 다스림이 이루어지면 혼란이 없고 혼란이 있으면 다스림이 이루어지지 않는다. 하夏나라, 상商나라의 성쇠와 말세를 보면 그것이 바로 그 징험이다.

窮獨貧賤, 治世之所共矜, 亂世之所共侮.
治世非爲矜窮獨貧賤而治, 是治之一事也;
亂世亦非侮窮獨貧賤而亂, 亦是亂之一事也.
每事治則無亂, 亂則無治. 視夏商之盛, 夏商之衰, 則其驗也.

【窮獨貧賤】 빈한한 처지에 놓인 자와 신분이 낮아 의지할 곳이 없는 자들.
【夏商】 禹임금이 세운 夏나라와 湯이 세운 商나라. 그 말왕은 桀王과 紂王이었음.

065(下-19)
아주 작은 것을 바라건만

　빈천한 자들이 부귀한 자들에게 바라는 정도는 아주 미미하건만 부귀한 자들이 그들의 그토록 미미한 희망을 대응하여 갚아 주지 못하고 있다.
　무릇 부유한 자가 귀찮아하는 바가 바로 가난한 자가 아름답게 여기는 것이며, 귀한 자가 별것 아닌 것으로 여기는 것이 바로 천한 자가 영광으로 느끼는 것들이다. 그럼에도 그에 맞추어 대응해 주지 않는 것은 부귀한 자는 그 가난한 자와 똑같은 고락을 느끼지 않기 때문이다. 비록 대응하여 베풀어주지 않는다 해도 자신에게는 아무런 손상이 없기 때문이다.
　지금 천하 만민이 임금에게 바라는 것은 곧 빈천한 자가 부귀한 자에게 바라는 것과 똑같다. 이들은 자신들의 임금이 대체로 장유長幼의 힘을 계산하여 부렴賦斂을 공평하게 하고 기한飢寒의 때를 살펴 보살펴 주며, 백성의 질병에 대한 고통을 살펴주며 상과 벌을 마구 쓰지 아니하며, 사역使役도 때에 맞추어 실시해 주었으면 하는 것일 뿐이다. 그러니 임금으로서 이런 것쯤을 해 준다 해도 임금에게는 그 어떤 손해도 나지 않는다.
　그럼에도 천하 만민이 임금으로부터 이러한 베풂을 받지 못하는 것은 임금 된 자는 백성들처럼 힘들게 일하고 쉬고 하는 경험을 하지 않기 때문이다.
　그러므로 임금이 된 자는 백성의 노고가 어떤 것인지 편안함이 어떤 것인지 함께 겪어보지 아니하면 안 된다.
　따라서 부귀한 자가 빈천한 자에게 대응하여 베풀어주지 않는다 해도, 임금으로서는 만민에게 베풀어주지 않으면 안 된다. 만약 임금으로서 만민에게 베풀어주지 않으면 만민은 그를 임금으로 추대하기를 원하지 않게 된다. 그를 임금으로 추대하기를 원하지 않게 되면 임금의 자리는 바뀌게 된다. 위험이 이보다 심한 경우가 없으며 재앙이 이보다 큰 것이 없게 된다.

貧賤之望富貴甚微, 而富貴不能酬其甚微之望.
夫富者之所惡, 貧者之所美; 貴者之所輕, 賤者之所榮. 然而弗酬, 弗與同苦樂故也. 雖弗酬之, 於我弗傷.
今萬民之望人君, 亦如貧賤之望富貴. 其所望者, 蓋欲料長幼, 平賦斂, 時其饑寒, 省其病痛, 賞罰不濫, 使役以時, 如此而已, 則於人君弗損也.
然而弗酬, 弗與同勞逸故也. 故爲人君, 不可弗與民同勞逸焉.
故富貴者可不酬貧賤者, 而人君不可不酬萬民.
不酬萬民, 則萬民之所不願戴. 所不願戴, 則君位替矣. 危莫甚焉, 禍莫大焉.

【酬】報酬, 보답함. 대응하여 시혜를 베풀거나 도와줌.
【賦斂】부역과 세금.
【省】'살피다'의 뜻.

3. 일문 佚文

〈三輪銅盤〉(春秋) 1957 江蘇 武進 출토

066(佚-1)
어진 자와 불초한 자

윤문자가 제齊 선왕宣王을 만나 뵙자 선왕은 아무 말도 하지 아니하고 탄식만 하는 것이었다. 윤문자가 물었다.
"무엇을 그리 탄식하십니까?"
왕이 대답하였다.
"나는 우리나라에 어진 이가 적음을 한탄하고 있소."
윤문자가 다시 물었다.
"제나라 전체 모든 사람이 다 똑똑하다면 그 중 누구를 선택하여 임금 아래에서 일하도록 시킬 수 있겠습니까?"
왕이 대답하였다.
"그렇다면 우리나라 모든 사람이 불초해야 된다는 말입니까?"
윤문자가 다시 물었다.
"이 나라 모든 사람이 모두 불초하다면 누구를 시켜 조정의 일을 처리할 수 있겠습니까?"
왕이 대답하였다.
"그렇다면 어진 사람이나 불초한 사람이 아무도 없어야 된다는 것입니까?"
윤문자가 다시 물었다.
"그렇지 않습니다. 어진 이도 있고 불초한 자도 있어야 합니다. 그래야 왕께서는 윗자리에서 존경을 받고 신하는 그 아래에서 자신을 낮추어 일하는 것입니다. 어진 이는 벼슬길로 나서고 불초한 자는 물리치고 하는 것은 상하가 있기 때문입니다."

尹文子見齊宣王, 宣王不言而歎.

尹文子曰:「何歎?」

王曰:「吾歎國中寡賢.」

尹文子曰:「使國悉賢, 孰處王下?」

王曰:「國悉不肖, 可乎?」

尹文子曰:「國悉不肖, 孰理王朝?」

王曰:「賢與不肖皆無, 可乎?」

尹文子曰:「不然, 有賢有不肖, 故王尊於上, 臣卑於下, 進賢退不肖, 所以有上下也.」

【齊宣王】전국시대 제나라 군주. 19년간 재위(B.C.319~B.C.301)하였으며 田氏의 이름은 辟彊. 제 威王의 아들. 그는 조상 桓公(B.C.374~B.C.357)과 아버지 威王(B.C.356~B.C.320)의 뜻을 이어받아 稷下에 學宮을 짓고 천하 학자를 초빙하여 학문으로 부국강병을 꾀하였음. 이에 이들을 稷下學者라 하며 尹文도 그 중의 하나였음.

【孰理王朝】'누가 조정을 다스릴 수 있겠는가?'의 뜻.

※ 이상은 《意林》(2)과 《藝文類聚》(20) 및 《太平御覽》(402)에 인용되어 있음.

067(佚-2)
호가호위狐假虎威

호랑이가 여러 짐승 중에 먹이 감을 구하러 나섰다가 여우를 잡았다. 그러자 여우가 말하였다.

"그대는 나를 먹을 수 없다. 하느님이 나로 하여금 모든 짐승의 우두머리가 되도록 하였다. 그대가 지금 나를 먹으면 이는 하느님의 명령을 거역하는 것이 된다. 그대가 내 말을 믿지 못하겠거든 내가 그대 앞에 나서서 걸을 테니 그대는 내 뒤를 따라오라. 그리고 모든 짐승이 나를 보자마자 달아나지 않는 자가 있는지를 보라."

호랑이가 그렇다고 여겨 드디어 함께 걷게 되었다. 짐승들이 이를 보자 모두가 달아나는 것이었다. 호랑이는 짐승이 자신을 무서워하여 달아나는 줄은 모르고 여우를 두려워하여 그렇게 하는 줄로 여겼던 것이다.

虎求百獸食之, 得狐.

狐曰:「子無食我也. 天帝令我長百獸, 今子食我, 是逆天帝命也. 子以我言不信, 吾爲子先行, 子隨我後, 觀百獸之見我不走乎?」

虎以爲然, 故遂與行, 獸見之皆走. 虎不知獸之畏己而走, 以爲畏狐也.

【長百獸】모든 짐승의 우두머리가 됨.

※이상은 《戰國策》(楚策一)과 《太平御覽》(494)에 인용되어 있다. 《전국책》에 "荊宣王問羣臣曰:「吾聞北方之畏昭奚恤也, 果誠何如?」羣臣莫對. 江一對曰:「虎求百獸而食之, 得狐. 狐曰:『子無敢食我也. 天帝使我長百獸, 今子食我, 是逆天帝命也. 子以我爲不信, 吾爲子先行, 子隨我後, 觀百獸之見我而敢不走乎?』虎以爲然, 故遂與之行. 獸見之皆走. 虎不知獸畏己而走也, 以爲畏狐也. 今王之地方五千里, 帶甲百萬, 而專屬之昭奚恤; 故北方之畏奚恤也, 其實畏王之甲兵也, 猶百獸之畏虎也.」라 하였다.

068(佚-3)
아첨하는 자의 교묘한 술책

세속 사람들은 칭찬을 들으면 즐거워하고 비방을 들으면 걱정을 한다. 이것이 보통 사람들의 대체적인 정서이다. 자신의 의견과 같으면 즐거워하고 자신과 다르면 노하니 이것은 사람의 대체적인 정서이다.

그러므로 아첨에 뛰어난 자는 남을 칭찬하기를 잘하며 남의 의견에 순종하기를 잘한다. 남이 옳다 하면 그 역시 옳다 하고 남이 그르다 하면 그 역시 그르다 맞장구를 친다. 그리고 남이 좋아하는 바를 따라주며 남이 싫어하는 바를 동조한다. 그러므로 명석한 군주가 비록 바르고 곧은 말을 받아들일 수 있는 능력을 가졌다 해도 꼭 정직한 사람을 친히 여기는 것만은 아니며, 비록 아첨에 뛰어난 자를 멀리할 수 있는 능력이 있다 해도 반드시 아첨꾼을 멀리 할 수 있는 것은 아니다.

따라서 순舜임금이나 우禹임금 같은 이도 아첨꾼을 쓰지 않을 수는 있었지만 아첨꾼이라면 반드시 증오한 것은 아니다.

속담에 "아첨꾼과 말 잘하는 자는 사물을 미혹하게 하니 순임금이나 우임금조차도 능히 이들을 증오하지 못하였다"라 하였으니 자세히 살피지 않을 수 있겠는가?

世俗之人, 聞譽則悅, 聞毁則戚, 此衆人之大情. 同己則喜, 異己則怒, 此人之大情.

故佞人善爲譽者也, 善順從者也. 人言是, 亦是之; 人言非, 亦非之. 從人之所愛, 隨人之所憎. 故明君雖能納正直, 未必能親正直, 雖能遠佞人, 未必能疏佞人.

故舜禹者, 以能不用佞人, 亦未必憎佞人.

語曰:「佞辯惑物, 舜禹不能得憎」不可不察乎?

【戚】'慽'과 같음. 불쌍하게 여김. 슬프게 여김. '悅'과 상대하여 쓴 말.
【佞人】아첨에 뛰어난 인물. 윗사람에게 사랑을 받으려 온갖 꾸밈과 거짓을 일삼는 자.
【佞辯惑物】뛰어난 말솜씨와 남을 미혹하게 하는 사람이나 행동.
※ 이상은 《群書治要》에 인용되어 있음.

069(佚-4)
자신에게 이익이 있어야 움직인다

전자田子가 말하였다.

"사람이란 누구나 자신을 위하여 힘쓰지 남을 위하여 힘쓰지 않는다. 그러므로 임금 된 자가 사람을 부릴 때는 그 사람이 자신을 위하여 힘을 쓰도록 하여야지 임금 자신을 위하여 힘쓰도록 부려서는 안 된다."

그러자 직하선생稷下先生이 이렇게 말하였다.

"훌륭하도다, 전자의 말이여! 옛날에는 임금이 신하를 부릴 때 사사롭게 임금 자신을 위하여 힘쓰기를 요구하지 않았고, 그저 자신의 충성만을 드러내면 된다고 여겼다. 그리하여 관직에 처해서는 반드시 자신의 능력을 발휘하면 되었으며, 전투에 임해서는 반드시 용맹함을 드러내면 되었다. 그리고 봉록과 상賞에 대한 권한과 명분과 법률에 대한 통일은 임금 한 사람의 마음에서 나오지 않도록 하고, 이익도 임금 자신에게만 돌아오는 경우가 없도록 하였다. 속담에 '봉록을 박하게 주면서 그와 함께 난을 치를 수 없고, 상을 가볍게 주면서 그와 함께 험난한 곳으로 들어갈 수 없다'라 하였으니 이것이야말로 윗자리에 처한 자가 의당 신중이 해야 할 일이다."

田子曰:「人皆自爲, 而不能爲人. 故君人者之使人, 使其自爲用, 而不使爲我用」

稷下先生曰:「善哉, 田子之言! 古者君之使臣, 求不私愛於己, 求顯忠於己. 而居官自必能, 臨陳者必勇. 祿賞之所權, 名法之所齊, 不出於己心, 不利於己身. 語曰 '祿薄者, 不可與經亂; 賞輕者, 不可與入難' 此處上者所宜慎者也」

【田子】田駢.
【稷下】제나라의 지명. 당시 수도 臨淄 서문 부근에 있었다 하며 齊 宣王이 이곳에 많은 학자를 불러 숙식하며 학문을 연구하도록 하였다 함. 여기서는 구체적으로 누구인지 알 수 없으나 尹文 자신일 가능성이 있다.
【陳】陣과 같음. 군사의 일. 작전에서의 전투 陣形. 陣地. 陣營 등 군사 용어. 흔히 모든 병법서에 '陳'과 '陣'을 혼용하고 있으나 고대에는 '陳'자가 원자였음.《論語》衛靈公篇에 "衛靈公問陳於孔子. 孔子對曰:「俎豆之事, 則嘗聞之矣; 軍旅之事, 未之學也」 明日遂行. 在陳絕糧, 從者病, 莫能興. 子路慍見曰: 「君子亦有窮乎?」子曰: 「君子固窮, 小人窮斯濫矣」"라 하였고, 集註에 "陳, 謂軍師行伍之列"라 하였다. 이 '陳'자가 '陣'자로 군사학에서 '진을 치다'는 전용어로 바뀐 것에 대한 이론은 상당히 많다. 이에 대하여《顔氏家訓》書證篇에는 다음과 같이 고증하고 있다.
『태공(太公)의《육도(六韜)》에 천진(天陳)·지진(地陳)·인진(人陳)·운조지진(雲鳥之陳) 등이 있다. 그리고《논어(論語)》에 "위령공이 공자에게 진(陳)을 물었다"라 하였으며,《좌전(左傳)》에는 "어려지진(魚麗之陳)을 치다"라 하였다. 그런데 속본에는 흔히 「阜」방에 거승(車乘)의 「거(車)」를 써서 「진(陣)」으로 쓴다. 생각건대 여러 진대(陳隊)는 모두가 진정(陳鄭)의 진(陳)자여야 한다. 무릇 행진(行陳)의 뜻은 진열(陳列)이란 말에서 취한 것이다. 이는 육서(六書) 중의 가차(假借)이다.《창힐편(蒼頡篇)》과《이아(爾雅)》및 근세의 자서(字書)에는 모두가 따로 별자(別字)가 없었다. 그런데 오직 왕희지(王羲之)의〈소학장(小學章)〉에만은「阜(阝)」옆에 거(車)를 썼다. 비록 세속에 이미 통행되고는 있지만 그렇다고 이를 근거로《육도》,《논어》,《좌전》을 고치는 것은 마땅치 않다.』(太公《六韜》, 有天陳·地陳·人陳·雲鳥之陳.《論語》曰:「衛靈公問陳於孔子.」《左傳》: 「爲魚麗之陳.」俗本多作阜傍車乘之車. 案諸陳隊, 並作陳·

鄭之陳. 夫行陳之義. 取於陳列耳, 此六書爲假借也,《蒼》·《雅》及近世字書, 皆無別字; 唯王羲之〈小學章〉, 獨阜傍作車, 縱復俗行, 不宜追改《六韜》·《論語》·《左傳》也.) 그러나 여기서 "王羲之의 〈소학장〉에서 그렇게 썼다"라 한 것은 羲義라는 사람이 쓴 것을 잘못 알아 왕희지의 저작이라고 한다. 趙曦明은 「《隋書》 經籍志:《小學篇》一卷, 晉下邳內史王義撰. 諸本並作王羲之, 乃妄人謬改」라 하였다.

※ 이상은 《群書治要》에 인용되어 있음.

070(佚-5)
귀로 듣는 것보다 눈으로 보는 것이 정확하다

장님은 눈이 없으니 귀로는 살펴볼 수가 없다. 눈으로 보고 살피는 것은 귀로 듣는 것보다 정확하다.

瞽者無目, 而耳不可以察, 察視也, 精於聽也.

【察視也】 이는 注文으로 後人이 잘못하여 正文처럼 혼입된 것이 아닌가 함.
※ 이상은 《太平御覽》(749)에 인용되어 있음.

071(佚-6)
눈으로 물건을 접할 수 없으니

귀가 먹은 사람은 노래를 부를 수 없으니 음악으로 즐거움을 느낄 수 없고, 장님은 보이지 않으니 눈으로 물건을 접할 수가 없다.

聾者不歌, 無以自樂; 盲者不觀, 無以接物.

【接物】사물을 볼 수 없음.
※ 이상은 《太平御覽》(740)에 인용되어 있음.

072(佚-7)
숫자의 정확함

무릇 숫자란 십, 백, 천, 만, 억으로 올라가기도 하고 억에서 만, 천, 백, 십으로 내려오기도 하지만 하나에서 시작하여 이를 계속 이루어 억억億億까지 간다 해도 차이가 없다.

凡數: 十百千萬億. 億萬千百十, 皆起於一, 推之億億無差矣.

※ 이상은 《太平御覽》(750)에 인용되어 있음.

073(佚-8)
준걸俊傑

천 명을 뛰어넘을 재능을 가진 자를 준俊이라 하고 만명을 상대할 수 있는 자를 걸傑이라 한다.

千人曰俊, 萬人曰傑.

※ 이상은 《史記》屈原列傳 索隱과 《詩經》汾沮洳 疏에 인용되어 있음.

074(佚-9)
나의 의지에 의해 결정

지력智力으로써 하는 것은 비유하건대 마치 바둑이나 장기를 두는 것과 같아서 진퇴와 취사, 공격과 포기하고 물러섬이 모두 나에게 있는 것이다.

以智力求者, 喩如弈棋, 進退取與, 攻劫放舍, 在我者也.

【弈棋】奕棊로도 쓰며 바둑이나 장기.
【放】《文選》에는 殺로 되어 있음.
※이상은 《文選》博弈論 注와 《藝文類聚》(74) 및 《太平御覽》(753)에 인용되어 있음.

075(佚-10)
도박

도박이란 모두가 그 열고 막고 하는 것이 맞아 통할 길을 두루 마련되어야 한다. 그러나 능히 패의 크기를 제어하지 못하는 것은 그 상대의 패를 어떻게 만나는가에 달려 있다.

博者, 盡開塞之宜, 得周通之路, 而不能制齒之大小, 在遇者也.

【周通】두루 통하여 막힘이 없음.
【齒】도박에 쓰이는 패.
※ 이상은 《文選》策秀才文 注와 《藝文類聚》(74) 및 《太平御覽》(754)에 인용되어 있음.

076(佚-11)
요임금의 검소함

요堯임금은 천자이면서도 그 옷은 겹으로 입지 아니하였고, 먹는 것은 좋은 것을 여러 가지로 하지 않았으며 궁궐도 흙으로 만든 계단 석 자 높이였으며 이엉도 자르지 않은 채로 다스렸다.

堯爲天子, 衣不重帛, 食不兼味, 土階三尺, 茅茨不剪.

【茅茨】지붕을 이는 이엉.
【剪】가지런히 잘라 다듬음.
※ 이상은 《藝文類聚》(82)와 《太平御覽》(996)에 인용되어 있음.

077(佚-12)
요임금의 덕화

요堯임금의 덕화德化는 사해四海에 두루 퍼졌고, 인혜仁惠는 창생蒼生에게 두루 베풀어졌다.

堯德化布於四海, 仁惠被於蒼生.

【蒼生】일반 백성을 가리킴. 천하 모든 백성. 億兆蒼生.
※ 이상은 《文選》 勸進表 注에 인용되어 있음.

078(佚-13)
같은 지혜를 가진 두 사람

똑같은 지혜를 가진 두 사람은 함께 부릴 수 없으며, 똑같이 어진 두 사람은 함께 같은 자리에 앉힐 수 없으며, 말 잘하는 똑같은 두 사람은 서로를 굴복시킬 수 없다. 이는 힘이 같고 형세가 똑같기 때문이다.

兩智不能相使, 兩賢不能相臨, 兩辨不能相屈, 力均勢敵故也.

【辨】'辯'과 같음. 말을 잘함. 달변.
※ 이상은 《意林》에 인용되어 있음.

079(佚-14)
총명함과 몽매함

오로지 총명함만 가지고 모든 일을 한다면 그 공을 이룰 수 없고 오직 어둡고 몽매함만으로 일을 한다면 그 일은 틀림없이 어그러지고 말 것이다. 총명함과 몽매함이 한 번씩 교체되어야 많은 사람들이 추대한다.

專用聰明, 則功不成; 專用晦昧, 則事必悖. 一明一晦, 衆之所載.

【晦昧】어둡고 혼암함.
【載】'戴'의 오기로 여김.
※ 이상은《意林》에 인용되어 있음.

080(佚-15)
우宇의 뜻

사방과 상하를 우宇라 한다.

四方上下曰宇.

【宇】'宇宙'의 宇자를 해석한 것이다.
※ 이상은 《後漢書》 馮衍傳 注에 인용되어 있음.

081(佚-16)
전쟁에 나설 때는

장차 전쟁에 나설 때면 유사(有司)가 고서(誥誓)를 읽고 세 번 다섯 번 신신당부한다. 그러한 의식이 끝나고 나서야 적과 맞서는 것이다.

將戰, 有司讀誥誓, 三令五申之, 旣畢, 然後卽敵.

【誥誓】 군대에서 널리 알리는 軍命. 병사로서 꼭 알고 있어야 할 내용과 지켜야 할 맹세.
【三令五申】 신신당부함을 말함. 《六韜》 敎戰篇에 "武王問太公曰:「合三軍之衆, 欲令士卒服習, 敎戰之道奈何?」太公曰:「凡領三軍, 必有金鼓之節, 所以整齊士衆者也. 將必先明告吏士, 申之以三令, 以敎操兵起居・旌旗指麾之變法. 故敎吏士, 使一人學戰, 敎成, 合之十人; 十人學戰, 敎成, 合之百人; 百人學戰, 敎成, 合之千人; 千人學戰, 敎成, 合之萬人; 萬人敎戰, 敎成, 合之三軍之衆; 大戰之法, 敎成, 合之百萬之衆. 故能成其大兵, 立威於天下」 武王曰:「善哉!」" 이라 함.
※ 이상은 《文選》 東京賦 注에 인용되어 있음.

082(佚-17)
사물의 감응

종고鐘鼓의 소리란 노하여 이를 두드리면 무武가 있을 것임을 나타내고, 근심 속에서 이를 치면 비통함을 나타내며, 즐거움 속에 이를 치면 화락한 소리가 난다.

그 뜻이 변하면 그 소리 역시 변한다. 뜻이 정성을 다하면 이것이 금석에게조차 감응을 하는데 하물며 사람에게 있어서랴?

鐘鼓之聲, 怒而擊之則武, 憂而擊之則悲, 喜而擊之則樂. 其意變, 其聲亦變. 意誠, 感之達於金石, 而況於人乎?

【鐘鼓】종과 북. 음악이나 의식에 쓰였던 고대 악기를 통틀어 말함.
【武】전쟁이 있을 것임을 말함.
【金石】여기서는 금속성 악기나 編磬 등을 말함. 감정이 없는 쇠나 돌이지만 사람의 정성과 뜻에 따라 그 소리가 다름을 말함.
【感之達於金石】 "至誠所至, 金石爲開"와 같으며 《西京雜記》(5)에 "子雲曰:「至誠則金石爲開.」余應之曰:「昔人有遊東海者, 旣而風惡, 船漂不能制, 船隨風浪, 莫知所之. 一日一夜, 得至一孤洲, 共侶歡然. 下石植纜, 登洲煮食. 食未熟而洲沒, 在船者斫斷其纜, 船復漂蕩. 向者, 孤洲乃大魚, 怒掉揚鬐, 吸波吐浪而去, 疾如風雲. 在洲死者十餘人. 又余所知陳縞, 質木人也, 入終南山采薪,

還晚, 趣舍未至, 見張丞相墓前石馬, 謂爲鹿也, 卽以斧擿之, 斧缺柯折, 石馬不傷. 此二者亦至誠也, 卒有沈溺缺斧之事, 何金石之所感偏乎?」子雲無以應余."라는 고사가 있음.

※ 이상은 《北堂書鈔》(108)에 인용되어 있음.

부록

《윤문자》 서발序跋 자료

〈人形銅燈〉(戰國 齊) 1957 山東 諸城 출토

1. 《尹文子》原序 ……………〈《四庫全書》·〈四部叢刊〉·〈新編諸子集成〉〉

　　尹文子者, 蓋出於周之尹氏. 齊宣王時, 居稷下, 與宋鈃·彭蒙·田騈同學於公孫龍, 公孫龍稱之. 著書一篇, 多所彌綸.《莊子》曰:「不累於物, 不苟於人, 不忮於衆, 願天下之安寧, 以活於民命, 人我之養, 畢足而止之, 以此白心」「見侮不辱, 此其道也.」而劉向亦以其學本於黃老, 大較刑名家也. 近為誣矣. 余黃初末, 始到京師, 繆熙伯以此書見示, 意甚玩之而多脫誤. 聊試條次, 撰定為上下篇. 亦未能究其詳也.
　　山陽仲長氏撰定(仲長統撰. 一〈四庫全書〉)

2.《尹文子》序 ……………………………………（〈百子全書〉）

　　尹文子者, 蓋出於周之尹氏. 齊宣王時, 居稷下, 與宋鈃·彭蒙·田駢·慎到同學老子之道, 作華山之冠以自表. 著書二篇, 多所彌綸.《莊子》曰:「不累於俗, 不飾於物, 不苟於人, 不忮於衆, 願天下之安寧, 以活民命, 人我之養, 畢足而止之, 以此白心.」「見侮不辱, 救民之鬪, 禁攻寢兵, 救世之戰, 以此周行天下, 上說下敎, 是其道也.」書多脫誤, 雖經仲長統撰定, 尙有不可讀者, 姑存之以待高明.

3.《尹文子》提要 ……………………〈〈四庫全書〉·〈新編諸子集成〉)

　　《尹文子》一卷,周尹文撰,前有魏黃初末山陽仲長氏序,稱條次撰定爲上下篇,《文獻通考》作二卷,此本亦題〈大道上篇〉·〈大道下篇〉,與序相符. 而通爲一卷,蓋後人所合併也.《莊子》天下篇,以尹文·田駢竝稱,顏師古注《漢書》,爲齊宣王時人. 考劉向《說苑》,載文與宣王問答,顏蓋據此. 然《呂氏春秋》,又載其與湣王問答事,殆宣王時人,至湣王時猶在歟?其書本名家者流,大旨指陳治道,欲自處于虛靜,而萬事萬物,則一一綜核其實. 故其言出入于黃老申韓之間,周氏涉筆謂其自道以至名,自名以至法,蓋得其眞,晁公武《讀書志》以爲誦法仲尼,其言誠過,宜爲高似孫緯略所譏,然似孫以儒理繩之,謂其淆雜,亦爲未允. 百氏爭鳴,九流並列,各尊所聞,各行所知,自老莊以下,均自爲一家之言,讀其文者,取其博辨閎肆足矣. 安能限以一格哉!序中所稱熙伯,蓋繆襲之字,其山陽仲長氏,不知爲誰. 李獻臣以爲仲長統,然統卒于建安之末,與所云黃初末者不合. 晁公武因此而疑史誤,未免附會矣.

　　乾隆四十六年正月恭校上
　　　總纂官臣紀昀, 臣陸錫熊, 臣孫士毅, 總校官臣陸費墀.

임동석중국사상100

공손룡자
公孫龍子

公孫龍 撰 / 林東錫 譯註

〈公孫龍〉이미지 상 〈中國大百科全書〉(철학)

"상아, 물소 뿔, 진주, 옥. 진괴한 이런 물건들은 사람의 이목은 즐겁게 하지만 쓰임에는 적절하지 않다. 그런가 하면 금석이나 초목, 실, 삼베, 오곡, 육재는 쓰임에는 적절하나 이를 사용하면 닳아지고 취하면 고갈된다. 그렇다면 사람의 이목을 즐겁게 하면서 이를 사용하기에도 적절하며, 써도 닳지 아니하고 취하여도 고갈되지 않고, 똑똑한 자나 불초한 자라도 그를 통해 얻는 바가 각기 그 자신의 재능에 따라주고, 어진 사람이나 지혜로운 사람이나 그를 통해 보는 바가 각기 그 자신의 분수에 따라주되 무엇이든지 구하여 얻지 못할 것이 없는 것은 오직 책뿐이로다!"

《소동파전집》(34) 〈이씨산방장서기〉에서 구당(丘堂) 여원구(呂元九) 선생의 글씨

일러두기

1. 이 책은 〈사고전서四庫全書〉(文淵閣) 잡가류雜家類, 〈사부총간四部叢刊〉본 자부子部, 〈신편제자집성新編諸子集成〉본 명가류名家類, 〈백자전서百子全書〉본 잡가류雜家類, 〈사부비요四部備要〉본 등에 실려 있는 《공손룡자公孫龍子》를 기본으로 대조하여 역주한 것이다.
2. 현대 백화어 역주본으로 《신역공손룡자新譯公孫龍子》(丁成泉 注譯 三民書局 1996 臺北)와 《공손룡자금주금역公孫龍子今註今譯》(陳癸淼 商務印書館 1994 臺灣 臺北), 그리고 《신자愼子·윤문자尹文子·공손룡자公孫龍子 전역全譯》(高流水·林恒森 譯注 貴州人民出版社 1996. 貴州 貴陽) 등이 있으며 많은 참고가 되었음을 밝힌다.
3. 〈적부跡府〉, 〈백마론白馬論〉, 〈지물론指物論〉, 〈통변론通變論〉, 〈견백론堅白論〉, 〈명실론名實論〉으로 나누어 각기 일련번호를 부여하고 24장으로 분장하였으나 이는 절대적인 것이 아니며 읽기 편하도록 하기 위함이다.
4. 각 장별로 한글 제목을 부여하였으며 판본 및 관련 삽화를 실어 이해에 도움이 되도록 하였다.
5. 해제를 실어 내용과 판본, 제자학諸子學으로서의 역사적 위치 등을 간략하게 설명하였다.
6. 부록으로 《공손룡자》 서발序跋 등 관련 자료를 실어 연구에 도움이 되도록 하였다.
7. 본 책의 역주에 참고한 자료는 다음과 같다.

● 참고문헌
1. 《公孫龍子》四庫全書(文淵閣) 子部 雜家類
2. 《公孫龍子》四部備要本

3. 《公孫龍子》百子全書 雜家, 宋 謝希深(注) 岳麓書社 1993 湖南 長沙
4. 《公孫龍子》新編諸子集成(제6책, 名家) 世界書局 1978 臺灣 臺北
5. 《公孫龍子今註今譯》진계묘(陳癸淼) 商務印書館 1994 臺灣 臺北
6. 《新譯公孫龍子》丁成泉(注譯) 三民書局 1996 臺北
7. 《愼子·尹文子·公孫龍子》高流水·林恒森(譯) 貴州人民出版社 1996 貴陽 貴州
8. 《漢書》藝文志
9. 《中國學術講論》林東錫 傳統文化硏究會 2002 서울
10. 《中國哲學百科大辭典》(上下) 中國大百科全書出版社 1988 北京
11. 기타 공구서 및 중국철학사 관련 자료는 생략함.

해제

　　공손룡(公孫龍: B.C.325~B.C.250)은 전국시대 사람으로 성은 공손公孫, 이름은 용龍이며 자는 자병子秉이다. 조趙나라 혹은 위魏나라 사람으로 알려져 있으며 일찍이 전국 사공자의 하나인 조나라 평원군平原君 조승趙勝의 문하에서 활동하였다. 이로 보면 정치가, 정략가, 언변가, 책사이며 동시에 학자요 사상가인 셈이다.
　　그가 활동하던 시기는 장자莊子, 순자荀子, 한비韓非 등과 선후를 이루어 그들의 저작 중에 자주 언급되고 있으며, 그 외 《여씨춘추呂氏春秋》, 《전국책戰國策》에도 그에 관한 일화와 고사가 널리 전하고 있다.

　　등석이 명가의 선하先河를 마련해 놓았다면 이 공손룡은 그 물길을 대하大河로 키워놓은 인물이라 할 수 있다. 양극단의 불가한 논리를 궤변으로 엮어내는 데 뛰어난 재능을 가지고 있으며 그 때문에 《장자》 천하편에는 공손룡과 환단桓團 등 논변가의 논제를 언급하면서 "알은 털을 가지고 있다"(卵有毛), "닭은 발이 셋이다"(鷄三足), "개는 양이 될 수 있다"(犬可以爲羊), "말은 알을 낳는다"(馬有卵), "날아가는 새의 그림자는 움직인 적이 없다"(飛鳥之景未嘗動也), "한 자의 막대기를 매일 반씩 자르면 수 만년이 되어도 다 자를 수 없다"(一尺之棰, 日取其半, 萬世不竭)라는 등 21가지 논제를 제시하고 있다. 그런가 하면 《여씨춘추》와 《전국책》에는 논리적으로 전혀 반박할 수 없으나 실제로는 불가능한 일을 내세운 일화를 싣고 있다.

　　"秦·趙相與約, 約曰:「自今以來, 秦之所欲爲, 趙助之, 趙之所欲爲, 秦助之.」居無幾何, 秦興兵攻魏, 趙欲救之. 秦王不說, 使人讓趙王曰:「約曰秦之所欲爲, 趙助之, 趙之所欲爲, 秦助之. 今秦欲攻魏, 而趙因欲救之, 此非約也.」趙王以告平原君. 平原君以告公孫龍. 公孫龍曰:「亦可以發使而讓秦王曰:'趙欲救之, 今秦王獨不助趙, 此非約也.'」《呂氏春秋》淫辭篇

"秦攻趙, 平原君使人請救於魏. 信陵君發兵至邯鄲城下, 秦兵罷. 虞卿爲平原君請益地, 謂趙王曰:「夫不鬪一卒, 不頓一戟, 而解二國患者, 平原君之力也. 用人之力, 而忘人之功, 不可.」趙王曰:「善」將益之地. 公孫龍聞之, 見平原君曰:「君無覆軍殺將之功, 而封以東武城. 趙國豪傑之士, 多在君之右, 而君爲相國者以親故. 夫君封以東武城不讓無功, 佩趙國相印不辭無能, 一解國患, 欲求益地, 是親戚受封, 而國人計功也. 爲君計者, 不如勿受, 便」平原君曰:「謹受令」乃不受封."《戰國策》趙策

이상과 같은 일화는 매우 널리 알려져 있다. 이처럼 그는 변론에 뛰어나 가장 널리 알려진 것이 바로 "백마는 말이 아니다"(白馬非馬)라는 논제이다. 이 논제로 그는 유가의 공천孔穿, 음양가의 추연鄒衍 등과 함께 한 시대를 풍미하였다. 아울러 "굳다는 것과 희다는 것은 서로 분리되어야 한다"(堅白相離)를 내세워 흔히 '이견파離堅派'로도 불리며 정명正名의 원칙을 기초로 로직(Logic, 邏輯)학을 창시한 대표적인 인물로 잘 알려져 있다.

그의 '백마비마론'은 '백白'은 색깔로 명명한 것이며 '말馬'은 가축의 명칭인 동물 분류로써, 여기에서 색깔의 형용을 'A', 동물의 명칭을 'B'라 하였을 때 논리상 'AB≠B'라는 것이다. 그리고 '이견백離堅白'이란 흰 돌의 경우 촉각으로 딱딱함을 알지만 시각의 힘을 빌지 않고는 흰색임을 알 수 없다는 것이다. 따라서 '견堅'과 '백白'은 돌石과는 실제 아무런 관련이 없으니 분리되어야 한다는 것이다. 이렇게 보면 논리의 극단을 치솟는 최고의 궤변인 셈이다.

이에 《사고전서총목제요四庫全書總目提要》에서는 이렇게 평하면서 결론을 내렸던 것이다.

"其書大旨疾名器乖實, 乃假指物以混是非, 借白馬而齊物我, 冀時君有悟而正名實, 故諸史皆列於名家. 《淮南鴻烈解》稱公孫龍粲於辭而貿名. 楊子《法言》稱公孫龍詭辭數萬, 蓋其持論雄贍, 惝怳恣肆, 實足以聳動天下. 故當時莊列荀卿, 並著其言, 爲學術之一特品乎, 稱謂之兩間紛然, 不可數計, 龍必欲一一核其眞, 而理究不足以相勝, 故言愈辯而名實愈不可正. 然其書出自先秦, 義雖恢誕, 而文頗離奇可喜. 陳振孫槩以淺陋迂僻, 譏之則又過矣. 明鍾惺刻此書, 改其名爲辯言, 妄誕不經. 今仍從《漢志》題曰《公孫龍子》."

《한서》 예문지 제자략 명가에는 《공손룡자》 14편이 저록되어 있으나 뒤에 거의 산실散失되고 지금은 〈적부跡府〉, 〈백마론白馬論〉, 〈지물론指物論〉, 〈통변론通變論〉, 〈견백론堅白論〉, 〈명실론名實論〉 등 6편이 전하고 있다. 이는 명대 《도장道藏》을 통해 보전되었다. 그 중 〈적부〉는 그의 제자들이 뒤에 보록補錄한 것이며 나머지는 모두 공손룡 본인의 논변으로 보고 있다. 그러나 전수 과정이 복잡하여 송대 이후 일부 학자들은 그 진위에 대하여 의심을 나타내었다. 즉 진晉나라 때 당시까지 흩어져 있던 잡다한 자료를 모아 재편집한 것이 아닌가 의심을 제기하기도 하였다.

한편 공손룡은 당연히 명가名家의 대표적인 인물로 인정하면서도 《수서》 경적지에는 도가道家로 분류하였으며, 명청대 이후 〈사고전서四庫全書〉와 〈백자전서百子全書〉 등에는 잡가雜家로, 〈신편제자집성新編諸子集成〉에서는 명가名家로 분류하는 등 출입이 심하다.

欽定四庫全書

公孫龍子　　　　周　趙人　公孫龍　著

公孫龍六國時辯士也疾名實散亂因資材之所長
為守白之論假物取譬以守白辯謂白馬為非馬也白
馬為非馬者言白所以名色言馬所以名形也色
非形也夫言色則形不當與言形則色不宜從今合以
為物非也如求白馬於廐中無有而有驪色之馬然不
可以應有白馬也不可以應有白馬竟非白馬欲推是
辯以正名實而化天下焉

跡府第一

素聞先生高誼願為弟子久但龍以先生之言
不取先生以白馬為非馬耳請去此術則穿請為弟子

####

欽定四庫全書

公孫龍子

悖龍之所以為名者乃以白馬之論爾今使龍去之則
無以教焉且欲師之者以智與學不如也今使龍去之
此先教而後師之也先教而後師之者悖且白馬非馬
乃仲尼之所取仲尼曰異楚人於所謂人者楚王失
弓楚人得之又何求乎仲尼聞之曰楚王仁義而未遂
也亦曰人亡弓人得之而已何必楚若此仲尼異楚人
於所謂人夫是仲尼異楚人於所謂人也非龍異白馬
於所謂馬悖先生之所謂異楚人於所謂人者楚王
仁義而未遂也人亡弓人得之又何必楚此仲尼異
楚人於所謂人而非龍異白馬於所謂馬悖先生之學
術而非仲尼之所取也欲學而使龍去所教則雖百龍
固不能當前矣孔穿無以應焉公孫龍趙平原君
之客也孔穿之裔也穿與龍會趙平原君家穿謂龍曰臣居魯
側聞下風高先生之智說先生之行願受業之日久矣

公孫龍子

跡府第一
府，聚也。述作論事之跡，聚之於篇中，因以名篇。

公孫龍，六國時辯士也。疾名實之散亂，因資材之所長，爲守白之論。假物物各有材，聖人之所實用者也。夫衆材殊辯，各恃所長，更相是非，以邪削正，故賞罰不由天子，威福出自權臣。公孫龍傷明王之不興，疾名器之乖實，乃假指物以混是非，寄白馬而齊物我，冀時君之有悟，而正名實焉。取譬，以守白辯，謂白馬爲非馬也。白馬爲非馬者，言白所以名色，言馬所以名形也。色非形，形非色也。夫言色，則形不當與；言形，則色不宜從；今合以爲物，非也。如求白馬於廄中，無有，而有驪色之馬，然不可以應有白馬也。不可以應有白馬，則所求之馬亡矣，亡則白馬竟非馬。欲推是辯，以正名實，而化天下焉。

龍與孔穿，會趙平原君家。穿曰：素聞先生高誼，願爲弟子久，但不取先生以白馬爲非馬耳；請去此術，則穿請爲弟子。龍曰：先生之言悖。龍之所以爲名者，乃以白馬之論爾，今使龍去之，則無以教焉。且欲師之者，以智與學不如也，今使龍去之，此先教而後師之也；先教而後師之者，悖。且馬體不殊，黃白乃異，是非混一。故以斯辯，彼此相推，而正名實。

차례

☙ 책머리에
☙ 일러두기
☙ 해제

公孫龍子

1. 적부 跡府

001(1-1) 공손룡의 사적 ·· 290
002(1-2) 백마는 말이 아니다 ··· 291
003(1-3) 공손룡과 공천 ·· 293
004(1-4) 스승으로 모신다면서 ······································ 296
005(1-5) 윤문의 이론 ··· 298
006(1-6) 모욕을 당하고도 대들지 않는 자 ··················· 301
007(1-7) 선비를 좋아한다는 명분만 있습니다 ············· 304

2. 백마론 白馬論

008(2-1) 백마는 말이 아닌 이유 ····································· 308
009(2-2) 백마가 있는데도 말이 없다고 한다면 ············ 310

010(2-3) 말이 색깔을 가졌다는 이유로 말이 아니라면 ················ 312
011(2-4) 색깔은 물체에 고정된 것이 아니다 ······················· 315

3. 지물론指物論

012(3-1) 명칭의 허실 ·· 320
013(3-2) 사람이 억지로 이름을 붙인 것 ······················· 322

4. 통변론通變論

014(4-1) 둘이 모여 하나가 된다 ····································· 326
015(4-2) 변화와 불변 ·· 328
016(4-3) 오른쪽도 왼쪽도 없다 ······································ 330
017(4-4) 정색과 혼합색 ·· 333

5. 견백론堅白論

018(5-1) 딱딱하고 흰색의 돌 ·· 338
019(5-2) 감각기관의 각기 기능 ······································ 340

020(5-3) 물체에서의 본성과 속성 ·· 342
021(5-4) 분리될 수 있는 것은 그 고유의 것이 아니다 ············· 346

6. 명실론名實論

022(6-1) 명분과 실질 ·· 350
023(6-2) 물체의 명칭은 정확해야 한다 ······································ 351
024(6-3) 시간과 공간을 떠난 물체의 명칭 ································ 353

◉ 부록

《공손룡자》서발序跋 자료 ·· 355

1. 적부 跡府
(001-007)

★ 적부란 공손룡의 '행적, 사적을 창고에 갈무리하다'의 뜻이다.

〈彩陶兵馬俑〉 1965 陝西 咸陽 출토

001(1-1)
공손룡의 사적

　공손룡公孫龍은 육국六國 시대의 변사이다. 이름과 실질이 서로 흩어져 혼란을 일으키고 있음을 고통스럽게 여겨 만물의 장점을 근거로 하여 〈백마론白馬論〉과 〈견백론堅白論〉을 견지하여 지켜나갔다.
　물건을 빌려 비유로써 수백守白의 변론을 지켜내었던 것이다.

　公孫龍, 六國時辯士也. 疾名實之散亂, 因資材之所長, 爲守白之論.
　假物取譬, 以守白辯.

【六國】 전국시대 戰國七雄 중에 서쪽 秦나라를 제외한 동쪽의 여섯 나라. 즉 燕, 齊, 楚, 韓, 魏, 趙. 函谷關의 동쪽에 있어 흔히 山東六國이라 하며 뒤에 모두 진나라에게 멸망당함.
【辯士】 변론에 뛰어난 인물. 고대 名家學派를 변사라 하였음.
【名實】 명칭과 실질.
【散亂】 사물의 명칭과 실질이 서로 이탈하여 혼란을 일으킴.
【資材】 타고난 본질과 재능이나 지혜 등 天賦.
【守白之論】 공손룡의 〈白馬非馬論〉과 〈離堅白〉의 학설. 守는 '견지하다'의 뜻이며 공손룡이 〈白馬論〉과 〈堅白論〉에서 자신의 이론을 굽히지 아니하고 지켜나감을 말함.
【假物取譬】 다른 물건을 비유로 들어 이론을 증명함.

002(1-2)
백마는 말이 아니다

그는 '백마는 말이 아니다'라고 하였는데 '백마가 말이 아니라는 것'은 백白은 색깔로 명칭을 삼은 것이며, 말馬이라고 말하는 것은 그 형태로써 이름을 삼은 것이기 때문이다.

색깔이란 곧 형태가 될 수 없으며 형태는 역시 색깔이 될 수 없다. 무릇 색을 말하였다면 형태는 이에 관여할 수 없으며, 형태를 말하였다면 색깔은 마땅히 이를 따라서는 안 된다.

지금 이를 합하여 물건을 지칭하는 것은 잘못된 것이다. 이를테면 마구간에서 흰말을 찾았더니 흰말은 없고 순흑색의 말만 있었다고 하자, 그렇다면 의당 백마가 있다고 할 수는 없다. 의당 백마가 있어야 한다고 할 수 없다면 그가 찾는 말은 없는 것이 된다. 말이 없다면 백마는 결국 말이 아니다.

이를 밀고 나가 이름과 실제를 바르게 하여 천하를 교화하여야 한다고 변론을 편 것이다.

謂白馬爲非馬也, 白馬爲非馬者, 言白所以名色, 言馬所以名形也.

色非形, 形非色也. 夫言色則形不當與, 言形則色不宜從.

今合以爲物, 非也. 如求白馬於廄中, 無有, 而有驪色之馬, 然不可以應有白馬也. 不可以應有白馬, 則所求之馬亡矣,亡則白馬竟非馬.
欲推是辯以正名實而化天下焉.

【名色】색깔이라는 것으로 이름을 칭함.
【名形】형태를 기본으로 이름을 칭함.
【與】'참여, 함께 함'의 뜻.
【合以爲物】여기서 物은 白馬를 지칭하며 이는 말의 형체와 색깔이 합하여 하나의 白馬라는 물체를 이루고 있다는 뜻.
【廄】마구간.
【驪色】순 흑색의 말.
【亡】無와 같음. '무'로 읽음.
【正名實】명실이 같지 않은 경우, 이를 정확하게 규정(糾正)함.《論語》子路篇에 "子路曰:「衛君侍子而爲政, 子將奚先?」子曰:「必也正名乎!」子路曰:「有是哉, 子之迂也! 奚其正?」子曰:「野哉, 由也! 君子於其所不知, 蓋闕如也. 名不正, 則言不順; 言不順, 則事不成; 事不成, 則禮樂不興; 禮樂不興, 則刑罰不中; 刑罰不中, 則民無所措手足. 故君子名之必可言也, 言之必可行也. 君子於其言, 無所苟而已矣.」라 함.

〈調良圖〉(元) 趙孟頫 臺北故宮博物館

003(1-3)
공손룡과 공천

공손룡이 공천孔穿과 함께 조趙나라 평원군平原君의 집에서 만나게 되었다. 공천이 물었다.

"평소 선생님의 높은 변론을 들어왔습니다. 그리하여 선생님의 제자가 되기를 원한 지 오래되었습니다. 그러나 다만 선생님께서 백마는 말이 아니라는 것만은 인정할 수 없습니다. 청컨대 그 주장을 포기해주신다면 제가 선생님의 제자가 되겠습니다."

이에 공손룡은 이렇게 말하였다.

"선생의 말씀은 거꾸로 되었습니다. 내가 명가名家라는 학자가 된 것은 백마에 대한 논리 때문일 뿐인데 지금 나로 하여금 이것을 버리라 하신다면 더 가르쳐줄 것이 없습니다. 게다가 스승으로 모시겠다고 한다면 이는 지혜가 그 학문만 못하기 때문에 배우려는 것입니다. 그런데 지금 나로 하여금 이것을 버리라고 한다면 이는 먼저 나를 가르치고 나서 나중에 스승으로 모시는 것이 됩니다. 먼저 가르쳐 놓고 나중에 자신이 그를 스승으로 모신다는 것은 거꾸로 된 것입니다. 그리고 백마는 말이 아니다라는 것은 중니仲尼가 취한 바입니다. 내가 듣기로 초왕楚王이 번약繁弱이라는 활을 잡아당겨 망귀忘歸라는 화살을 매겨 운몽雲夢의 사냥터에서 교룡蛟龍과 물소兕를 쏘면서 즐기다가 그만 그 좋은 활을 잃어버리고 말았습니다. 좌우 신하가 이를 찾기를 청하자 왕은 이렇게 말했답니다. '그만두어라. 초나라 사람이 활을 잃어버렸고 이를 초나라 사람이 주우면 되지 어찌 꼭 찾아야겠는가?' 중니가 이를 듣고 이렇게 말했답니다. '초왕은 인의仁義롭다 하나 아직 이를 성취하게 못하였도다. 사람이 활을 잃었는데 사람이 주우면 될 일이라고 말해야 되지 꼭 초나라 사람이어야 한다는 것인가?' 이와 같다면 중니는 '초나라 사람'을 누구나 말하는 '사람'과 다르게 여긴 것입니다. 무릇 중니가 초나라 사람을 보통 말하는 사람과 다르다고 여긴 것을 옳다고 하면서 내가 말하는 백마와 소위 말하는 말이 그르다고 한다면 이는 거꾸로 된 것입니다. 선생은 유가儒家의 학술을 배우면서 중니가 취한 것을 그르다 여기고 도리어 나에게 그러한 가르침을 없애라는 것으로 배우고자 한다면 비록 백 명의 나 같은 공손룡이 있다 해도 진실로 그대 앞에 나설 수 있는 자가 없게 됩니다."

공천이 아무런 응답을 하지 못하였다.

龍與孔穿會趙平原君家.

穿曰:「素聞先生高誼, 願爲弟子久, 但不取先生以白馬爲非馬耳. 請去此術, 則穿請爲弟子」

龍曰:「先生之言悖. 龍之所以爲名者, 乃以白馬之論爾. 今使龍去之, 則無以敎焉. 且欲師之者, 以智與學不如也. 今使龍去之, 此先敎而後師之也. 先敎而後師之者, 悖. 且白馬非馬, 乃仲尼之所取. 龍聞楚王張繁弱之弓, 載忘歸之矢, 以射蛟, 兕於雲夢之圃, 而喪其弓, 左右請求之. 王曰: '止. 楚人遺弓, 楚人得之, 又何求乎?' 仲尼聞之曰: '楚王仁義而未遂. 亦曰人亡弓, 人得之而已, 何必楚?' 若此, 仲尼異楚人於所謂人. 夫是仲尼異楚人於所謂人, 而非龍異白馬於所謂馬, 悖. 先生修儒術而非仲尼之所取, 欲學而使龍去所敎, 則雖百龍, 固不能當前矣」

孔穿無以應焉.

【孔穿】전국시대 魯나라 사람으로 자는 子高(대략 B.C.315~B.C.262년). 孔子의 6대손.

【趙】전국시대 중원에 위치하여 지금의 山西省, 河北省 일대를 영토로 한 나라로 도읍은 邯鄲(지금의 河北省 邯鄲市). 춘추시대 晉나라가 셋으로 나뉜 것이며 戰國七雄의 하나. 흔히 魏나라와 韓나라를 묶어 '三晉'이라고도 함.

【平原君】趙나라 武靈王의 아들로 이름은 趙勝. 처음 平原(지금의 山東省 平原縣) 땅에 봉해져 平原君이라 불림. 조나라 재상을 지냈으며 戰國 四公子(齊나라 孟嘗君, 魏나라 信陵君, 楚나라 春申君)의 하나이며 많은 식객을 거느렸음. 공손룡은 바로 그의 식객이면서 문하생이었음. 《史記》 平原君列傳 참조.

【高誼】고상한 품덕이나 변론.

【悖】어그러짐. 혼란이 일어남. 거꾸로 됨. 논리가 顚倒됨.

【爲名者】名家 학설의 인물이 됨.

【仲尼】孔子. 자가 仲尼였으며 이름을 丘. 儒家의 聖人.

【楚王】《說苑》 至公篇에 이 내용이 들어 있으며 구체적으로 楚 共王이라 하였다. 《설원》 지공편에 "楚共王出獵而遺其弓, 左右請求之, 共王曰:「止, 楚人遺弓, 楚人得之, 又何求焉?」仲尼聞之, 曰:「惜乎其不大, 亦曰:『人遺弓, 人得之而已.』何必楚也!」仲尼所謂大公也"라 하였고, 《呂氏春秋》 貴公篇에는 "荊人有遺弓者, 而不肯索, 曰:「荊人遺之, 荊人得之, 又何索焉」孔子聞之曰:「去其荊而可矣.」老聃聞之曰:「去其人而可矣.」故老聃則至公矣"라 하였으며, 《孔子家語》 好生篇에는 "楚王出遊, 亡弓, 左右請求之. 王曰:「止, 楚王失弓, 楚人得之, 又何求之」孔子聞之曰:「惜乎其不大也, 不曰人遺之, 人得之而已, 何必楚也.」"라 하여 공자와 노자, 두 사람의 이야기로 섞여 있다.

【張繁弱】繁弱은 고대 훌륭한 활 이름. 張은 '잡아당기다'의 뜻.

【忘歸】고대 훌륭한 화살 이름.

【蛟】蛟龍. 전설 속의 물에 사는 동물로 바람과 파도를 일으킨다 함.

【兕】수컷 물소. 혹은 외뿔소의 일종이라 함.

【雲夢】지명이면서 호수 이름. 지금의 湖北省 경내에 있으며 춘추시대 초나라의 沼澤地. 長江 양안에 걸쳐 있으며 강북을 雲澤, 강의 남쪽을 夢澤이라 불렀음.

【圃】囿자의 오기로 봄. 園囿. 園林. 고대 임금의 사냥을 위해 짐승을 기르던 곳. 여기서는 운몽택을 가리킴.

【百龍】백 명의 공손룡. '지혜가 남의 백 배나 되는 우리 공손룡'이라는 뜻.

1. 적부跡府 295

004(1-4)
스승으로 모신다면서

공손룡은 평원군의 식객이었으며 공천은 공자의 후손이었다.
공천과 공손룡이 만나자 공천이 공손룡에게 말하였다.
"저는 노魯나라에 살면서 어깨 너머로 배운 것뿐이며 그대에 비해 풍류가 낮습니다. 선생님의 지혜를 높이 여기고 있으며 선생님의 행동을 즐거워하여 학업을 전수받았으면 하고 원해 온 지 오래입니다. 이에 지금에야 선생님을 뵙게 되었습니다. 그러나 선생님에게 동의할 수 없는 것이 있으니 오직 선생님의 백마는 말이 아니라는 논리를 받아들일 수가 없습니다. 청컨대 백마는 말이 아니라는 학설을 없애주시면 제가 제가가 되겠습니다."
공손룡이 말하였다.
"선생의 말은 거꾸로 되었군요. 나의 학술 주장은 백마는 말이 아니라는 것입니다. 그런데 나로 하여금 이를 포기하라 하신다면 제가 가르칠 것이 없게 됩니다. 가르침을 받을 것이 없는데도 그래도 나에게 배운다면 이는 거꾸로 된 것입니다. 게다가 무릇 나에게 배우고자 하는 것은 그대의 지혜와 학문이 나만 못하기 때문일 것입니다. 지금 나에게 백마는 말이 아니라는 논리를 제거하라고 가르치신다면 이는 먼저 가르치고 나중에 스승으로 모시는 것입니다. 먼저 가르치고 나중에 스승으로 모신다는 것은 있을 수 없는 일입니다."

孔孫龍, 趙平原君之客也. 孔穿, 孔子之葉也.
穿與龍會, 穿謂龍曰:「臣居魯, 側聞下風. 高先生之智,說先生之行, 願受業之日久矣, 乃今得見. 然所不取先生者, 獨不取先生之以白馬爲非馬耳. 請去白馬非馬之學, 穿請爲弟子」

孔孫龍曰:「先生之言悖. 龍之學, 以白馬爲非馬者也. 使龍去之, 則龍無以敎; 無以敎而乃學於龍也者, 悖. 且夫欲學於龍者, 以智與學焉爲不逮也. 今敎龍去白馬非馬, 是先敎而後師之也. 先敎而後師之, 不可」

【葉】枝葉. 여기서는 자손이며 후대, 後裔라는 뜻.
【側聞】곁에서 들음. 자신의 의견을 겸손히 낮추어 말한 것. 어깨 너머로 배웠다는 뜻.
【下風】자신이 낮은 풍모나 풍류, 풍화를 가지고 있다는 뜻. 겸양어.
【說】'悅'과 같음.

〈古木散馬圖〉(元) 趙孟頫 臺北故宮博物館 소장

005(1-5)
윤문의 이론

"선생께서 나에게 가르치시는 것은 마치 제왕齊王이 윤문尹文에게 말한 바와 흡사하군요. 제왕이 윤문에게 이렇게 말했지요. '과인은 선비를 좋아합니다. 그런데 우리 제나라에는 선비가 없으니 어쩌면 좋겠습니까?' 그러자 윤문이 이렇게 말했답니다. '원컨대 대왕께서 말하는 선비라는 것이 어떤 것인지 듣고 싶습니다.' 왕이 아무런 응답을 하지 못하자 윤문이 이렇게 말했답니다.

'지금 여기에 사람이 하나 있다고 칩시다. 임금을 섬김에는 충성을 다하고, 어버이를 섬김에는 효도를 다하며 친구를 사귐에는 믿음을 다하며, 고을에 처하여서는 순종한다고 합시다. 이러한 네 가지 행실을 갖추었다면 선비라고 이를 수 있겠습니까?' 제왕이 대답하였습니다. '훌륭하지요! 이러한 자가 진실로 내가 말하는 선비입니다.' 윤문이 물었습니다. '왕께서 이러한 사람을 얻었다면 신하로 삼겠습니까?' 왕이 말하였습니다. '원할 뿐 얻지를 못하는 것이지요.' 당시 제왕은 용맹을 뽐내는 자를 좋아하고 있던 터라 윤문은 이에 이렇게 말하였습니다. '이러한 사람으로 하여금 넓은 궁정의 대중 가운데에서 모욕을 당하였는데도 끝까지 감히 싸우려 들지 않는다면 그러한 자를 왕께서는 신하로 삼으시겠습니까?' 그러자 왕은 이렇게 말하였습니다. '그런 자가 어찌 선비이겠습니까? 모욕을 당하고도 대들지 않는 것은 치욕이며 치욕을 가지고 있다면 과인은 그런 자를 신하로 삼을 수 없습니다.' 윤문은 이렇게 말하였습니다.

'오직 모욕을 당하고도 싸우려 들지 않을 뿐, 앞서 말한 네 가지 행동은 놓치지 않습니다. 이 사람이 그 네 가지 행동을 놓치지 않는 것은 그가 선비이기 때문에 그렇게 하였던 것입니다. 왕께서는 그러한 자를 즉시 신하로 삼겠다고 하셨으면서 다시 즉시 신하로 삼을 수 없다고 하시니 그렇다면 방금 말씀하신 선비란 선비가 아니라는 것입니까?'

그러자 제왕은 아무런 대답을 하지 못하였습니다."

「先生之所以教龍者, 似齊王之謂尹文也. 齊王之謂尹文曰: 『寡人甚好士, 以齊國無士, 何也?』尹文曰: 『願聞大王之所謂士者』齊王無以應. 尹文: 『今有人於此, 事君則忠, 事親則孝, 交友則信, 處鄉則順, 有此四行, 可謂士乎?』齊王: 『善! 此眞吾所謂士也』尹文曰: 『王得此人, 肯以爲臣乎?』王曰: 『所願而不可得也』是時齊王好勇, 於是尹文曰: 『使此人廣庭大衆之中, 見侵侮而終不敢鬥, 王將以爲臣乎?』王曰: 『鉅士也? 見侮而不鬥, 辱也. 辱則寡人不以爲臣矣』尹文曰: 『唯見侮而不鬥, 未失其四行也, 是人未失其四行, 其所以爲士也然. 而王一以爲臣, 一不以爲臣, 則向之所謂士者, 乃非士乎?』齊王無以應」

【齊王】《呂氏春秋》先識覽에 "尹文見齊王. 齊王謂尹文曰: 「寡人甚好士」 尹文曰: 「願聞何謂士?」 王未有以應. 尹文曰: 「今有人於此, 事親則孝, 事君則忠, 交友則信, 居鄉則悌, 有此四行者, 可謂士乎?」 齊王曰: 「此眞所謂士已」 尹文曰: 「王得若人, 肯以爲臣乎?」 王曰: 「所願而不能得也」 尹文曰: 「使若人於廟朝中, 深見侮而不鬥, 王將以爲臣乎?」 王曰: 「否. 大夫見侮而不鬥, 則是辱也. 辱則寡人弗以爲臣矣」 尹文曰: 「雖見侮而不鬥, 未失其四行也. 未失其四行者, 是未失其所以爲士一矣. 未失其所以爲士, 一而王以爲臣, 失其所以爲士, 一而王不以爲臣, 則嚮之所謂士者乃士乎?」 王無以應. 尹文曰: 「今有人於此, 將治

其國, 民有非則非之, 民無非則非之, 民有罪則罰之, 民無罪則罰之, 而惡民之難治可乎?」王曰:「不可.」尹文曰:「竊觀下吏之治齊也, 方若此也.」王曰:「使寡人治信若是, 則民雖不治, 寡人弗怨也. 意者未至然乎?」尹文曰:「言之不敢無說. 請言其說. 王之令曰: 殺人者死, 傷人者刑. 民有畏王之令, 深見侮而不敢鬪者, 是全王之令也, 而王曰見侮而不敢鬪, 是辱也. 夫謂之辱者, 非此之謂也, 以爲臣不以爲臣者罪之也, 此無罪而王罰之也.」齊王無以應. 論皆若此, 故國殘身危, 走而之穀, 如衛・齊湣王, 周室之孟侯也. 太公之所老也. 桓公嘗以此霸矣, 管仲之辯名實審也"라 하여 본 내용이 실려있으며 구체적으로 齊湣王으로 기록되어 있음.

【尹文】 전국시대 名家의 대표적인 인물이며 처사. 《尹文子》가 전함.
【寡人】 '寡德之人'의 준말로 임금이 자신을 낮추어 칭하는 말.
【鄕】 고대 행정 단위의 하나. 마을을 뜻함. 《論語》 雍也篇 注에 "五家를 鄰, 二十五家를 里, 萬二千五百家를 鄕, 五百家를 黨이라 한다"(五家爲鄰, 二十五家爲里, 萬二千五百家爲鄕, 五百家爲黨)라 하였음.
【四行】 본문에서 말한 忠, 孝, 信, 順의 네 가지 품덕과 행위.
【鉅】 '詎'와 같으며 반어 혹 의문부사로 쓰임. 豈, 安, 烏, 何, 焉 등과 같음.

畵像磚 〈挽馬圖〉 四川 樂山 출토

006(1-6)
모욕을 당하고도 대들지 않는 자

"윤문이 말하였지요. '지금 여기에 임금이 계시다고 칩시다. 자신의 나라를 다스리면서 사람이 과실을 저지르면 이를 징벌하는 것은 당연하나 과실이 없어도 징벌하며, 공이 있으면 당연히 상을 내리지만 공이 없어도 상을 내리면서 사람들이 자신의 뜻대로 다스려지지 않음을 원망합니다. 어떻게 생각하십니까?' 그러자 제왕은 이렇게 말하였지요. '안될 일이지요.' 윤문은 이렇게 말하였습니다. '제가 이 나라 하급관리가 이 제나라를 다스리는 것을 몰래 관찰하였더니 그 방법이 이와 같았습니다.' 왕이 말하였습니다. '과인이 나라를 다스리면서 진실로 선생의 말과 같아 사람들이 다스려지지 않는다 해도 과인은 감히 그들을 원망하기까지는 않을 것입니다. 생각건대 아직 그대가 말한 지경에 이른 것은 아니겠지요?' 윤문이 말하였습니다. '제가 한 말에 대하여 감히 설명드리지 않을 수 있겠습니까? 왕께서 「남을 죽인 자는 죽이고 남을 상하게 한 자는 형벌에 처하라」고 명령을 내리셨습니다. 그래서 사람들 중에 왕의 명령을 두려워하는 자는 모욕을 당해도 끝내 감히 싸우려 들지 않는 것이니 이는 모두가 왕의 명령을 따른 것입니다. 또 왕께서 「모욕을 당하고도 싸우려 들지 않는 것은 치욕이다」라 하셨습니다. 이를 치욕이라 말한 것은 그르다고 여긴 것입니다. 그르지 않은 것을 왕께서는 그르다 여기시고 그를 근거로 명부에서 그 이름을 제외하며 신하로 삼을 수 없다고 하신 것입니다. 신하로 삼을 수 없다고 하신 것은 그에게 벌을 내린 것이 됩니다. 이는 죄가 없는데도 왕께서 벌을 내리신 것입니다. 게다가 왕께서 감히 맞서 싸우지 않는 것을 치욕으로 여겼으니 틀림없이 감히 나서서 싸우는 것을 영광으로 여기는 자가 있을 것이며, 감히 싸우는 것을 영광으로 여기는 자는 왕께서 옳다고 여기는 것입니다. 옳지 않은 것을 왕께서는 옳다고 여기시며 반드시 신하로 삼겠다고 하셨습니다. 틀림없이 신하로 삼겠다고 한 자는 이에게 상을 내리는 것이 됩니다. 그렇게 하여 저 자는 공이 없는데도 왕께서 상을 내리신 것입니다. 왕께서 상을 내리는 바는 관리가 죽인 자들이며 왕께서 옳다고 여긴 자들은 법으로 보아 그른 짓을 한 자입니다. 상벌과 시비의 네 가지가 서로 얽혀 오류를 범하고 있으니 비록 열 명의 황제黃帝 같은 이가 있다 해도 능히 다스릴 수가 없습니다.' 그러자 제왕은 아무런 응답을 하지 못하였습니다."

「尹文曰:『今有人君, 將理其國, 人有非則非之, 無非則亦非之; 有功則賞之, 無功則亦賞之, 而怨人之不理也, 可乎?』齊王曰:『不可.』尹文曰:『臣竊觀下吏之理齊, 其方若此矣.』王曰:『寡人理國, 信若先生之言, 人雖不理, 寡人不敢怨也. 意未至然與?』尹文曰:『言之敢無說乎? 王之令曰: '殺人者死, 傷人者刑.' 人有畏王之令者, 見侮而終不敢鬪, 是全王之令也. 而王曰:「見侮而不鬪者, 辱也」謂之辱, 非之也. 無非而王非之, 故因除其籍, 不以爲臣也. 不以爲臣者, 罰之也. 此無罪而王罰之也. 且王辱不敢鬪者, 必榮敢鬪者也; 榮敢鬪者, 是之也. 無是而王是之, 必以爲臣矣. 必以爲臣者, 賞之也. 彼無功而王賞之. 王之所賞, 吏之所誅也; 上之所是, 而法之所非也. 賞罰是非, 相與四謬, 雖十黃帝不能理也.』齊王無以應焉.」

【四謬】 是非賞罰의 네 가지 오류.

【黃帝】 중국 고대 전설상의 제왕. 五帝의 하나로 軒轅氏. 성은 公孫, 혹은 姬이며 有熊氏로도 부름. 土德으로 왕이 되어 황제라 부르며 중국 민족의 시조로 추앙을 받음. 한편 본 장은 공손룡이 공천에게 과거 윤문의 변론을 들어 설명한 것이다. 따라서 전체를 대화체로 해석하였다.

007(1-7)
선비를 좋아한다는 명분만 있습니다

"그러므로 나는 그대가 한 말이 마치 제왕의 말과 비슷하다고 여기는 것입니다. 그대는 백마는 말이 아니라는 것을 비난만 할 줄 알았지 그 비난의 이유를 알지 못하고 있습니다. 이는 마치 선비를 좋아한다는 명분만 알았지 선비를 살필 줄 모르는 유와 같습니다."

「故龍以子之言, 有似齊王. 子知難白馬之非馬, 不知所以難之說, 此猶知好士之名, 而不知察士之類」

【難】 비난함. 否定함.
【類】 그러한 종류. 같음.

〈牧馬圖〉 韓幹(唐) 臺北故宮博物館 소장

2. 백마론 白馬論
(008-011)

〈陶馬俑〉(北朝) 明器 1948 河北 景縣 封氏墓 出土

008(2-1)
백마는 말이 아닌 이유

객이 물었다.
"백마는 말이 아니라는 것이 옳습니까?"
주인이 대답하였다.
"옳습니다."
"어찌 그렇습니까?"
"말馬이란 형태로써 명명한 것입니다. 희다白라는 것은 색깔을 두고 명명한 것입니다. 색깔로써 명명한 것은 형태로써 명명한 것이 아닙니다. 그 때문에 백마는 말이 아닙니다."

客:「白馬非馬, 可乎?」
主曰:「可」
客曰:「何哉?」
主曰:「馬者所以命形也, 白者所以命色也, 命色者非命形也, 故曰白馬非馬」

【客·主】문답 형식을 해결하기 위하여 가설한 두 대화자. 《公孫龍子》의 〈白馬論〉, 〈指物論〉, 〈通變論〉, 〈堅白論〉에 두루 이와 같은 방법을 사용하고

있으며 객은 주로 어떤 문제에 대하여 질문을 던지거나 논변을 끌어내기 위하여 문제를 제기하는 자이며 주는 이에 대하여 대답하고 논증하는 자의 입장임.
【命形】형체를 기준으로 하여 부르는 칭호. 형태를 기준으로 명명한 것. 다음의 '命色'도 마찬가지임.

009(2-2)
백마가 있는데도 말이 없다고 한다면

객이 말하였다.

"백마가 있는데도 이를 말이 없다라고 말할 수는 없습니다. 말이 없다라고 말할 수 없는데 어찌 말이 아니라고 할 수 있습니까? 백마가 있으면 말이 있는 것이니 희다는 이유 때문에 어찌 말이 아니라고 할 수 있습니까?"

주인이 대답하였다.

"말을 찾고 있다면 누런 말이건 검은 말이건 아무 말이나 데리고 와도 됩니다. 그러나 흰말을 찾고 있는데 누런 말이나 검은 말이라면 이는 데려올 수 없습니다. 만약 백마가 곧 말이라면 찾고 있는 말과 백마가 똑같아야 합니다. 찾고 있는 말과 대상이 동일하다면 백 것은 곧 말과 전혀 구분이 되지 않습니다. 찾고 있는 말이 구분이 되지 않으나 누런 말이나 검은 말은 말을 찾는다고 할 때라면 가히 가져다 줄 수 있지만 백마를 찾는다고 할 때라면 가져다 줄 수 없습니다. 이를 어떻게 해석하겠습니까? 가져다 줄 수 있는 경우와 가져다 줄 수 없는 경우가 서로 배척됨이 명확합니다. 그러므로 누런 말이나 검은 말은 말이라는 것에는 하나로 똑같아 응당 말이 있다고는 할 수 있지만 응당 백마가 있다고는 할 수 없습니다. 이 까닭으로 백마는 말이 아님은 분명한 것입니다."

客曰:「有白馬不可謂無馬也. 不可謂無馬者, 非馬也? 有白馬爲有馬, 白之非馬何也?」

主曰:「求馬, 黃·黑馬皆可致; 求白馬, 黃·黑馬不可致.
使白馬乃馬也, 是所求一也. 所求一者, 白者不異馬也.
所求不異, 如黃, 黑馬有可有不可, 何也? 可與不可, 其相
非明, 故黃, 黑馬一也, 而可以應有馬, 而不可以應有白馬,
是白馬之非馬審矣」

【白之】 그것을 백마라고 부름.
【使】 假使. 假令의 뜻.
【有可有不可】 可함도 있고 不可함도 있음. '말을 구하면서 황마나 백마를 구하는 것은 맞으나 백마를 구하면서 황마나 흑마를 구한다면 이는 그릇되다'는 뜻.
【相非】 서로 배척되고 어긋남.
【審】 審明함. 분명함.

010(2-3)
말이 색깔을 가졌다는 이유로 말이 아니라면

객이 말하였다.
"말이 색깔을 가졌다는 이유로 말이 아니라고 한다면 천하에 색깔을 가지지 않은 말은 없습니다. 그렇다면 천하에 말이 없다라고 할 수 있습니까?"
주인이 말하였다.
"말은 진실로 색깔이 있습니다. 그 때문에 백마가 있는 것입니다. 말로 하여금 색깔이 없도록 한다면 단지 말이 있을 뿐이니 어찌 백마를 취한다고 하겠습니까? 그러나 흰색은 말이 아닙니다. 소위 백마라고 하는 것은 말의 형체에 흰색이라는 것이 더해져 있는 것입니다. 말의 형체에 흰색이 더해진 것을 두고 능히 말이라고 칭할 수 있습니까? 이 까닭으로 백마는 말이 아니라고 말할 수 있는 것입니다."
객이 말하였다.
"그대는 말이 흰색과 결합되지 않아야 말이며 흰색은 말과 결합되지 않아야 흰색이라고 여기고 있습니다. 말과 흰색이 결합되면 곧 백마로서 이는 두 가지가 복합된 칭위라는 것이지요. 그대는 이처럼 서로 결합된 물건은 결합된 칭위를 쓸 수 없다고 하는데 이는 합당하지 않습니다. 그로써 백마는 말이 아니라는 것은 옳지 않습니다."
주인이 말하였다.
"그대가 백마도 말이다라는 말이 성립된다고 여긴다면 '백마는 황마黃馬다'라고 한다면 성립됩니까?"

객이 대답하였다.

"불가능하지요."

주인이 말하였다.

"그대는 말이 있는데 이는 황마가 있다라는 것과는 다르다는 것을 인정하였습니다. 이는 황마는 말과 다르다는 것입니다. 황마는 말과 다르다는 것은 황마라는 이유 때문에 말이 아니라는 것입니다. 그리고 황마는 말이 아니라면서 백마는 말이라고 한다면 이는 공중에 날아다니는 물건이 물 속에서 활동한다는 것과 같고 관棺과 곽槨은 각기 다른 곳에 두어야 한다는 것과 같아 천하의 논리에 어긋나는 말이며 조리가 없는 혼란한 말입니다."

客曰:「以馬之有色爲非馬, 天下非有無色之馬也, 天下無馬, 可乎?」

主曰:「馬固有色, 故有白馬. 使馬無色, 有馬如已耳, 安取白馬? 故白者非馬也, 白馬者, 馬與白也. 馬與白, 馬也? 故曰白馬非馬也」

客曰:「馬未與白爲馬, 白未與馬爲白, 合馬與白, 復名白馬, 是相與以不相與爲名, 未可. 故曰: 白馬非馬, 未可」

主曰:「以有白馬爲有馬, 謂有白馬爲有黃馬, 可乎?」

客曰:「未可」

主曰:「以有馬爲異有黃馬, 是異黃馬於馬也. 異黃馬於馬, 是以黃馬爲非馬. 以黃馬爲非馬, 而以白馬爲有馬, 此飛者入池而棺槨異處, 此天下之悖言亂辭也」

【復名】두 개의 개념을 複合(복합)하여 함께 칭하는 이름.
【棺槨】內棺外槨으로 장례를 치를 때 함께 안팎 한 짝으로 사용하는 물건인데 이를 서로 다른 곳에 사용한다고 여긴 것. 논리에 맞지 않음을 증명하기 위하여 내세운 예임.
【悖言亂辭】논리에 어긋난 말과 혼란을 일으키는 말.

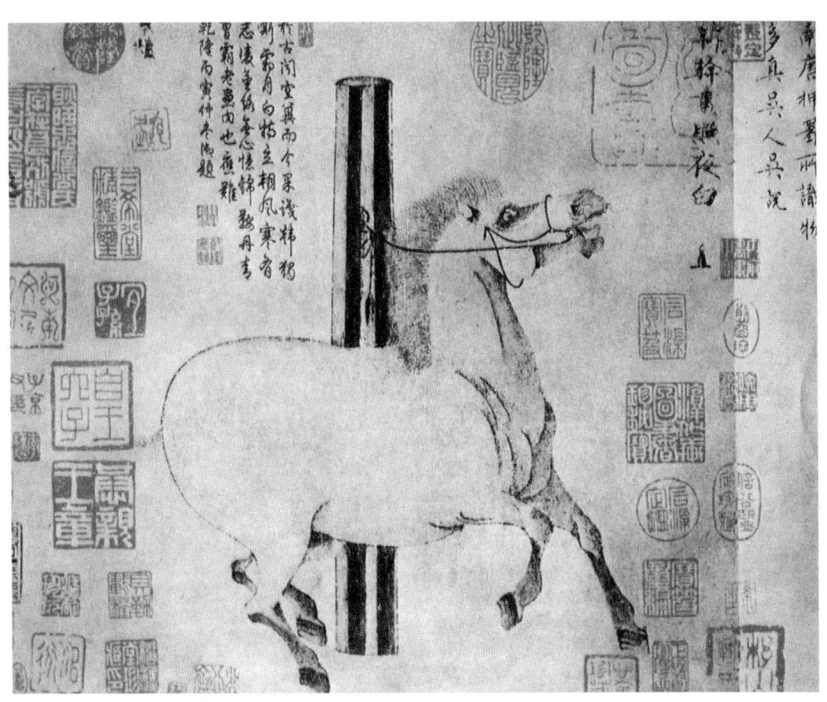

〈照夜白圖〉韓幹(唐) 미국 뉴욕메트로미술관 소장

011(2-4)
색깔은 물체에 고정된 것이 아니다

주인이 말하였다.
"그대가 말한 바 여기에 백마가 있는데 이를 말이 없다라고 말할 수 없다라고 한다면 이는 흰색을 제거하고 말해야 하는 것입니다. 만약 흰색을 제거하지 않으면 백마를 말이라고 말할 수는 없습니다. 왜냐하면 그대가 장차 백마가 있는데 말이 있다라고 말하고자 한다면 이는 겨우 백마 중의 말에 관한 개념만을 뽑아내어 일부만을 일컬은 것이지 결코 백마 전체를 두고 말이라고 한 것은 될 수 없습니다. 따라서 말이 있다라고 하면 되지만 '마마馬馬'라고 말할 수는 없는 것입니다."

주인이 말하였다.
"흰색이란 어떤 한 물체에 흰색이 고정된 것이 아니며 그것은 잊고 있어도 가능합니다. 백마라고 말할 때 흰색을 그 말이라고 하는 형체에 고정시켜진 것입니다. 어떤 형체에 있는 흰색은 통상적으로 말하는 고정된 흰색 자체는 아닙니다. 말이라고 말할 때는 색깔을 취사하여 덧붙일 수가 없습니다. 따라서 황마나 흑마는 모두 선택할 수 있는 것이며 백마라고 했을 때는 색깔에 대하여 명확하게 취사를 선택한 것으로 황마나 흑마의 그 색깔이 부합하지 않기 때문에 배척을 받는 것입니다. 그러므로 단지 백마만이 이에 선택될 수 있습니다. 색깔을 선택하지 아니한 말이란 색깔을 선택하여 백마라고 한 것과는 다른 것입니다. 그 때문에 백마는 말이 아닌 것입니다."

主曰:「有白馬不可謂無馬者, 離白之謂也. 不離者, 有白馬不可謂有馬也. 故所以爲有馬者, 獨以馬爲有馬耳, 非有白馬爲有馬. 故其爲有馬也, 不可謂馬馬也」

主曰:「白者不定所白, 忘之而可也. 白馬者, 言白定所白也, 定所白者非白也. 馬者, 無去取於色, 故黃·黑馬皆所以應; 白馬者, 有去取於色, 黃·黑馬皆所以色去, 故唯白馬獨可以應耳. 無去者非有去也, 故曰: 白馬非馬」

【離白】백색과 관련이 없음. 백색임을 포기함.
【馬馬】백마를 '말'이라 할 수 있는 것은 백마 두 글자 중 '馬'자 때문이며 백마 전체를 말이라고는 할 수 없음. 즉 앞의 '馬'자는 '白'자를 대신한 것으로 '白馬=馬馬'라는 논리는 성립되지 아니함을 뜻함.
【無去者非有去也】두 개의 '去'자 뒤에 마땅히 '取'자가 있어야 함. 즉 "無去取者非有去取者也"가 되어야 함.

3. 지물론 指物論
(012-013)

〈嵌貝鹿形銅鎭〉(서한) 1957 河南 陝縣 출토

012(3-1)
명칭의 허실

주인이 말하였다.

"물체는 지칭하지 못할 것이 없으나 그 칭위는 그 본래 물체 자신이 가지고 있는 칭위는 아닙니다."

객이 말하였다.

"당연하지요. 천하에 칭하는 이름이 없다면 물건을 무어라 부를 수 없으니까요. 그러나 이름이 없는 물체가 천하에 두루 퍼져 있는데 모든 물체는 칭위가 없는 것이 없다는 것입니까? 칭위라고 하는 것은 천하에 그 실체가 없는 것이며 물체라고 하는 것은 천하에 구체적인 형태가 있는 것입니다. 천하에 구체적으로 있는 것을 가지고 천하에 없는 추상적인 칭위를 붙인다는 것은 합당하지 않습니다."

주인이 말하였다.

"천하에 칭위가 없으니 물체는 지칭하여 부를 수 없다라 하였으나 그 지칭하여 부를 수 없다는 것 자체가 이미 칭위가 아닙니까? 이미 지칭함이 없는 것 자체가 이미 칭위라고 한다면 만물은 칭위가 없는 것이 없는 것입니다. 다시 말해 칭위란 천하에 보이지도 않고 만질 수도 없으며 형체도 없는 것이지만 만물에 칭위가 없을 수 없는 것이니 이는 만물이란 칭위가 없는 것이 없기 때문입니다. 이처럼 이미 칭위가 없는 물체가 있을 수 없다고 여긴다면 이로써 만물은 칭위가 없는 것이 없다는 것을 알 수 있습니다. 그러므로 만물은 칭위가 없는 것이 없으나 그 칭위라는 것 자체는 칭위가 없는 것입니다."

主曰:「物莫非指, 而指非指」

客曰:「天下無指, 物無可以謂物. 非指者天下, 而物可謂指乎? 指也者, 天下之所無也. 物也者, 天下之所有也. 以天下之所有, 爲天下之所無, 未可」

主曰:「天下無指而物不可謂指也. 不可謂指者, 非指也? 非指者, 物莫非指也. 天下無指而物不可謂非指者, 非有非指也. 非有非指者, 物莫非指夜. 物莫非指者, 吏指非指也」

【物】객관적으로 존재하는 일체의 물질. 명실론에 "天地與其所産者, 物也"라 하였음.
【物莫非指】물건이란 가리킬 수 없는 경우가 없음. 구체적으로 존재함을 뜻함. 여기서 지는 指稱, 稱謂, 이름, 설명, 표현 등을 말함.
【非指者天下】천하 어디에나 稱謂가 없는 물건이 있음.

013(3-2)
사람이 억지로 이름을 붙인 것

객이 말하였다.

"내 생각으로는 천하에 칭위란 없습니다. 이는 만물이란 태어나면서 동시에 각자 자신의 칭호를 가지고 태어나기 때문이며 이들은 구태여 사람이 그를 위해 칭위를 지어주기를 필요로 하지 않기 때문입니다. 본래 사람이 지어주지 않은 칭위를 억지로 사람이 그들을 위해 칭위를 만들어주고 있으니 이는 만물은 사람이 자신들을 위해 지어주는 칭호를 필요로 하지 않는다는 논리를 얻어낼 수 있습니다. 이처럼 본래 사람이 지어주지 않은 칭위를 억지로 사람이 지어주지 않은 것이 없다는 것은 합당한 논리가 아닙니다."

주인이 말하였다.

"만약 그대의 논리대로라면 천하에는 칭위가 없습니다. 다만 천하에 비록 보이지도 않고 만질 수도 없는 것이 칭위라고 한다면 이는 결코 만물 자신이 스스로 칭위를 가지고 있다는 논리로 말할 수는 없습니다. 만물이 스스로 칭위를 가지고 있는 것이 아니라고 말할 수 없으니 이는 천하에 칭위가 없는 물체란 없기 때문입니다. 천하에 칭위가 없는 물체가 없는 것은 만물에는 칭위가 없는 물건이 없고 만물의 칭위는 바로 그것 자체가 칭위가 아닐 수 없기 때문입니다. 그대는 칭위란 물건과 동시에 생겨나는 것이라 하였는데 이것은 바로 칭위가 없는 것이니 칭위로서 그를 부를 수 없게 됩니다. 만약 천하에 칭위가 없다면 어찌 사람이 직접 천하에 널려 있는 칭위 없는 물건을 칭할 수 있겠습니까? 또 천하에 물체라는 것이 없다면 어찌 사람이 능히 그 물체의 이름을 부를 수 있겠습니까? 또 천하에 칭위라는 것이 없고 물체의 칭위도 없다면 어찌 사람이 능히 직접 칭위가 없는 것을 말로 하거나 물체도 없고 칭위도 없음을 직접 말하지 않습니까? 하물며 칭위 자체는 자신이 스스로 칭위가 없도록 해 놓고 하필이면 칭위가 없는 물체란 없다고 한 연후에야 비로소 물체와 상대되는 칭위는 자신이 본래부터 없었다는 논증을 끌어내는 것입니까?"

客曰:「天下無指者, 生於物之各有名, 不爲指也. 不爲指而謂之指, 是無不爲指, 以有不爲指位無不爲指, 未可」

主曰:「且指者天下之所無. 天下無指者, 物不可謂無指也; 不可謂無指者, 非有非指也; 非有非指者, 物莫非指, 指非非指也, 指與物非指也. 使天下無物指, 誰徑謂非指? 天下無物, 誰徑謂指? 天下有指無物指, 誰徑謂非指, 徑謂無物非指? 且夫指固自爲非指, 奚待於物而乃與爲非指?」

【生於物之各有名】만물은 생겨나면서 동시에 스스로의 이름이 있음.
【不爲指】稱謂를 따로 만들 필요가 없음.

3. 지물론指物論

4. 통변론 通變論
(014-017)

〈七牛虎耳銅貯貝器〉(서한) 1956 雲南 晉寧縣 滇王墓 출토

014(4-1)
둘이 모여 하나가 된다

객이 물었다.
"두 가지 물체가 화합하여 하나가 될 수 있습니까?"
주인이 대답하였다.
"두 가지는 하나가 될 수 없습니다."
객이 말하였다.
"두 가지는 오른쪽이 있습니까?"
주인이 말하였다.
"그 두 가지 물체에는 오른쪽이 없습니다."
객이 물었다.
"두 가지 물체에 왼쪽이 있습니까?"
주인이 대답하였다.
"두 가지 물체에 왼쪽은 없습니다."
객이 물었다.
"오른쪽이 두 곳이라고 말할 수 있습니까?"
주인이 대답하였다.
"불가합니다."
객이 물었다.
"왼쪽이 두 곳이라고 말할 수 있습니까?"
주인이 대답하였다.
"불가합니다."
객이 물었다.

"오른쪽과 왼쪽은 두 곳이라 말할 수 있습니까?"
주인이 대답하였다.
"가능합니다."

客曰:「二有一乎?」

主曰:「二無一.」

客曰:「二有右乎?」

主曰:「二無右.」

客曰:「二有左乎?」

主曰:「二無左.」

客曰:「右可謂二乎?」

主曰:「不可.」

客曰:「左可謂二乎?」

主曰:「不可.」

客曰:「左與右可謂二乎?」

主曰:「可.」

【二有一乎】"두 개의 서로 다른 물건이 융합하여 전혀 새로운 사물을 만들 수 있는가"의 뜻.
【二無一】"二無有一"의 생략형. 두 개의 서로 다른 물건이 융합하여 새로운 물건을 만들어낼 수 없음을 말함.

015(4-2)
변화와 불변

객이 말하였다.
"변하는 것을 말할 때 변하지 않는 것이 아니다라고 한다면 됩니까?"
주인이 대답하였다.
"됩니다."
객이 말하였다.
"오른쪽이 관여한다면 이를 변하는 것이라 말할 수 있습니까?"
주인이 대답하였다.
"가능합니다."
객이 말하였다.
"어느 것이 변하는 것입니까?"
주인이 대답하였다.
"오른쪽이 변하는 것이지요."
객이 말하였다.
"오른쪽이 만약 변했다면 어찌 그것을 오른쪽이라 할 수 있습니까?"
주인이 대답하였다.
"오른쪽이 만약 변하지 않았다면 어찌 이를 변했다고 하겠습니까?"

客曰:「謂變非不變可乎?」

主曰:「可.」

客曰:「左右與, 謂變乎?」
主曰:「可.」
客曰:「變奚?」
主曰:「右.」
客曰:「右苟變, 可謂右?」
主曰:「左苟不變, 安可謂變?」

【與】함께 함. 다른 물체와 결합함. 관여함.
【苟】'만약'의 뜻.

016(4-3)
오른쪽도 왼쪽도 없다

객이 말하였다.
"두 가지가 만약 왼쪽도 없고 또한 오른쪽도 없다면 두 가지의 왼쪽과 오른쪽은 어떻게 구분합니까?"
주인이 대답하였다.
"양이 소와 합한다고 해도 여전히 양과 소이지 말이 되는 것은 아닙니다. 그리고 소와 양과 혼합한다고 해도 여전히 소와 양이지 닭이 되는 것은 아닙니다."
객이 말하였다.
"무슨 뜻입니까?"
주인이 대답하였다.
"양과 소는 비록 다른 점이 있으나 그것은 겨우 양은 이빨이 있으나 소는 이가 없는 정도입니다. 그러나 이러한 차이를 두고 소는 양과 다르다고 하거나 양은 소와 다르다고 한다면 이는 그릇된 것입니다. 왜냐하면 소는 비록 양의 특징을 모두 구비하고 있는 것은 아니지만 그래도 같은 종류라 할 수 있습니다. 같은 원리로 겨우 양은 뿔이 있고 소도 뿔이 있으니 소가 곧 양이라고 하거나 양이 곧 소라고 한다면 이 역시 그릇된 것입니다. 왜냐하면 소와 양은 비록 일부 같은 특징을 지니고는 있지만 종의 속함이 서로 같지 않기 때문입니다. 양과 소는 모두 뿔이 있지만 말은 뿔이 없습니다. 그러나 말은 긴 털이 난 꼬리가 있으며 양과 소는 그러한 긴 털의 꼬리가 없습니다. 따라서 양과 소를 혼합한다고 해서 말이 되는 것은 아닙니다. 말이 아니라면 곧 말이란 없는 것입니다. 말이 없을뿐더러 또한

양 역시 단독으로 '소와 양의 무리'가 될 수는 없고 소 역시 단독으로 '양과 소의 무리'가 될 수 없습니다. 다만 양과 소가 혼합하여야 비로소 '양과 소의 무리'가 되는 것입니다. 이렇게 말한다면 양과 소가 혼합한 무리 속에는 이미 양도 있고 소도 있으나 말은 없는 것이니 쉽게 이해가 될 것입니다. 위에 들은 예에 비추어 본다면 사물의 유별이 다르다는 것을 설명할 수 있을 것입니다. 위에서 말한 왼쪽과 오른쪽의 그 예와 여기서 든 예의 논증은 서로 같은 작용을 합니다. 소와 양은 모두가 가는 털이 있으나 닭은 깃이 있습니다. 사람들이 닭의 발을 말할 때 이는 이미 한 마리의 닭의 발을 말하는 것이지만 실제로는 두 개의 발입니다. 따라서 둘에다가 하나를 융합하여 더한다면 닭의 다리는 셋이 되는 것입니다. 사람들이 소의 다리나 양의 다리를 말할 때는 이미 각각 한 마리씩의 소나 양의 다리를 말하는 것이지만 실제로는 네 개의 다리가 되는 것입니다. 따라서 넷에 하나를 더한다면 소나 양은 다리가 모두 다섯씩이 되는 것입니다. 이처럼 소나 양이 모두 다섯 개씩의 다리를 가지고 있고 닭은 세 개의 발을 가지고 있는 것이 되고 마는 것이니 그 때문에 소와 양을 합한다고 해서 닭이 되는 것은 아니라는 것입니다. 그 논리가 맞지 않는다면 그렇지 않은 이유를 대어야 합니다. '소와 양을 합하면 닭이 아니다'라는 예로써 '둘은 하나가 아니다'라는 논리를 증명할지언정 차라리 양과 소를 합하면 말이 아니다라는 논리를 증명하는 것을 택하면 될 것입니다. 하물며 말과 닭을 비교하면 말은 쓸모가 있는 물체이고 닭은 크게 소용닿은 물건은 아니며 그들은 동일한 조건을 구성하고 있지도 못하고 있으니 이는 아주 분명한 예입니다! 그러므로 이러한 예는 이름과 실질의 관계에 혼란을 일으킬 수 있으니 이를 일러 경솔한 거례擧例라 할 수 있을 것입니다."

客曰:「二苟無左, 又無右, 二者左與右, 奈何?」
主曰:「羊合牛非馬, 牛合羊非鷄.」
客曰:「何哉?」

主曰:「羊與牛唯異, 羊有齒, 牛無齒, 而牛之非羊也, 羊之非牛也, 未可. 是不俱有而或類焉. 羊有角, 牛有角, 牛之而羊也, 羊之而牛也, 未可. 是俱有而類之不同也, 羊牛有角, 馬無角, 馬有尾, 羊牛無尾, 故曰: 羊合牛非馬也. 非馬者, 無馬也. 無馬者, 羊不二, 牛不二, 而羊牛二, 是而羊而牛非馬可也. 若舉而以是, 猶類之不同. 若左右, 猶是舉. 牛羊有毛, 鷄有羽. 謂鷄足一, 數足二, 二而一故三; 謂牛羊足一, 數足四, 四而一故五. 牛羊足五, 鷄足三, 故曰牛合羊非鷄. 非, 有以非鷄也. 與馬以鷄寧馬. 材不材, 其無以類, 審矣! 擧是亂名, 是謂狂擧.」

【牛無齒】양과 비교하여 소는 上門齒(위쪽 앞니)가 없다고 함.
【羊牛無尾】양과 소는 말처럼 길고 털이 난 꼬리가 없음.
【狂擧】'경솔한 예를 들다'의 뜻.

017(4-4)
정색과 혼합색

객이 말하였다.
"그렇다면 다른 예증이 있습니까?"
주인이 대답하였다.
"청색과 백색을 혼합한다고 해서 황색이 되지는 않으며 백색과 청색을 혼합한다고 해도 벽색碧色이 되지는 않습니다."
객이 말하였다.
"무슨 뜻입니까?"
주인이 대답하였다.
"청색은 동방을 상징하고 백색은 서방을 가리킵니다. 그들은 본래 서로 결합할 수 없는데 억지로 이를 결합시킨다면 그 결과는 서로 반대가 됩니다. 그들은 본래 서로 상접할 수 없는데 이를 억지로 접근시킨다고 해서 결코 그들의 방위를 변경시킬 수 없습니다. 능히 그 방위를 변경시킬 수 없으니 그들의 방위는 서로 반대쪽에 있으면서 각기 자신의 고유한 방위를 지키고 있는 것이니 이는 바로 앞서 말한 오른쪽과 왼쪽의 서로 다른 사물이 의탁할 수 없는 예와 같습니다. 그러므로 백색은 이미 청색과 통일될 수 없으며 청색 또한 백색과 통일될 수 없으니 어찌 황색이 생겨날 수 있겠습니까? 황색은 정색正色입니다. 이는 정확한 거례擧例입니다. 황색과 청색, 백색의 관계는 마치 임금과 신하, 그리고 국國과 가家의 관계와 같습니다. 임금과 신하가 각기 자신들의 위치를 안전하게 지키고 있어야 국가가 강성하고 장구히 이어가는 것입니다. 만약 청색이 백색에 빌붙었는데 백색이 이를 능히 제압하지 못한다면 백색은 금金을 대표하는 것으로 족히 금은 목木으로 대표되는 청색을 이기게 되어 있는데 도리어 이를 제압하지 못하는 것이 됩니다. 이는 목이 금을 침벌하는 것이며, 목이 금을 침벌하는 것은 청색이 백색을 침벌하는 것으로 곧 청색도 아니고 백색도 아닌 벽색으로 변하고 마는 것입니다. 벽색은 정확한 예가 될 수 없겠지요. 청색과 백색은 서로 접근하지 못하는데 억지로 이를 접근시킨다면 이를 제압하지 못하여 곧바로 자신의 힘을 과시하게 됩니다. 서로 다투어 힘을 과시하게 되면 곧바로 벽색의 이러한 잡색이 출현하게 됩니다. 오히려 '백색과 청색이 합한다고 벽색이 되는 것은 아니다'라는 예로써 '둘은 하나가 될 수 없다'라는 예를 논증하느니 차라리 '청색은 백색과 합한다고 해서 황색이 되는 것은 아니다'라는 예를 논증하는 편이 낫겠지요. 황색은 정색이며 그는 청색이나 백색의 사이에 있어 말과 소, 양의 관계에 상당합니다. 같은 유에 속하는 것입니다. 그러나 벽색은 잡색으로 그는 청색과 백색의 사이에 있는 관계로 달과 소, 양의 관계와 같으며 유가 같지 않을 뿐만 아니라 이름과 실질에도 혼란을 일으킵니다. 혼란이 일어나면 임금과 신하 사이에 분쟁이 일어나 서로 자신의 힘을 과시하게 되며 임금과 신하가 각기 자신의 힘을 과시하게 되면 나라의 정치는 어두움에 빠지게 되는 것입니다. 따라서 이는 정확한 예가 될 수 없는 것입니다. 정확한 예가 되지 못할 뿐만 아니라 이름과 실질이 맞지 않게 되는 것이며 백색에 빌붙은 청색이 너무 드러나고 마는 것입니다. 그러므로 청색과 백색은 두 가지가 각기 자신의 힘을 과시한다고 말하는 것입니다. 국가의 임금과 신하가 각기 자신의 힘을 과시하게 되면 나라 다스리는 도는 곧 무너지고 마는 것입니다. 이처럼 나라 다스리는 도가 무너지고 마는 상황이 되면 이를 바로잡을 수가 없게 됩니다."

客曰:「他辯?」

主曰:「青以白非黃, 白以青非碧」

客曰:「何哉?」

主曰:「靑白不相與而相與, 反對也; 不相隣而相隣, 不害其方也. 不害其方者, 反對而各當其所, 若左右不驪. 故一於靑不可, 一於白不可, 惡乎其有黃矣哉? 黃其正矣, 是正擧也. 其猶君臣之於國焉, 故强壽矣! 而且靑驪乎白而白不勝也, 白足之勝矣而不勝, 是木賊金也. 木賊金者碧, 碧則非正擧矣. 靑白不相與而相與, 不相勝則兩明也. 爭而兩明, 其色碧也. 與其碧寧黃. 黃其馬也, 其與類乎. 碧其鷄也, 其與暴乎! 暴則君臣爭而兩明也. 兩明者, 昏不明, 非正擧也. 非正擧者名實無當, 驪色章焉, 故曰兩明也. 兩明而道喪, 其無有以正焉」

【辯】 앞장에서 '狂擧'(경솔한 예)라 하였으므로 이를 두고 더 이상의 논증이 없는가를 물은 것임.

【靑以白非黃】 청색과 백색을 혼합하여 황색을 만들어낼 수 없음.

【碧】 푸른 색 계통의 색깔.

【惡乎其有黃】 惡는 의문부사이며 '오'로 읽음.

【國家】 국은 군주가 통치하는 나라를 뜻하며 가는 경대부가 관할하는 지역을 뜻하여 군신관계를 그대로 유지함을 뜻함.

【强壽】 국가의 힘이 강하고 사직의 수명이 장구함.

【木賊金】 오행에서의 상극관계를 거꾸로 말한 것. 목이 금을 침해함. 원래 오행의 상극은 水克火, 火克金, 金克木, 木克土, 土克水로 우주 만물의 순환과 상대적 대립의미를 말함. 한편 이들은 색깔이나 방위, 五常, 계절, 五獸 등과도 연관을 지어 고대 흔히 東(宮, 木, 春, 靑, 靑龍), 西(角, 金, 秋, 白, 白虎), 南(商, 火, 夏, 赤, 朱雀), 北(徵, 水, 冬, 黑, 玄武), 중앙(羽, 土, 季夏, 黃, 勾陳)으로 상징하였음.

【驪色】 거기에 부여된 색깔. 본문에서는 청색을 가리킴.

【章】 彰과 같음. 드러남.

【道喪】 치국의 도를 상실함.

5. 견백론 堅白論
(018-021)

〈陶鶴〉(東漢) 明器 四川 成都 출토

018(5-1)
딱딱하고 흰색의 돌

객이 말하였다.
"굳음堅, 흰색白, 돌石 이 세 가지를 함께 한다면 가능합니까?"
주인이 말하였다.
"불가하지요."
객이 말하였다.
"그 중 두 가지만 묶어 말한다면 가능합니까?"
주인이 말하였다.
"가능하지요."
객이 말하였다.
"무슨 뜻입니까?"
주인이 말하였다.
"굳음이 없이 백색만 취한다면 거기에서 취하고 있는 것이 두 가지이고, 백색을 없애고 굳다는 것을 취하게 되면 거기에서 두 가지를 취하는 것이지요."
객이 말하였다.
"그 돌이 흰색임을 알고 있는데 흰색이 없다라고 말할 수 없고, 그 돌이 굳다는 것을 알고 있는데 굳음이 없다고 말할 수는 없습니다. 그 돌은 본래 이미 굳은 성질과 흰색, 그리고 돌의 형태, 이 세 가지를 가지고 있는데 어찌 그 굳음과 흰색깔, 돌의 형태 세 가지를 동시에 사람이 알아볼 수 없다는 것입니까?"
주인이 말하였다.

"눈으로만 관찰한다면 그 돌의 굳은 성질은 알아낼 수 없습니다. 따라서 이 돌의 굳은 성질은 없는 것입니다. 손으로 만져보아서는 돌이 흰색임을 알아낼 수 없고 오직 돌의 굳은 성질만 알아낼 수 있습니다. 따라서 돌의 흰색은 없는 것입니다."

客曰:「堅白石三, 可乎?」
主曰:「不可.」
客曰:「二, 可乎?」
主曰:「可.」
客曰:「何哉?」
主曰:「無堅得白, 其擧也二; 無白得堅, 其擧也二.」
客曰:「得其所白, 不可謂無白; 得其所堅, 不可謂無堅. 而之石也之於然也, 非三也?」
主曰:「視不得其所堅而得其所白者, 無堅也; 拊不得其所白而得其所堅者, 無白也.」

【堅白石三】 堅(질감), 白(색깔), 石(물체의 형태) 세 가지.
【二】 堅石(질감과 물체)의 두 가지 서로 다른 개념이 합한 것.

019(5-2)
감각기관의 각기 기능

객이 말하였다.

"천하에 흰색이 없다면 사람은 눈으로 흰 돌을 볼 수가 없으며, 천하에 굳은 성질이 없다면 사람들은 돌이라 말할 수 없을 것입니다. 굳은 성질과 흰색, 그리고 돌의 형태는 서로 배척하는 것이 아닌데 어찌 이들의 굳은 성질과 흰색의 속성을 감추고 있을 수 있다는 것입니까?"

주인이 말하였다.

"때에 따라서는 굳음과 흰색, 그리고 돌이라는 물체, 세 가지는 그 중 일부를 감추고 있을 수도 있습니다. 사람이 그들을 감추고 있도록 한다고 감추어지는 것이 아닙니다."

객이 말하였다.

"돌의 흰색과 굳은 성질은 돌이 가지고 있는 필연적인 요소입니다. 그것이 어찌 스스로 자신을 감출 수 있다는 것입니까?"

주인이 말하였다.

"돌의 흰색을 눈으로 보고, 돌의 굳은 성질을 손으로 만져봅니다. 눈으로 흰색은 볼 수 있지만 굳은 성질은 눈으로 보이는 것이 아닙니다. 그리고 손으로 그 굳은 성질은 만져볼 수 있지만 손으로 그 흰색은 볼 수 없으니 이를 일러 분리分離라고 하는 것입니다. 돌은 차례로 흰색과 굳은 성질을 포용하고 있는 것이 아닙니다. 그러므로 흰색과 굳은 성질은 분리되는 것입니다. 이러한 분리가 곧 감추고 있는 것입니다."

客曰:「天下無白, 不可以視石; 天下無堅, 不可以謂石. 堅, 白, 石不相外, 藏之可乎?」

主曰:「有自藏也, 非藏而藏也.」

客曰:「其白也, 其堅也, 而石必得以相盈, 其自藏奈何?」

主曰:「得其白, 得其堅, 見與不見謂之離. 一一不相盈, 故離. 離也者, 藏也.」

【天下無白】만약 천하에 백색이 없다면 사람이 백색의 돌을 구분할 수 없음.
【非藏而藏】사람이 인위적으로 감춘다고 해서 감춰진 것이 아님.

020(5-3)
물체에서의 본성과 속성

객이 말하였다.

"돌의 흰색, 돌의 굳은 성질은 혹 보아서는 알 수 있으나 만진다고 해서 알 수 있는 것이 아닌 경우가 있으며, 혹은 만져서는 알 수 있으나 만진다고 해서 보이는 것은 아닌 경우가 있습니다. 이는 굳은 돌, 흰 돌의 굳은 성질과 흰색, 돌의 형태가 그렇게 물체를 형성하여 너비와 길이, 두께 등을 포용하고 있는 것입니다. 이를 두고 어찌 돌의 굳은 성질, 흰 색깔, 돌의 형태 세 가지를 함께 거론할 수 없다는 것입니까?"

주인이 말하였다.

"어떤 물체를 두고 흰색이라 할 경우 그것은 그 하나의 물체를 두고 하는 말입니다. 사실은 흰색은 결코 그 하나의 물체에 고정적으로 붙어 있는 것이 아닙니다. 그리고 어떤 물체 하나가 굳은 성질을 가지고 있다고 말할 때 그 하나의 물체만 두고 그렇게 말하는 것이지 실제 그 굳은 성질은 결코 물체에 고정적으로 붙어 있는 것이 아닙니다. 이처럼 고정적인 것이 아닌 것은 흰색과 굳은 성질이란 그 어떤 물체도 겸하여 가질 수 있기 때문입니다. 그러니 어찌 그들을 돌에만 그렇게 고정적으로 한정되어 붙어 있다고 말할 수 있겠습니까?"

객이 말하였다.

"손으로 만져보아 그 돌이 굳은 성질을 가지고 있음을 알 수 있으니 이는 굳은 성질을 가지고 있지 않으면 돌이 될 수 없음을 증명할 수 있습니다. 만약 돌이 없다면 그것이 흰 돌이라는 것을 알아낼 수 없습니다. 이로써 알 수 있는 것은 굳은 성질과 흰색깔, 돌의 형태 이 세 가지는 서로 분리될 수 없다는 것입니다. 본래 이와 같은 것이며 또한 영원히 그런 것입니다!"

주인이 말하였다.

"돌의 형태로만 말해봅시다. 틀림없는 하나의 물체입니다. 그러나 굳은 성질과 흰 색깔은 두 가지가 서로 다른 속성입니다. 모두가 돌의 형태에 부착된 것입니다. 바로 그들의 서로 다른 속성 때문에 사람들은 손으로 만졌을 때 그것의 굳은 성질만 알 수 있을 뿐, 그것이 흰색이라는 것은 알아낼 수 없습니다. 그리고 눈으로 보면 그것이 흰색이라는 것만 알아낼 수 있을 뿐, 그것이 굳은 성질이라는 것은 알아낼 수 없습니다. 그러므로 그것이 굳은 성질임을 알 수 있으되 흰색이라는 것은 알아낼 수 없는 것은 서로 분리된 것입니다. 그리고 눈으로 흰색이라는 것을 알아낼 수 있으되 굳은 성질은 눈으로는 알 수 없는 것은 서로가 감추고 있기 때문입니다. 이미 서로 감추고 있는데 그 누가 이것이 분리되지 않았다고 말할 수 있겠습니까?"

객이 말하였다.

"틀림없이 눈으로는 굳은 성질을 볼 수 없고 손으로는 흰색을 만져볼 수 없기는 합니다. 그러나 이를 이유로 눈으로 살펴볼 때 굳은 성질은 존재하지 아니하며 손으로 만져볼 때는 흰색은 존재하지 않는다고 말할 수는 없습니다. 그것은 다만 눈과 손의 작용이 달라 서로 대신할 수 없기 때문일 뿐입니다. 굳은 성질과 흰 색깔이 모두가 돌의 형태 속에 있으니 어찌 이들이 분리되어 있다는 것입니까?"

주인이 말하였다.

"굳은 성질이 돌에 붙지 않았는데도 돌로 하여금 굳은 성질을 가지고 있게 되었다면 그 성질은 다른 물체에 붙어 굳게 할 수도 있습니다. 그 굳은 성질이 다른 물체에 붙지 않았는데도 그것이 굳다면 이는 그 자신이 필연적으로 굳은 성질을 갖게 된 것입니다. 그러나 천하에 돌이나 기타 다른 물체에 붙지 않은 굳은 성질이란 있을 수 없습니다. 그러나 그러한 자신을 굳히는 성질이란 바로 감추어진 것입니다. 다시 말해 흰색은 본래 자신이 그 흰색을 드러낼 수 없습니다. 그러니 어찌 돌이나 기타 다른 물체를 의지하지 아니할 수가 있겠습니까? 만약 흰색은 반드시 자신의 흰색을 드러낼 수 있다라고 한다면 그 흰색은 돌이나 기타 다른 물체를 흰색으로 만들어 변화시킨 다음에야 비로소 흰색을 드러낼 수 있을 것입니다. 누런 색이나 검은 색도 바로 이 흰색과 같습니다. 만약 돌도 없다면 어찌 굳다는 것과 희다는 성질이 있을 수 있겠습니까?"

客曰:「石之白, 石之堅, 見與不見, 二與三, 若廣修而相盈也, 其非擧乎?」

主曰:「物白焉, 不定其所白; 物堅焉, 不定其所堅. 不定者兼, 惡乎其石也?」

客曰:「循石, 非彼無石; 非石, 無所取乎白石. 不相離者, 固乎然, 其無已!」

主曰:「於石, 一也; 堅白, 二也, 而在於石. 故有知焉, 有不知焉; 有見焉, 有不見焉. 故知與不知相與離, 見與不見相與藏. 藏, 故孰謂之不離?」

客曰:「目不能堅, 手不能白, 不可謂無堅, 不可謂無白. 其異任也, 其無以代也. 堅白域於石, 惡乎離?」

主曰:「堅未與石爲堅而物兼, 未與物爲堅而堅必堅. 其不堅石物而堅, 天下未有若堅, 而堅藏. 白固不能自白, 惡能不白石物乎? 若白者必白, 則白石物而白焉. 黃黑與之然. 石其無有, 惡取乎堅白石乎?」

【二】堅石과 白石.
【三】堅性과 白色, 그리고 石形을 말함.

【循石】돌을 손으로 만져봄.
【目不能堅】시각으로는 딱딱함을 체득할 수 없음. 견은 視覺의 개념이 아님.

021(5-4)
분리될 수 있는 것은 그 고유의 것이 아니다

주인이 말하였다.

"그러므로 굳다는 성질과 희다는 색깔은 분리된 것이며, 분리된 것이란 바로 앞에 말한 두 가지 이유 때문입니다. 차라리 힘을 들여 굳다는 성질과 희대는 색깔이 분리되지 않았다고 결론을 얻으려 하기보다는, 도리어 위에서 말한 두 가지 이유를 믿는 것이 나을 것입니다. 하물며 흰색이란 눈으로 보아야 비로소 그것이 흰색임을 알 수 있으며, 게다가 눈이란 자신의 빛을 이용해야 비로소 볼 수 있습니다. 만약 눈동자가 빛을 잃어 실명하였다면 보이지도 않습니다. 그렇다면 빛과 눈동자는 흰색을 알지도 못하면서 단지 신지神智가 있어야 능히 이를 판별해낼 수 있습니다. 신지도 또한 알 수 없을 때가 있으니 이로써 족히 흰색과 굳은 성질이란 분리된 것임을 증명할 수 있는 것입니다. 굳은 성질이란 손으로 만져보아야 비로소 알 수 있으며, 손이란 두드리는 방법으로 해야 겨우 이를 알아낼 수 있습니다. 본래 손이란 두드려 보아야 알 수 있을뿐더러 손이 지각을 잃어버렸다면 이를 알아낼 수 없으며 역시 신지로도 알아낼 수 없습니다. 신지조차도 알아낼 수 없다면 이는 바로 굳은 성질과 흰색이란 분리된 것입니다. 분리된 상태는 천하에 두루 퍼져 있으니 따라서 굳다는 성질과 희다는 색깔은 분리되어 있음은 유일하고 정확한 결론입니다."

主曰:「故離也. 離也者, 因是. 力與知果, 不若因是. 且猶白以目, 而目以火見, 而火不見, 則火與目不見而神見, 神不見而見離. 堅以手, 而手以棰, 是棰與手知而不知, 而神與不知. 神乎! 是之謂離焉. 離也者天下, 故獨而正」

【力與知果】힘을 들여 견성과 백색이 다름을 연구하는 것이 오히려 위에 말한 두 가지 이론을 믿는 편이 낫다는 뜻.
【神見】신기한 지혜를 통해 이를 알아냄.

6. 명실론 名實論
(022-024)

〈白瓷雙腹龍柄傳瓶〉(隋) 1957 陝西 西安 李靜訓묘 출토

022(6-1)
명분과 실질

하늘과 땅, 그리고 그것이 그 생산한 바는 물체이다. 물체란 그 물체를 이루고 있는 성질의 많고 적음에 따라 구성된 것에 지나지 않으니 이것이 실체이다. 그 실체가 실체가 될 수 있는 바는 빈틈이 없으니 이것이 그 위치 位置이다. 물체가 일정한 시간과 공간을 차지하지 못하고 그 자리를 떠나면 그 본래의 위치에서 벗어나는 것이며 그 본래의 시간과 공간을 지키고 있는 것이 정正이다.

天地與其所産者, 物也. 物以物其所物而不過焉, 實也. 實以實其所實而不曠焉, 位也. 出其所位非位, 而位其所位焉, 正也.

【天地】 구체적인 형태를 가진 자연 그대로의 천지와 물체.
【物其所物】 물체가 가지고 있는 바의 존재 자체로의 물성.
【不過】 초과하지 못함.
【不曠】 빈틈이 없음. 단점이 없음.
【位】 위상. 형체를 이루고 공간과 시간을 차지하고 있는 독특한 구성.
【正】 正常, 正當함. 名實이 相符함을 말함.

023(6-2)
물체의 명칭은 정확해야 한다

 그것이 정상인 바로써 그 정상적이지 못한 바를 정상으로 만들어야 하며 그 명실이 상부하지 않은 것으로써 명실이 상부한 것을 의심해서는 안 된다. 정상이란 그 사실을 정상으로 해야 한다. 그 사실을 정상으로 하는 것은 그 명칭을 정확하게 해야 하는 것이다. 물체의 명칭이 정확하면 저 하나의 물체와 이 하나의 물체가 각기 자신의 전속된 명칭을 갖게 된다. 만약 저 하나의 물체를 부르면서 그 하나의 물체에 전속된 명칭이 없다면 저 물체는 통용될 수 없으며, 이 물체를 부르면서 이 물체에 전속된 명칭이 없다면 이 물체는 통용될 수가 없게 된다. 이는 그에 합당한 명칭이 그 물체에 합당하게 주어지지 않았기 때문이다. 합당하지 못한 명칭을 합당해야 할 명칭에 부여하지 않았다면 명칭과 실질의 관계가 혼란을 일으키게 된다.
 그러므로 저 하나의 명칭은 저 하나의 물체에 적합해야 하며, 마땅히 저 하나의 물체에 전속되어 오로지 저 물체에만 그 명칭이 사용되어야 한다. 마찬가지로 이 하나의 명칭은 이 하나의 물체에 적합해야 하며 마땅히 이 하나의 물체에 전속되어 오로지 이 물체에만 그 명칭이 사용되어야 한다. 합당한 명칭이 합당한 칭호로 쓰이며, 합당한 칭호로 합당한 물체에 사용되어야 명칭과 실질이 부합하는 것이다.
 그러므로 저 하나의 물체에 대한 칭호는 저 하나의 물체에만 국한되어야 하며, 이 하나의 물체에 대한 칭호는 이 하나의 물체에만 쓰여야 통행될 수 있다. 저 하나의 물체에 대한 칭호로 이 하나의 물체에 대한 칭호로 섞어 쓰거나 이 하나의 물체에 대한 칭호로 저 물체를 칭하여 서로 구분을 짓지 아니한다면 통행될 수가 없다.

以其所正, 正其所不正; 不以其所不正, 疑其所正. 其正者, 正其所實也. 正其所實者, 正其名也. 其名正, 則唯乎其彼此焉. 謂彼而彼不唯乎彼, 則彼謂不行; 謂此而此不唯乎此, 則此謂不行. 其以當不當也. 不當而當, 亂也. 故彼彼當乎彼, 則唯乎彼, 其謂行彼; 此此當乎此, 則唯乎此, 其謂行此. 其以當而當, 以當而當, 正也. 故彼彼止于彼, 此此止于此, 可. 彼此而彼且此, 此彼而此且彼, 不可.

【所正】正常的임. 바른 바. 명실이 상부한 상태.
【正其名】그 이름을 정확히 함. 《論語》子路篇에 "子路曰:「衛君侍子而爲政, 子將奚先?」子曰:「必也正名乎!」子路曰:「有是哉, 子之迂也! 奚其正?」子曰:「野哉, 由也! 君子於其所不知, 蓋闕如也. 名不正, 則言不順; 言不順, 則事不成; 事不成, 則禮樂不興; 禮樂不興, 則刑罰不中; 刑罰不中, 則民無所措手足. 故君子名之必可言也, 言之必可行也. 君子於其言, 無所苟而已矣.」라 함.
【彼彼】저 물체의 稱謂.

024(6-3)
시간과 공간을 떠난 물체의 명칭

무릇 명칭이란 실제 물건에 대한 칭호여야 한다. 이미 이 하나의 물체가 본래의 상태를 가지고 있지 않음을 알았고 이미 이 하나의 물체가 본래 있던 위치나 시간을 떠나 있다면 그 본래의 명칭으로 그것을 불러서는 안 된다. 마찬가지로 이미 저 하나의 물체가 본래의 상태를 가지고 있지 않음을 알았고 이미 저 하나의 물체가 본래 있던 위치나 시간을 떠나 있다면 그 본래의 명칭으로 그것을 불러서는 안 된다.

지극하도다! 옛날의 명석한 제왕이여. 그 명칭과 실질을 정확히 살펴 그 부르는 칭호를 신중히 하였으니 지극하도다! 옛날의 명석한 제왕이여.

夫名, 實謂也. 知此之非此也, 知此之不在此也, 則不謂也; 知彼之非彼也, 知彼之不在彼也, 則不謂也.

至矣哉! 古之明王. 審其名實, 愼其所謂. 至矣哉! 古之明王.

【實謂】물체의 실체에 맞는 稱謂.
【知此之非此】이 물건을 안다는 것은 진실한 이 물체는 아님. 내가 알고 있다는 것과 이 물체와는 전혀 恣意的인 관계임.
【明王】고대 이상적으로 가설한 명석한 제왕.

부록

《공손룡자》 서발序跋 자료

〈描金石刻武士俑〉(唐) 明器 1958 陝西 長安 楊思勛 묘 출토

1.《公孫龍子》序 ……………… (〈百子全書〉·〈新編諸子集成〉)

　　公孫龍子, 姓公孫, 名龍, 字子秉, 趙人也. 以堅白之辯鳴於時. 初爲平原君門客, 平原君信其說, 而厚待之. 後齊使鄒衍過趙, 平原君以問鄒子. 鄒子曰:「不可. 彼天下之辯, 有五勝三至, 而辭至爲下. 辯者, 別殊類, 使不相害; 序異端, 使不相亂. 序意通指, 明其所謂, 使人與知焉, 不務相迷也. 故勝者不失其所守, 不勝者得其所求. 若是, 故辯可爲也. 及至煩文以相假, 飾辭以相逞(惇), 巧譬以相移, 引人聲, 使不得及其意, 如此害大道.」平原君悟而絀之.

　　又與魏國公子牟相善. 樂正子輿笑曰:「公孫龍之爲人也, 行無師, 學無友, 佞給而不中, 漫衍而無家, 好怪而妄言, 欲惑人之心, 屈人之口, 與韓檀等肆之, 而公子牟不以爲尤也, 其說迺大行矣.」

　　今閱所著書六篇, 多虛誕不可解, 謬以膚識注釋, 私心尙在疑信間, 未能頓怡然無異也. 惜莊子云:「公孫龍能勝人之口, 不能服人之心, 辯者之囿也.」厥有旨哉!

　　宋謝希深序.

2.《公孫龍子》提要 ···(〈四庫全書〉)

　　臣等謹案: 公孫龍子一卷, 周公孫龍撰, 按《史記》趙有公孫龍爲堅白異同之辯.《漢書》藝文志: 龍與毛公等並游平原君之門.《列子》釋文, 龍字子秉. 莊子謂惠子曰: 儒墨楊秉四與夫子爲五. 秉, 卽龍也. 據此則龍當爲戰國時人. 司馬貞〈索隱〉爲龍卽仲尼弟子者, 非也. 其書《漢志》著錄者十四篇. 至宋時八篇已亡. 今僅存〈跡府〉,〈白馬〉,〈指物〉,〈通變〉,〈堅白〉,〈名實〉凡六篇, 其首章所載與孔穿辯論事,《孔叢子》亦有之, 謂龍爲穿所絀, 而此書又謂穿願爲弟子, 彼此互異. 蓋戰國時門戶角立, 各欲自尊其說, 故其不同如此. 其書大旨疾名器乖實, 乃假指物以混是非, 借白馬而齊物我, 冀時君有悟而正名實, 故諸史皆列於名家.《淮南鴻烈解》稱公孫龍粲於辭而貿名. 楊子《法言》稱公孫龍詭辭數萬, 蓋其持論雄贍, 惝怳恣肆, 實足以聳動天下. 故當時莊列荀卿, 並著其言, 爲學術之一特品目, 稱謂之兩間紛然, 不可數計, 龍必欲一一核其眞, 而理究不足以相勝, 故言愈辯而名實愈不可正. 然其書出自先秦, 義雖恢誕, 而文頗離奇可喜. 陳振孫檠以淺陋迂僻, 譏之則又過矣. 明鍾惺刻此書, 改其名爲辯言, 妄誕不經. 今仍從《漢志》題曰《公孫龍子》. 又鄭樵《通志》〈略〉載此書有陳嗣古注·賈士隱注各一卷, 今俱失傳. 此本之注, 乃宋謝希深所撰, 文義頗淺近, 今亦仍之焉.
　　乾隆四十七年九月恭校上
　　總纂官臣紀昀, 臣陸錫熊, 臣孫士毅, 總校官臣陸費墀.

임동석중국사상100

신자
慎子

慎到 撰 / 林東錫 譯註

"상아, 물소 뿔, 진주, 옥. 진괴한 이런 물건들은 사람의 이목은 즐겁게 하지만 쓰임에는 적절하지 않다. 그런가 하면 금석이나 초목, 실, 삼베, 오곡, 육재는 쓰임에는 적절하나 이를 사용하면 닳아지고 취하면 고갈된다. 그렇다면 사람의 이목을 즐겁게 하면서 이를 사용하기에도 적절하며, 써도 닳지 아니하고 취하여도 고갈되지 않고, 똑똑한 자나 불초한 자라도 그를 통해 얻는 바가 각기 그 자신의 재능에 따라주고, 어진 사람이나 지혜로운 사람이나 그를 통해 보는 바가 각기 그 자신의 분수에 따라주되 무엇이든지 구하여 얻지 못할 것이 없는 것은 오직 책뿐이로다!"

《소동파전집》(34) 〈이씨산방장서기〉에서 구당(丘堂) 여원구(呂元九) 선생의 글씨

일러두기

1. 이 책은 〈사고전서四庫全書〉(文淵閣) 잡가류雜家類, 〈사부총간四部叢刊〉본 자부(子部.《愼子內外篇》, 附逸文校勘記), 〈신편제자집성新編諸子集成〉본 법가류(法家類, 錢熙祚 校訂), 〈백자전서百子全書〉본 잡가류雜家類, 〈사부비요四部備要〉본 수산각총서守山閣叢書 등에 실려 있는《신자愼子》를 기본으로 대조하여 역주한 것이다.
2. 현대 백화어 역주본으로《신자愼子·윤문자尹文子·공손룡자公孫龍子》(高流水·林恒森 譯. 貴州人民出版社 1996)가 있으며 많은 참고가 되었음을 밝힌다.
3. 〈위덕威德〉, 〈인순因循〉, 〈민잡民雜〉, 〈지충知忠〉, 〈덕립德立〉, 〈군인君人〉, 〈군신君臣〉으로 나누어 각기 일련번호를 부여하고 17장으로 분장하였으나 이는 절대적인 것이 아니며 읽기 편하도록 하기 위함이다.
4. 각 장별로 한글 제목을 부여하였으며 판본 및 관련 삽화를 실어 이해에 도움이 되도록 하였다.
5. 부록의 〈신자일문〉 59조는 〈사부총간〉 및 〈사부비요〉에 실려 있는 것이며 이들도 모두 역주하여 실었다.
6. 해제를 실어 내용과 판본, 제자학諸子學으로서의 역사적 위치 등을 간략하게 설명하였다.
7. 부록에《신자》서발序跋 등 관련 자료를 실어 연구에 도움이 되도록 하였다.
8. 본 책의 역주에 참고한 자료는 다음과 같다.

✿ 참고문헌
1. 《愼子》四庫全書(文淵閣) 子部 雜家類
2. 《愼子》四部備要本 守山閣叢書

3. 《愼子》新編諸子集成(제6책, 名家, 錢熙祚 校) 世界書局 1978 臺北
4. 《愼子》百子全書, 雜家 岳麓書社 1993 湖南 長沙
5. 《愼子內外篇》(附逸文校勘記) 四部叢刊「書同文」電子版 北京
6. 《愼子·尹文子·公孫龍子》高流水·林恒森(譯) 貴州人民出版社 1996 貴陽 貴州
7. 《漢書》藝文志
8. 《中國學術講論》林東錫 傳統文化硏究會 2002 서울
9. 《中國哲學百科大辭典》(上下) 中國大百科全書出版社 1988 北京
10. 기타 공구서 및 중국철학사 관련 자료는 생략함.

해제

신도(愼到: B.C.395?~B.C.315?)는 조趙나라 사람으로 전국시대 법가의 한 사람이며, 직하稷下에서 강학하였다. "황로의 도덕술을 익혀 그 지의를 밝혀내어" 도가의 이론에서 법가의 논리를 도출해낸 인물이다.

《사기史記》맹순열전孟荀列傳에 "愼到, 趙人, ……學黃老道德之術, 因發明序其指意, 故愼到著十二論"이라 하였고, 《장자》천하편에는 "棄知去己而緣不得已"라 비판하였으며, 《순자》에도 "蔽於法而不知賢"이라 하였다.

신도는 "통치자는 권좌의 세에 의지해서 법으로 바로잡아야 한다"는 주장으로 법가 가운데 상세파의 대표적인 이론을 세운 인물이다.

《한서》예문지 법가에는 《이자》(李子, 李悝), 《상군》(商君, 商鞅), 《신자》(申子, 申不害), 《처자》(處子), 《한자》(韓子, 韓非子), 《유체》(游棣), 《조착》(鼂錯) 등과 함께 10가家 217편의 법가 사상서들이 나열되어 있으며 그 중 《신자愼子》는 42편으로 주에 "이름은 도이며 신불해, 한비보다 앞선 인물로 신불해, 한비가 칭송하였다"(先申韓, 申韓稱之)라 하였다.

그러나 42편의 원래 모습은 사라지고 지금 전하는 것은 청대 엄가균嚴可均이 《군서치요群書治要》에서 뽑아낸 집일본輯佚本으로 겨우 〈위덕威德〉, 〈인순因循〉, 〈민잡民雜〉, 〈지충知忠〉, 〈덕립德立〉, 〈군인君人〉, 〈군신君臣〉 등 7편의 잔여본이 전할뿐이다. 그 외 왕사예王斯睿의 교정본과 청대 전희조錢熙祚의 교정본이 함께 통용되고 있다.

한편 전국 시대 법가 사상은 흔히 도가道家에서 나온 것으로 되어 있으며 모두 인忍을 근간으로 하되 그 중 황로黃老는 은인隱忍에서, 노장老莊은 인내忍耐에서 법가法家는 잔인殘忍에서 출발한 것으로 보고 있다. 그 때문에 사마천司馬遷은 《사기》에 도가와 법가를 같은 전에 넣어 기록했던 것이다.

법가는 예가 무너지면서 예교禮敎만으로는 사회질서를 유지할 수 없다고 여겨 이미 춘추 초기 관중管仲은 중법주의重法主義를 주장하였고, 이리李悝는 《법경法經》을 지어 체계를 세우기 시작하였으며, 전국시대 이르러 상앙商鞅은 드디어 법치를 실행에 옮겼으며, 한비韓非에 이르러 학술적으로 대성을 이루게 된 것이다. 이 법가의 요지는 사마담司馬談의 〈논육가요지論六家要旨〉에 "엄격하기만 하고 은혜를 베푸는 면에서는 약하다"(嚴而少恩)라 하였다. 이처럼 냉혹하여 신상필벌에도 친소나 귀천의 구별이 없었으며, 그 때문에 실제 전제적 사회 통제에는 성공하여 진秦나라의 천하 통일의 통치 바탕이 되었던 것이다.

《한서》 예문지에 법가의 기원과 내용 및 폐단에 대하여 이렇게 설명하고 있다.

"法家者流, 蓋出於理官, 信賞必罰, 以輔禮制. 易曰:「先王以明罰飭法」, 此其所長也. 及刻者爲之, 則無敎化, 去仁愛, 專任刑法而欲以致治, 至於殘害至親, 傷恩薄厚."

즉 이관(법관)에서 나왔으며 예제를 보조하는 것이 장점이며, 각박한 자가 이에 빠지면 교화는 염두에 두지 않고 인의도 제거하며 오직 법으로만 다스리고자 서둘러 은혜와 후덕함을 놓치게 된다는 것이다.

다음으로 진주陳柱는 법가를 다시 5가지 유파로 나누었다.

첫째, 상실파尙實派로서 부강을 도모하고 실업을 장려하며 무용을 권장해야 한다는 주장으로 이리李悝와 관중管仲 등이 대표적인 인물이다.

둘째, 상법파尙法派로서 신상필벌과 엄격한 법치를 주장하여 법 앞에 만인이 평등함을 통치의 근간을 삼아야 한다는 주장으로 상앙商鞅이 대표적인 인물이다.

셋째, 상술파尙術派로서 군주는 실권을 잃지 않고 권모술수를 써서 통치해야 한다는 주장으로 신불해申不害가 대표적인 인물이다.

넷째, 상세파尙勢派로서 군주는 위세로써 그 위치를 지키며 그 위세를 이용하여 통치를 성공시켜야 한다는 주장으로 바로 신도愼到가 그 대표적인 인물이다.

다섯째, 대성파大成派로서 법法과 술術을 함께 중시하고 세勢와 이利를 살펴 이들을 혼용할 수 있어야 한다는 주장으로 법가 사상을 집대성한 것으로써 당연히 한비韓非가 대표적 인물이다.

그 중 신도는 바로 상세파의 대표로서 이는 《한비자》 세난편勢難篇에 실린 다음과 같은 주장을 실현한 것이다.

"賢人詘於不肖者, 則權輕位卑也. 不肖而能服賢者, 則權重位尊也. 堯爲匹夫, 不能治三人, 而桀爲天子, 能亂天下, 吾以知勢位之足恃, 而賢智之不足慕也."

그리고 군주의 권세를 행정 집행과 통치의 기본 힘으로 삼아 "똑똑하다거나 지혜로움만으로는 군중을 복종시킬 수 없으며 권세와 지위만이 족히 똑똑한 자라도 굴복시킬 수 있다"(賢智未足以服衆, 而勢位足以詘賢者)라 하였다. 그리하여 군주의 권위를 최대한 인정하고 부여하되 그렇다고 독재를 권장하지는 않았으며 국가의 흥망을 군주 한 사람의 책임으로 떠임기지도 않았다. 따라서 "나라를 망친 임금이라 해도 그 한사람의 죄가 아니며, 나라를 흥하게 한 임금이라도 그 임금 혼자의 힘만은 아니다"(亡國之君, 非一人之罪也; 治國之君, 非一人之力也)라 하였던 것이다.

한편 같은 '신자愼子'로 표기되는 신골리愼滑釐라는 사람이 《맹자孟子》 고자(告子, 下), 《전국책戰國策》 초책楚策, 《사기史記》 초세가楚世家, 《한서漢書》 고금인표古今人表 등에 등장하여 역대로 신도愼到의 다른 이름이 골리滑釐로 알려지기도 하였으나 이는 별개의 인물로 밝혀지기도 하였다.

다음으로 《신자》 판본에 대한 문제이다.

현재 유행하고 있는 판본은 명 만력萬曆 5년(1577) 간행된 《자회子滙》본이 최초이며, 이는 북송 때 민간에서 전해오던 오편본五篇本을 근거로 한 것이다. 그리하여 〈차차암초전십륙자且且菴初箋十六子〉, 〈선진제자합편先秦諸子合編〉, 〈제자회함諸子滙函〉, 〈사고전서四庫全書〉, 〈묵해금호墨海金壺〉, 〈입이자전서卄二子全書〉, 〈자서백가子書百家〉, 〈백자전서百子全書〉, 〈양소헌총록養素軒叢錄〉, 〈신자삼종합질愼子三種合帙〉 등에 실린 것은 모두 이 판본을 영인하거나 수록한 것이다.

이듬해인 명 만력 6년 절강浙江 오흥吳興의 신무상愼懋賞이 《신자내외편愼子內外篇》을 편집하였는데 여기에는 신무상이 쓴 〈신자서愼子序〉, 〈신자전

愼子傳〉,〈신자고愼子考〉,〈신자평어愼子評語〉와 왕석작王錫爵의〈신자서愼子序〉가 들어 있고, 권말에는 신무상의〈전보傳補〉와〈외편직음外篇直音〉, 그리고 탕빙윤湯聘尹의〈신자후서愼子後序〉가 실려 있다. 이것을 중국학회中國學會에서 영인하면서《신자삼종합질愼子三種合帙》이라 하였으며,〈사부총간四部叢刊〉에는 그 중《신자내외편愼子內外篇》을 수록하면서 아울러 무전손繆荃蓀이 《군서치요群書治要》에서 뽑아낸〈지충知忠〉과〈군신君臣〉2편 및 일문逸文 36조, 손육수孫毓修의〈신자재편교문愼子內篇校文〉과〈발跋〉을 싣게 된 것이다.

그 이전 원대 도종의陶宗儀의《설부說郛》40에《신자》5편이 실려 있으며 명대〈자회본子滙本〉본과 기본적으로 같으나 그 책에는 등보滕輔의 주가 부기되어 있다. 그런데《수서》,《구당서》,《신당서》에도 역시 "숙보주滕輔注"라 표기되어 있어 이를 두고 엄가균嚴可均은 우선 고증작업부터 하였다. 역사상 이에 해당하는 인물로는 동한東漢 등무滕撫라는 사람이 자가 숙보叔輔이며《후한서後漢書》에 전이 있어 혹 그 자가 아닌가 하였다. 그러나 동진東晉 때 태학박사太學博士로서 등보滕輔란 자가 있으며《등보집輔輯》을 남기기도 하였으나 그 책은 실전되고 말았다. 이에 엄씨는 두 사람 중 "누구인지 알 수 없다"愼子注爲漢爲晉, 未敢定之라 하여 결론을 내리지 못하고 말았다.

엄씨는 가경嘉慶 20년1815 명대〈자회본〉을 저본으로 하고《군서치요》를 참고하여 종전의 5편에서 7편의《신자》를 집록하였다.〈지충〉과〈군신〉두 편을 증가시킨 것이며 그 중〈위덕편〉에서는 253자를 더 보충하고 등보의 주를 부기로 실었다. 이에 장지동張之洞은《서목문답書目問答》에서 "신자일권

愼子一卷, 부일문附逸文"이라 하고 주에 "엄가균이 교집한 것으로 수산이 판각한 본이며 그 외 금호본도 있다"(嚴可均校輯, 守山閣本, 又金壺本)라 하였다. 그러나 엄씨가 집록했다는 《신자》는 엄씨 저작 중에 들어있지 않으며 단지 《철교만록鐵橋漫稿》(5)에 〈신자서愼子叙〉만 들어 있을 뿐이며 그 서문에 이렇게 기록하였다.

"漢志法家愼子四十二篇. 名到, 先申韓, 申韓稱之. 隋志·舊新唐志皆十卷, 滕輔注. 崇文總目三十七篇, 書錄解題稱麻紗刻本纔五篇, 余所見明刻本亦皆五篇, 今從群書治要寫出七篇, 有注卽滕輔注. 其多出之篇, 曰知忠, 曰君臣, 其威德篇又多出二百五十三字. 雖亦節本, 視陳振孫所見本爲勝. 因刺取各書引見之文校補僞脫, 其遺文短段不能成篇者, 凡四十四事, 附于後."

한편 청 광서光緒 19년(1893) 전희조錢熙祚는 다시 《신자》를 정리하였다. 그리고 그는 발문跋文에 이렇게 밝혔다.

"《史記》稱:「愼到著十二論」, 徐廣注云:「今愼子劉向所定, 有四十一篇」. 按《漢志》本四十二篇, 徐注云'一'字誤也. 《通志》藝文略:「愼子舊有十卷四十二篇, 今亡九卷三十七篇」, 是宋本已與今同, 《群書治要》有《愼子》七篇, 今所存五篇具在, 用以相校, 知今本又經後人刪節, 非其原書. 今以《治要》爲主, 更據唐宋類書所引, 隨文補正, 其無篇名者, 別附於後. 雖不能復還舊觀, 而古人所引, 搜羅略備矣. 舊本後有逸文, 不知何人所輯, 內有數條, 云出《文獻通考》, 今檢之不可得. 且鄭漁仲所見已止五篇, 安得《通考》中尙有逸文? 尋其文句, 蓋雜取《鬻子》·《墨子》·《韓非子》·《戰國策》諸書, 以流傳旣久, 姑過而存之."

전희조 교본은 지금 〈수산각총서守山閣叢書〉에 실려 있으며 〈사부비요〉, 〈총서집성〉, 〈신자삼종합질〉, 〈제자집성〉 등에 모두 이 전씨본을 수록하고 있다.

다음으로 신무상이 편집한 《신자내외편》이 나타나자 일부 사람들이 칭찬을 아끼지 않으면서 높은 평가를 내렸다. 그러나 청대 저명한 학자인 엄가균과 전희조 등이 전혀 이 책을 언급하지 않아 그 가치가 저하되고 말았다.

그런데 청말에 이르러 양계초는 이 신무상의 《신자내외편》을 위작이라고 주장하였다. 그는 《고서진위급기연대古書眞僞及其年代》라는 글에서 "근래 〈사부총간〉의 족본 《신자》가 있는데 무전손의 가장본이라 하였다. 이는 명대 신무상이 전해온 것이라 하지만 틀림없이 위조된 것으로 동성 장목이 한 것이다. 무전손은 전문 목록학자로서 틀림없이 이 위서를 그대로 믿었던 것이다. 이 책을 본 뒤 크게 실망하였다"(近四部叢刊有足本愼子, 系繆荃孫家藏本, 說是明人愼懋賞傳下的, 顯系愼懋賞僞造, 爲同姓人張目. 繆氏是專門目錄學者, 居然相信這種僞書, 我們看見之後, 大爲失望)라 하였다. 그 뒤 나근택羅根澤은 8가지를 들어 이것이 위작임을 밝혀내었고 방국유方國瑜 역시 이를 입증할 자료를 제시하였다. 이에 따라 현대 곽말약郭沫若, 범문란范文瀾, 풍우란馮友蘭, 호적胡適, 장대년張岱年, 후외려侯外廬, 양영국楊榮國 등 모두 기본적으로 〈자회본〉과 〈전씨본〉을 믿어 이를 근거로 연구 텍스트로 삼게 된 것이다.

그러나 비록 전무상의 《신자내외편》이 위서라고는 하나 학계에서는 그래도 역시 그 나름대로 당시까지의 모든 자료를 모아 함께 묶은 공은 인정해야 할 것이라고 여기고 있다.

欽定四庫全書

慎子

威德一

周 慎到 撰

天有明不憂人之暗地有財不憂人之貧聖人有德不
憂人之厄也天雖不憂人暗闢戶牖必取已明焉則天
無事也地雖不憂人貧伐木刈草必取已富焉則地無
事也聖人雖不憂人之危百姓準上而比於其必取
已安焉則聖人無事也故聖人處上能無害人不能使
人無已害也聖人百姓除其害矣聖人之有天下也非
也非敢取之也百姓之於聖人也養之也非使聖人養
已也則聖人無事古者工不兼事士不兼官工不兼事
則事省事省則易勝士不兼官則職寡職寡則易守故士位
可世工事可常百工之子不學而能者非生巧也言有
常事也工事無常工則國無常法是以國家日繆教雖
成官不足官不足則道理匱矣古者立天子而貴者非
以利一人也曰天下無一貴則理無由通理以為天
下也故立天子以為天下非立天子以為君也立國
君以為國非立國以為君也立官長以為官非立官長以
為官長也法雖不善猶愈於無法所以一人心也夫投
鉤以分財投策以分馬非鉤策為均也使得美者不知
所以德使得惡者不知所以怨此所以塞願望也明君
動事分職（缺）必由慧定分財制祿（缺）必由法行德制中由禮故欲不
得干時愛不得犯法貴不得踰親祿不得踰位士不得
兼官工不得兼事以能受事以事受利若是者上無羨
賞下無羨財

因循二

天道因則大化因則細因也者因人之情也人莫不自為
也化而使之為我則莫可得而用是故先王不受祿者
不臣不厚祿者不與人人不得其所以自為也則莫不
取用焉故用人之自為不用人之為我則莫不可得而
用矣此之謂因

慎子

周慎到撰　　　守山閣叢書
金山錢熙祚錫之校

威德

天有明不憂人之暗也。地有財不憂人之貧也。聖人有德不憂人之危也。天雖不憂人之暗，闢戶牖必取己明焉，則天無事也。地雖不憂人之貧，伐木刈草必取己富焉，則地無事也。聖人雖不憂人之危，百姓準上而比於下，其必取己安焉，則聖人無事也。聖人處上，能無害人，不能使人無害，則百姓除其害矣。聖人之於天下也，受之也，非取之也。百姓之於聖人也，養己也，非養聖人也，則聖人無事矣。毛嬙西施，天下之至姣也，衣之以皮倛，

則見者皆走，易之以元錫，則行者皆止。由是觀之，元錫之助也。姣者辭之則色厭矣。走背跋輪窮谷野走十里藥也，走背辭藥則足廢故騰蛇遊霧飛龍乘雲，雲罷霧霽，與蚯蚓同，則失其所乘也。故賢而屈於不肖者，權輕也。不肖而服於賢者，位尊也。堯為匹夫，不能使其鄰家，至南面而王，則令行禁止。由此觀之，賢不足以服不肖，而勢位足以屈賢矣。故無名而斷者，權重也。弩弱而矰高者，乘於風也。身不肖而令行者，得助於眾也。故舉重越高者，不慢於藥。愛赤子者，不慢於保。絕險歷遠者，不慢於御。此得助則成，釋助則廢矣。夫三王五伯之德，參於天地，通於鬼神，

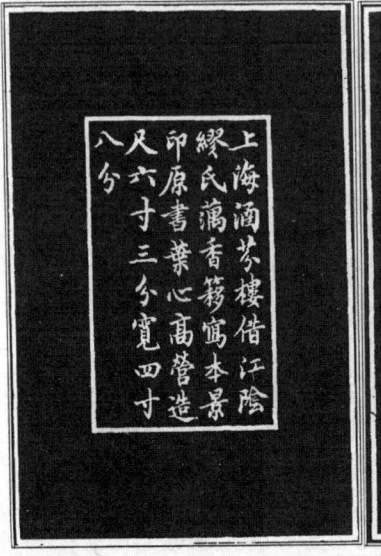

《慎子內外篇》四部叢刊本. 上海 涵芬樓 각의 〈江陰繆氏寫本〉을 근거로 한 전자판본(북경「書同文」)

愼子

周愼到撰　金山錢熙祚錫之校

威德

天有明，不憂人之暗也。地有財，不憂人之貧也。聖人有德，不憂人之危也。原刻危作厄，佐治要改 天雖不愛人之暗，原刻脫之字，佐治要補 地雖不愛人之貧，原刻脫之字，佐治要補 聖人雖不愛人之危，原刻危作厄，佐治要改 天無事也，地無事也，聖人無事也。原刻脫也字，佐治要補下句同 故聖人處上，能無害人，不能使人無己害也，則百姓除其害矣。聖人養之，非取之也，原刻取上有敢字，佐治要刪 之有天下也，受之也，原刻受作愛，佐治要改 非使聖人養己也，則聖人無事矣。毛嬙、西施。御覽三百八十一引作揭二字。屈天下之至姣也，佼字佐治要補 衣之以皮倛，古屈天下之至姣也，佼者見之皆走，易之以元錫，則行者皆止。由是觀之，則元錫之助色之甚。故勝蛇遊霧，飛龍乘雲，雲罷霧。御覽九百三十三又九百四十七引作霧俊按書鑑傳注引除，引作數 霽，則與蚯蚓同。則失其所乘也。故賢而屈於不肖者，御覽六百三十八引此句作不能使家化 權輕也。不肖而服於賢者，位尊也。堯爲匹夫，不能使其鄰家。至南面而王，則令行禁止。由此觀之，賢不足以服不肖，而勢位足以屈賢

《愼子》新編諸子集成本，法家類 활자본。

차례

◈ 책머리에
◈ 일러두기
◈ 해제

慎子

1. 위덕 威德

001(1-1) 성인은 아무 일도 하지 않는다 ················· 382
002(1-2) 모장과 서시 ················· 384
003(1-3) 형세를 타야 한다 ················· 386
004(1-4) 정치의 요체 ················· 388
005(1-5) 천자를 귀하게 대접하는 까닭 ················· 390
006(1-6) 제비뽑기의 원리 ················· 391
007(1-7) 재물을 부러워하지 않게 하는 방법 ················· 393

2. 인순 因循

008(2-1) 인지상정을 근거로 하라 ················· 396

3. 민잡民雜

- 009(3-1) 사람마다 능한 바가 다르다 ……………………………… 400
- 010(3-2) 임금과 신하가 갖추어야 할 도리 ……………………… 402
- 011(3-3) 임금의 지혜가 반드시 뛰어날 필요는 없다 ………… 404

4. 지충知忠

- 012(4-1) 나라가 망할 때마다 충신이 있었다 …………………… 408
- 013(4-2) 충성도 직책을 넘어서지 못하도록 하라 …………… 411
- 014(4-3) 임금 한 사람만의 죄 …………………………………… 412

5. 덕립德立

- 015(5-1) 권위를 잃지 말 것 ……………………………………… 416

6. 군인君人

- 016(6-1) 법에 맡길 뿐 스스로 나서지 말 것 ………………… 420

7. 군신君臣

017(7-1) 사사로움을 버려라 ·· 424

◉ 부록

Ⅰ.《신자愼子》일문佚文 ·· 428
Ⅱ.《신자愼子》서발 관련 자료 ·· 476

1. 위덕 威德

〈散氏盤〉

001(1-1)
성인은 아무 일도 하지 않는다

하늘은 광명을 가지고 있어 사람이 어두움에 고통을 받을까 걱정을 하지 않는다. 땅은 재물을 쌓아 놓고 있으니 사람이 가난에 고통을 받을까 걱정하지 않는다. 성인은 덕을 갖추고 있으니 사람이 위험에 처하지나 않을까 걱정하지 않는다.

이처럼 하늘이 비록 사람이 어두움에 떨까 걱정하지 않지만 사람은 그래도 창문을 만들어 열고 자신을 위해 광명을 취하고 있으니 그렇다면 하늘은 아무런 일도 하지 않는 것이다.

땅은 비록 사람이 가난에 고통을 받지나 않을까 걱정도 하지 않지만 사람들은 나무를 베고 풀을 베어 그 재부財富를 취하고 있으니 그렇다면 땅은 아무런 일도 하지 않는 것이다.

성인이 비록 사람의 위험을 걱정하지 않지만 백성들은 윗사람을 기준으로 아랫사람을 비교하며 반드시 자신들의 안정을 구하고 있으니 그렇다면 성인은 아무런 일도 하지 않는 셈이다.

그러므로 성인이 윗자리에 처하면 능히 사람에게 해를 주지 아니하는 것이지 사람들로 하여금 자신에게 해를 입히지 못하도록 하는 것이 아니며, 백성은 스스로 자신들에게 있는 해를 제거하는 것이다. 성인이 천하를 다스림은 이를 백성에게 받아서 하는 것이지 이를 취한 것은 아니다. 백성이란 성인에게 있어서 성인을 길러 주는 것이지 성인의 힘을 빌려 자신의 생활을 영위하는 것이 아니다. 이처럼 성인은 아무런 일도 하지 않는 것이다.

天有明, 不憂人之闇也; 地有財, 不憂人之貧也; 聖人有德, 不憂人之危也.

天雖不憂人之闇, 闢戶牖必取己明焉, 則天無事也.

地雖不憂人之貧, 伐木刈草必取其富焉, 則地無事也.

聖人雖不憂人之危, 百姓準上而比於下, 其必取己安焉, 則聖人無事也.

故聖人處上, 能無害人, 不能使人無己害也, 則百姓除其害矣. 聖人之有天下也, 受之也, 非取之也. 百姓之於聖人也, 養之也, 非使聖人養己也, 則聖人無事矣.

【辟】'열다'(開辟)의 뜻.
【戶牖】'戶'는 드나드는 문. '牖'는 둥그런 모습으로 만든 창문. 여기서는 하늘의 빛을 취하기 위하여 만든 문이라는 뜻으로 쓰였음.
【刈】칼이나 낫 등으로 '베다'의 뜻.
【準上】윗사람의 언행을 자신의 행동 표준으로 삼음.
【取】절취. 탈취.

002(1-2)
모장과 서시

모장毛嬙과 서시西施는 천하에 지극히 아름다운 미녀이지만 이들에게 짐승 가죽으로 만든 가면을 씌운다면 이를 본 자는 모두가 도망갈 것이다. 그러나 이들에게 좋은 비단 옷을 입힌다면 지나가던 사람들은 모두 걸음을 멈추고 구경할 것이다. 이로 말미암아 보건대 좋은 비단 옷은 미색을 도와 주는 것이다. 아무리 예쁜 미인이라도 이를 버린다면 그 미색은 혐오스러운 모습으로 변하고 말 것이다. 물건을 등에 지고 골짜기나 들판을 지나 십리를 걸어가야 할 사람은 이를 잘 묶어야 한다. 등에 지고 가는 것을 잘 묶기를 거절하면 발이 걸을 수 없기 때문이다.

그러므로 등사騰蛇는 안개가 있어야 날 수 있고 비룡飛龍은 구름이 있어야 타고 난다. 구름이 걷히고 안개가 사라지면 이들은 지렁이나 다를 게 없으니 이는 그 타고 노는 바를 잃었기 때문이다.

그러므로 어진 이로서 불초不肖한 자에게 굴복을 당하고 마는 경우란 권위가 가볍기 때문이요, 불초한 자이면서 어진 이에게 복종을 하는 것은 현인의 지위가 높기 때문이다.

요堯임금이 필부라면 그 이웃 하나 부릴 수 없을 것이지만, 남면南面하여 왕이 되어야만 명령이 행해지고 금하는 것이 억제될 수 있는 것이다.

이로 말미암아 보건대 어질다는 것만으로는 불초한 자를 복종시킬 수 없지만, 세력과 지위는 족히 어진 이도 굴복시킬 수 있는 것이다.

毛嬙·西施·天下之至姣也, 衣之以皮倛, 則見者皆走; 易之以元緆, 則行者皆止. 由是觀之, 則元緆色之助也. 姣者辭之,則色厭矣. 走背跋踚 窮谷野走十里, 葯也, 走背辭葯則足廢.
　故騰蛇游霧, 飛龍乘雲, 雲罷霧霽, 與蚯蚓同, 則失其所乘也.
　故賢而屈於不肖者, 權輕也; 不肖而服於賢者, 位尊也.
　堯爲匹夫, 不能使其鄰家; 至南面而王, 則令行禁止.
　由此觀之, 賢不足以服不肖, 而勢位足以屈賢矣.

【毛嬙】'毛廧'으로도 쓰며 고대의 미녀로 혹 越王의 애첩이라고도 함.
【西施】'先施', '西子' 등으로도 쓰며 춘추시대 越王 勾踐이 吳王 夫差에게 패하여 會稽山으로 쫓겼을 때 대부 范蠡가 서시와 鄭旦 등 미녀를 구하여 오왕에게 바침. 이로써 국권을 회복하여 마침내 오나라를 멸함.《吳越春秋》등 참조.
【皮倛】고대 귀신이나 역질을 몰아 내기 위해 의식을 할 때 쓰는 가면. 우리나라의 처용무에 쓰는 가면과 같음. 야수의 가죽으로 만들었다 함.《太平御覽》(381)에는 피석(皮裼)으로 되어 있음.

〈西施〉

【元緆】'원석'으로 읽으며 마포로 만든 아름다운 옷.
【走背】물건을 짊어지고 길을 가고 있음.
【跋踚】踚은 약으로 읽으며 '건너가거나 올라가다'의 뜻.
【葯】'풀이나 끈으로 묶다'의 뜻. '約'과 같음.
【騰蛇】'螣蛇'로도 쓰며 龍의 일종이라 함.
【堯】五帝의 하나로 唐을 세워 唐堯氏로도 불리는 고대 성군. 帝嚳의 아들이며 이름은 放勳. 伊 땅에서 나서 耆로 옮겨 살았음. 이 때문에 伊耆氏라고도 하며 陶 땅에 봉해져 陶唐氏라고도 함. 그는 형(摯)을 이어 천자가 되어 덕정을 베풀었으며 아들 丹朱가 불초하여 舜을 거용하여 뒤에 천자의 지위를 물려주었음.《史記》五帝本紀 참조.
【南面】제왕의 지위를 뜻함. 고대 윗사람이 남쪽을 향해 앉고 아랫사람은 북쪽을 향하여 앉는 방위를 정하였으므로 이렇게 부른 것.

003(1-3)
형세를 타야 한다

그러므로 명성이 없으면서도 일을 결단할 수 있는 경우란 권세가 중할 때이며, 활이 약하면서 높이 나는 새를 맞출 수 있는 것은 화살이 바람을 탔기 때문이며, 자신이 불초하면서 명령이 행해질 수 있는 경우란 많은 사람의 도움을 얻었기 때문이다.

따라서 무거운 물건을 들고 높은 곳을 넘어서야 하는 자는 그 물건을 잘 묶는 일을 소홀히 하지 않으며, 어린 아이를 사랑하는 자는 그 보모에게 거만하게 굴지 않는 법이며, 험한 길을 건너 멀리 가야 하는 자는 그 마부에게 교만하게 굴지 않는 법이다. 이처럼 도움을 얻으면 성취할 수 있으나 도움을 포기하면 일을 그르치고 만다.

무릇 삼왕三王과 오백五伯의 덕은, 천지에 참여하고 귀신에게 통하며 살아 있는 모든 물건에 주도면밀하여 그 도움이 넓었기 때문에 가능했던 것이다.

故無名而斷者, 權重也; 弩弱而矰高者, 乘於風也; 身不肖而令行者, 得助於衆也.

故擧重越高者, 不慢於藥; 愛赤子者, 不慢於保; 絶險歷遠者, 不慢於御. 此得助則成, 釋助則廢矣.

夫三王五伯之德, 參與天地, 通於鬼神, 周於生物者, 其得助博也.

【弩】기계의 힘으로 쏘는 큰 활.
【矰】화살에 실을 달아 새를 잡는 短箭.
【三王】흔히 夏(禹), 殷(商, 湯), 周(文王, 武王)의 삼대 개국 군주를 말하며 성군으로 높이 추앙하였음.
【五霸】춘추시대 패권으로 천하를 이끌었던 왕들. 흔히 齊桓公, 晉文公, 秦穆公, 宋襄公, 楚莊王을 들고 있으나(《史記》 및 《孟子》 趙岐 注) 그 외에 제환공, 진문공, 초장왕, 吳王闔閭, 越王勾踐(《荀子》 王霸 注)을 들기도 하며, 혹 제환공, 진문공, 초장왕, 진목공, 오합려(《白虎通》 號), 혹은 昆吾, 大彭, 豕韋, 제환공, 진문공(《白虎通》 號, 《左傳》 成公 2년 注, 《呂氏春秋》 先己 주)을 들기도 함.
【鬼神】고대 천지 사이에 일어나거나 존재하는 일체의 靈의 세계.

〈靈界圖〉(畵像石) 東漢 山東 嘉祥縣 武梁祠

004(1-4)
정치의 요체

옛날에는 공인工人은 다른 일을 겸하지 않았으며 선비는 다른 관직을 겸하지 않았다. 공인이 다른 일을 겸하지 않았으므로 일을 덜 수 있었고 일을 덜 수 있었으므로 그 일을 쉽게 해낼 수 있었다. 그리고 선비가 다른 관직을 겸하지 않았으므로 직무가 적었고 직무가 적었으므로 자신의 직책을 쉽게 지켜낼 수 있었던 것이다. 그러므로 선비는 대대로 선비의 역할을 하였고 공인은 항상 그 일을 해낼 수 있었다. 공인의 자녀는 배우지 않아도 그 일에 능숙하였으니, 이는 그가 태어날 때부터 그렇게 뛰어났던 것이 아니라 일상 대화가 모두 그 일에 관한 것이었기 때문이었다.

지금은 나라에는 상도常道가 없고 관청에는 상법常法이 없다. 이 까닭으로 국가는 날로 오류를 범하고 있다. 교화가 비록 이루어지고 있다고는 하나 관청에는 관리가 부족하고 관리가 부족하니 도리가 소진되고 말았으며, 도리가 소진되니 백성들은 어질고 지혜로운 자가 나타나기를 앙모하고 있다. 어질고 지혜로운 자를 앙모하게 되니 국가의 정치 요체는 사람의 마음을 하나로 통일시키는 데에 달려 있다.

古者, 工不兼事, 士不兼官. 工不兼事則事省, 事省則易勝; 士不兼官則職寡, 職寡則易守. 故士位可世, 工事可常. 百工之子, 不學而能者, 非生巧也, 言有常事也.

今也國無常道, 官無常法, 是以國家日繆. 敎雖成, 官不足. 官不足則道理匱, 道理匱則慕賢智, 慕賢智則國家之政要在一人之心矣.

【省】일을 줄임.
【可世】세대를 계속 이어갈 수 있음.
【繆】謬와 같음. 착오나 오류를 일으킴.
【匱】결핍됨. 모두 소진됨.

005(1-5)
천자를 귀하게 대접하는 까닭

옛날에 천자를 세워 이를 귀하게 대접한 것은 한 사람을 이롭게 하기 위한 것이 아니었다.

그래서 "천하에 한 사람의 귀함이 없다면 이치가 통할 수 없다. 법령이 통하게 하는 것은 천하를 잘 다스리기 위한 것이다"라 말한 것이다.

따라서 천자를 세운 것은 천하를 다스리기 위한 것이지 천자를 세운 것이 천자를 위한 것은 아니며, 나라의 임금을 세운 것은 나라를 다스리기 위한 것이지 나라를 세운 것이 임금을 위한 것은 아니며, 관리나 우두머리를 세운 것은 관직을 위한 것이지 관리나 우두머리를 세운 것이 그 관리나 우두머리를 위한 것은 아니다. 법령이 비록 완전하지는 못하다 해도 오히려 법이 없는 것보다는 낫다. 법령은 사람의 마음을 하나로 통일시키는 것이기 때문이다.

古者立天子而貴之者, 非以利一人也.
曰:「天下無一貴, 則理無由通, 通理以爲天下也.」
故立天子以爲天下, 非立天下以爲天子也; 立國君以爲國, 非立國以爲君也; 立官長以爲官, 非立官長以爲長也. 法雖不善, 猶愈於無法, 所以一人心也.

【通理】나라의 법령이 전국에 통행됨.
【一】통일함. 하나로 묶음.

006(1-6)
제비뽑기의 원리

    무릇 갈고리를 던져 재물을 분배하고 책策을 던져 말을 분배하지만 갈고리나 책이 균등하게 해 주는 것은 아니었다. 그러니 훌륭한 일을 한 자가 누구인지 덕망을 알아낼 수 없었으며, 악한 짓을 한 자라 해도 그가 어떤 원망을 듣고 있는지 알 수 없어 그저 그들의 바람이나 희망을 막기 위한 것이었다.
    그러므로 시구蓍龜는 공정한 앎을 세우기 위한 것이었으며, 권형權衡은 치우침이 없는 공정함을 확립하기 위한 것이었으며, 서계書契는 공정한 신용을 세우기 위한 것이었으며, 도량度量은 공정한 측량을 세우기 위한 것이었으며, 법제法制와 예적禮籍은 공정한 정의를 세우기 위한 것이었다.
    무릇 공정함을 확립한다는 것은 사사로움을 포기시키기 위함이었던 것이다.

    夫投鉤以分財, 投策以分馬, 非鉤策爲均也, 使得美者, 不知所以德, 使得惡者, 不知所以怨, 此所以塞願望也.
    故蓍龜所以立公識也, 權衡, 所以立公正也; 書契, 所以立公信也; 度量, 所以立公審也; 法制禮籍, 所以立公義也.
    凡立公, 所以棄私也.

    【投鉤】'拈闔'(疊韻連綿語)과 같음. 고대 재물을 분배할 때 어쩔 수 없이 갈고리를 던져 추첨을 통하여 순서나 양을 결정하는 방법.

【投策】 추첨과 같음. 내용을 적은 策을 던져 말을 분배함.
【蓍龜】 고대 점을 칠 때 사용하는 풀의 일종(蓍)과 거북 껍질.
【書契】 고대 계약이나 증명을 위한 문서. 또는 나무나 돌에 이를 새겨 보관하는 것. 흔히 고대의 기록을 말함. 《周易》 繫辭傳(下)에 "古者, 包犧氏之王天下也, 仰則觀象於天, 俯則觀法於地, 觀鳥獸之文, 與地之宜, 近取諸身, 遠取諸物, 於是始作八卦. ……上古結繩而治, 後世聖人易之以書契, 百官以治, 萬民以察, 蓋取諸夬"라 함.
【禮籍】 예의와 儀式에 관한 사상을 적은 전적.

007(1-7)
재물을 부러워하지 않게 하는 방법

명석한 군주가 일을 벌이고 그 공을 분배함에는 반드시 지혜에 근거하며, 상을 정하고 재물을 분배함에는 반드시 법에 근거하며, 덕을 행하여 중심을 바로 잡는 일은 반드시 예禮에 근거해야 한다.

그럼으로써 욕심이 간섭할 기회를 얻지 못하도록 하고, 사랑이 법을 위반하지 못하도록 하며, 귀함이 친척을 넘어서지 못하도록 하며, 봉록이 그 지위를 넘어서지 못하도록 해야 하는 것이다. 선비는 관직을 겸할 수 없도록 하며, 공인은 다른 일을 겸하지 못하게 하여 그로써 능히 자신의 일을 받아 해낼 수 있고 그 일로써 이익을 얻을 수 있도록 해야 한다.

만약 이와 같이만 된다면 위에 있는 사람은 상을 부러워하지 아니하고 아래에 있는 사람은 재물을 부러워하지 않게 된다.

明君動事分功必由慧, 定賞分財必由法, 行德制中必由禮.
故欲不得干時, 愛不得犯法, 貴不得逾親, 祿不得逾位.
士不得兼官, 工不得兼事, 以能受事, 以事受利.
若是者, 上無羨賞, 下無羨財.

【制中】중용의 도에 적합함.
【干時】간섭할 기회.

【逾親】 친척이라고 해서 상법을 넘어서서 귀함을 받음. 혹은 그 사랑이 친속을 사랑함보다 더함.
【羨賞】 상을 부러워하여 지나치게 상을 남용함을 뜻함.
【羨財】 재물을 탐하여 거두어들임.

2. 인순因循

〈野菊飛鳥七寶琺瑯瓶〉(淸) 부분

008(2-1)
인지상정을 근거로 하라

하늘의 도리란 이를 근거로 하면 장대해질 수 있고 이를 교화의 법칙으로 삼으면 미세한 것까지 화육시킬 수 있다.

근거로 한다 함은 사람의 인정을 근거로 함을 말한다. 사람이란 자신을 위하여 일하지 않는 이가 없으니 그들에게 자신을 바꾸어 나를 위해 일하도록 억지로 시킨다면 이러한 경우 사람을 얻어 쓸 수가 없다. 이러한 까닭으로 선왕은 녹을 받기를 바라지 않는 자를 보면 이를 신하로 삼지 않았으며, 신하로서도 녹을 후하게 주지 않는 자에게는 그를 위해 어려운 일에 함께 참여하지 않았다. 그리고 사람으로서 자신의 능력을 다하여 일을 처리하지 않는 자라면 윗사람은 그를 취하여 쓰지 않았다.

그러므로 군주로서 사람을 잘 이용하는 자는 스스로를 위하여 열심을 다하는 자이며, 남으로 하여금 자신을 위하여 일하도록 하지는 않았던 것이다. 그렇게 되면 천하에 그 누구도 얻어 쓰지 못할 자가 없게 된다. 이를 일러 '인因'이라 한다.

天道因則大, 化則細.
因也者, 因人之情也. 人莫不自爲也, 化而使之爲我, 則莫可得而用矣. 是故先王見不受祿者不臣, 祿不厚者, 不與入難. 人不得其所以自爲也, 則上不取用焉.

故用人之自爲, 不庸人之爲我, 則莫不可得而用矣, 此之
謂因.

【因】 자연 순환의 법칙을 근거로 삼음. 그 인과의 이치를 사용함. 因循함.
【化】 변화, 개혁. 교화. 化育의 뜻.
【入難】 어려운 일을 스스로 부담함. 큰 임무를 맡음.

3. 민잡 民雜

〈長信宮鎏金宮女銅燈〉(西漢) 1968 河北 滿城 출토

009(3-1)
사람마다 능한 바가 다르다

    사람들이 섞여 살지만 각기 자신의 능한 바가 있게 마련이며 그 능한 바란 각기 서로 다르다. 이것이 백성의 자연스러운 정황이다.
    큰 임금이란 태상太上이며 아래 만물을 길러 주기를 겸하고 있는 자이다. 아래의 만물이나 인간이 능히 그렇게 다를 수 있기 때문에 모두가 위에 있는 군주가 이들을 사용할 수 있는 것이다.
    이로써 대군大君은 백성들의 각기 다른 능력을 바탕으로 삼아 이들을 모두 포괄하여 길러 주되 능히 자신이 마구 그들을 취사선택할 수는 없는 것이다.
    이 까닭으로 한쪽 방향으로만 요구를 설정하여 남에게 이러한 것을 요구할 수 없는 것이니 그렇게 해야만 요구하는 것이 언제나 부족함이 없게 된다.
    대군은 신하에게 무엇을 선택하여 요구해서는 안 된다. 신하에게 무엇을 선택하여 요구하지 않게 되면 아래 사람으로서는 편하고 쉽게 대처할 수가 있게 되며, 아래 사람이 쉽게 대처하게 되면 수용하지 못할 것이 없게 되며, 수용하지 못할 것이 없게 되니 그 까닭으로 많은 사람이 모여들게 되는 것이다. 아래에 많은 사람이 모여드는 것을 일러 '태상'이라 한다.

    民雜處而各有所能, 所能者不同, 此民之情也.
    大君者, 太上也, 兼畜下者也. 下之所能不同, 而皆上之用也.

是以大君因民之能爲資, 盡包而畜之, 無能去取焉.

是故不設一方以求於人, 故所求者無不足也.

大君不擇其下, 故足. 不擇其下, 則易爲下矣. 易爲下則莫不容, 莫不容故多下, 多下之謂太上.

【雜處】뒤섞여 살고 있음.
【太上】至高無上의 上帝. 자연 상태 그대로의 대원칙. 원리. 우주의 섭리.
【畜】길러 주고 보살펴 줌.
【容】용납함. 수용함. 관용을 베풂.

010(3-2)
임금과 신하가 갖추어야 할 도리

임금과 신하의 도리는 신하는 실제로 일로써 섬겨야 하며, 임금으로서는 일이 없어야 한다. 임금은 늘 즐겁고 편안하며 신하는 노고로운 일을 맡아 해야 한다.

신하가 자신의 지혜와 힘을 다해 자신이 맡은 일을 잘 처리하되 임금은 이에 관여함이 없이 그저 성취하기만을 바라보고 있어야 한다.

그러므로 어떤 일이든 다스려지지 못할 것이 없으며 다스림은 정도正道에 걸맞게 되는 것이다. 임금으로서 스스로 임무를 맡아 그 일을 하되 아래 사람보다 잘하거나 앞서게 되면 이는 아래 사람 대신 부담을 지고 그 노고로움을 덮어쓰는 것이 되어 도리어 신하가 편안하게 된다.

그러므로 임금이 된 자가 일을 잘하기를 좋아하면서 아래 사람보다 앞서게 되면 아래 사람은 감히 임금보다 잘하여 임금에게 앞서기를 다투지 않게 되며 모두가 그저 자신의 아는 것을 스스로 숨기고 드러내지 않게 된다라고 말하는 것이다.

게다가 과실이 있으면 신하가 도리어 임금에게 책임을 지우게 되니 이는 역란逆亂의 지름길이 된다.

君臣之道: 臣事事而君無事; 君逸樂而臣任勞.
臣盡智力以善其事, 而君無與焉, 仰成而已.
故事無不治, 治之正道然也. 人君自任而務爲善以先下,則是代下負任蒙勞也, 臣反逸矣. 故曰: 君人者好爲善以先下, 則下不敢與君爭爲善以先君矣, 皆私其所知以自覆掩. 有過, 則臣反責君, 逆亂之道也.

【任勞】 힘들고 노고로운 일을 스스로 담당함.
【仰成】 앉아서 그 성공의 즐거움을 누림.
【負任蒙勞】 책임을 부담하며 노고로움을 덮어씀.
【逆亂】 叛逆과 禍亂.

011(3-3)
임금의 지혜가 반드시 뛰어날 필요는 없다

임금의 지혜가 반드시 여러 무리보다 가장 뛰어날 필요는 없다. 아직 가장 뛰어나지 않은 어짊으로 아래 사람 모두에게 잘해 주려 한다면 이는 충분히 그렇게 할 수가 없다. 만약 임금으로 하여금 지혜가 가장 뛰어나도록 하여 하나의 임금 혼자서 그 아래 사람을 충분히 그렇게 해 주고자 한다면 이는 노고로울 뿐이다. 노고롭게 되면 피로를 느끼고 피로를 느끼면 쇠약해지며 쇠약해지면 다시 그 충분하지 못한 도리를 반복하게 된다.

이 까닭으로 임금이 스스로 나서서 일을 맡아 자신이 몸소 일 처리를 하게 되면 신하는 자신의 일로써 임금을 섬길 수 없게 되니 이는 임금과 신하의 위치가 바뀌는 것이 된다. 이를 일러 도역倒逆이라 한다. 도역하게 되면 난이 일어난다. 임금은 진실로 모든 것을 신하에게 맡기고 스스로 나서지 말아야 신하 모두가 자신의 일로써 임금을 섬기게 된다.

이것이 임금과 신하의 순리이며 치란治亂의 구분이니 잘 살피지 아니할 수 없다.

君之智, 未必最賢於衆也. 以未最賢而欲以善盡被下, 則不贍矣. 若使君之智最賢, 以一君而盡贍下則勞. 勞則有倦, 倦則衰, 衰則復反於不贍之道也.

是以人君自任而躬事, 則臣不事事, 是君臣易位也, 謂之
倒逆. 倒逆則亂矣. 人君苟任臣而勿自躬, 則臣皆事事矣.
是君臣之順, 治亂之分, 不可不察也.

【被下】천하에 널리 덮임. 천하를 통치하고 나라를 다스림을 말함.
【易位】신하가 천자의 직위를 대체함.
【倒逆】사리에 어긋난 일을 저지름.

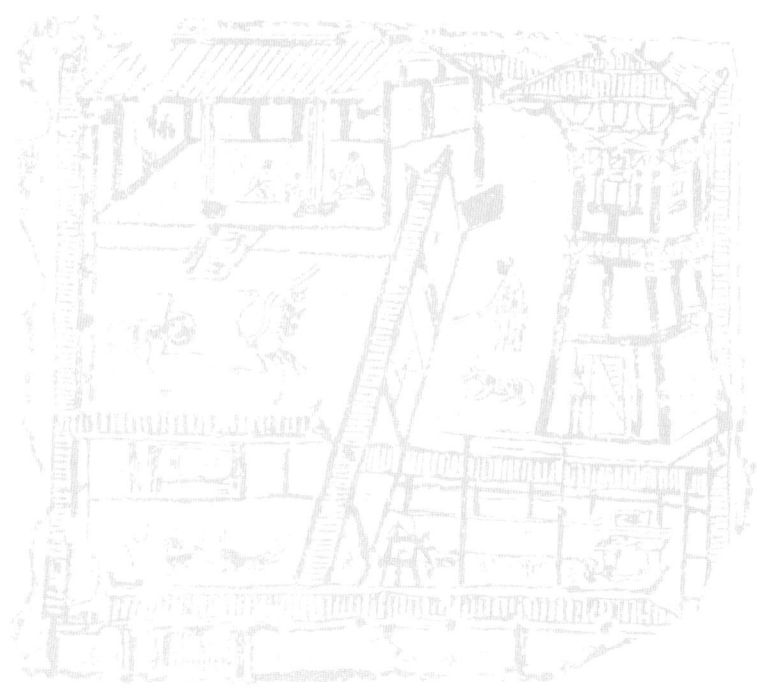

4. 지충 知忠

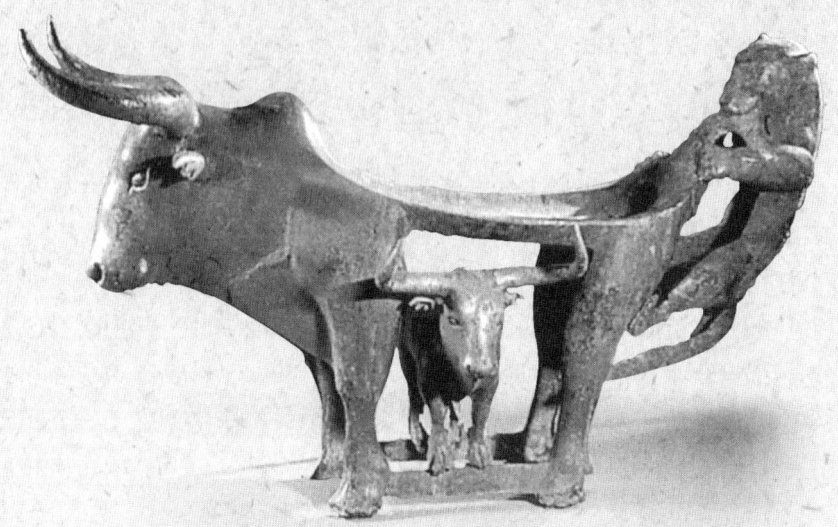

李家山〈雙牛銅枕〉 1972 雲南 李家山 古墓群 17호 출토

012(4-1)
나라가 망할 때마다 충신이 있었다

난세 속에 망하는 나라의 신하로서 유독 충신이 없을 수는 없다. 잘 다스려지는 나라에서 임금의 권위를 드러내어 주는 신하라고 해서 홀로 한 사람만이 충성을 다하는 것은 아니다. 다스려지는 나라의 백성은 그 충성이 그 나라 임금에게만 치우치는 것이 아니요, 어지러운 세상의 백성이라고 해서 그 도가 그 하나의 신하에게만 치우친 것도 아니다.

그럼에도 치란治亂의 세상에 똑같이 충성과 도를 가진 사람이 있다. 신하로서 충성을 다하고자 하는 자는 세상에 끊어진 적이 없다. 그런데도 임금이 그 윗자리에서 안녕을 누리지 못함은 비간比干이나 오자서伍子胥 같은 충신을 만나 도리어 그들이 암묵闇墨의 혼란 속에서 그 임금을 헐뜯고 쇠약하게 하여 드디어 물들고 물에 빠져 그 이름을 멸망시킨 채 죽도록 하기 때문이 아니겠는가?

이로 말미암아 보건대 충신은 족히 난세를 구제할 수 없으며, 도리어 마침 그 때에 임금을 거듭 비리를 저지르게 하기에 족한 자들이다. 어찌 그렇게 된다고 주장하는가 묻는다면 이렇게 말하겠다. 아버지에게는 순이 어진 아들이었건만 순舜은 고수瞽叟를 방축하였고, 걸桀에게는 충신이었지만 그들은 임금의 과실을 천하에 가득 퍼지도록 떠들고 다녔다. 그렇다면 효자는 자애로운 아버지의 집에서 나는 것이 아니며 충신은 성군聖君 아래에는 생겨나지 않는 법이다.

亂世之中, 亡國之臣, 非獨無忠臣也. 治國之中, 顯君之臣, 非獨能盡忠也. 治國之人, 忠不偏於其君; 亂世之人, 道不偏於其臣.

然而治亂之世, 同世有忠道之人. 臣之欲忠者, 不絕世, 而君未得寧其上, 無遇比干·子胥之忠, 而毀瘁主君於闇墨之中, 遂染溺滅名而死?

由是觀之, 忠未足以救亂世, 而適足以重非. 何以識其然也? 曰: 父有良子而舜放瞽叟; 桀有忠臣而過盈天下. 然則孝子不生慈父之家, 而忠臣不生聖君之下.

【顯君】명성이 혁혁한 군주.
【比干】殷末 紂王의 숙부. 혹 주왕의 庶兄이라고도 하며 이름은 干, 比 땅에 봉해짐. 주왕의 실정을 간언하다가 미움을 사서 주왕이 그의 배를 갈라 심장을 살펴보았다 함. 《사기》 殷本紀 참조.
【子胥】춘추 말기 伍子胥를 가리킴. 이름은 員. 원래 楚나라 사람으로 平王이 그의 아버지와 형을 살해하자 吳나라로 망명함. 申 땅에 봉해져 申胥라고도 불림. 뒤에 孫武와 함께 초나라를 쳐서 평왕의 무덤을 파고 시신을 꺼내어 3백 번 채찍을 휘두름. 다시 越나라와 싸워 여러 차례 승리를 거두었으나 太宰 伯嚭에게 참언을 입어 夫差에게 미움을 사서 죽임을 당함. 越나라는 范蠡와 文種의 도움으로 결국 오나라를 멸망시키고 말았음. 《史記》 伍子胥列傳 및 吳太伯世家, 越王勾踐世家 등 참조.
【舜】성은 姚씨. 이름은 重華. 虞나라의 시조로 虞舜이라고도 부르며 有虞氏 출신. 고대 五帝의 하나로 唐堯가 평민이면서 효도로 이름이 난 舜을 거용하여 30여 년을 섭정하면서 鯀, 共工, 驩兜, 三苗 등 四凶을 제거하고 八元과 八豈를 천거하여 천하를 다스림. 요임금이 양위하자 천자의 지위에 올라 18년간 다스리다가 남쪽 순수 중에 蒼梧山에서 죽음. 《尙書》 舜典 및 《史記》 五帝本紀 참조.

【瞽叟】瞽瞍로도 쓰며 순임금의 아버지로 장님이었음. 재취하여 相을 낳은 다음 여러 차례 순을 죽이려 하였으나 순이 지극한 효성으로 섬겼음.《史記》五帝本紀 및 《韓詩外傳》,《新序》 등 참조.

【桀】夏나라(禹가 세운 왕조)의 마지막 임금. 殷나라 말왕 紂와 더불어 천하의 폭군으로 알려짐. 이름은 履癸. 夏桀이라고도 부름. 商(殷)의 湯이 제후들을 거느리고 鳴條에서 멸하였으며 이에 南巢로 도망하였다가 죽음.《史記》夏本紀 참조.

013(4-2)
충성도 직책을 넘어서지 못하도록 하라

그러므로 명석한 군주가 그 신하를 부림에는 충성은 그 신하의 직책을 넘어서지 못하도록 하며 그 직책은 그 자신에게 맞는 관직을 넘어서지 못하도록 하여야 한다. 이렇게 하여 허물이 있으면 자신이 스스로 이를 잘 수양하여 아래 사람이 선善으로써 감히 자신이 잘 났다고 교만하거나 긍지를 가지지 않도록 해야 한다.

이렇게 하여 직책을 가진 관리를 잘 지키며 사람들은 각기 자신의 다스림에 힘쓸 뿐 감히 자신의 일로써 제멋대로 하거나 게으름이 없이 하도록 해야 한다. 관직이 바르게 처리되도록 하여 그 자신의 직업을 공경히 여기고 화목하고 순리대로 하게 하여 그 윗사람을 섬기도록 하여야 한다. 이와 같이 하면 지극한 다스림에 이르게 되는 것이다.

故明主之使其臣也, 忠不得過職, 而職不得過官. 是以過修於身, 而下不敢以善驕矜.
守職之吏, 人務其治, 而莫敢淫偸其事. 官正以敬其業, 和順以事其上, 如此, 則至治已.

【驕矜】 자신이 임금의 잘못을 바로잡아 주었다고 교만히 여기며 긍지를 뽐냄.
【淫偸】 지나치게 偸安에 치우침. 제멋대로 하거나 게으름을 피움.
【至治】 지극한 다스림. 훌륭한 통치. 다스림의 경지에 도달함.

014(4-3)
임금 한 사람만의 죄

나라를 망치는 임금은 결코 그 임금 한 사람만의 죄는 아니며, 나라를 잘 다스리는 임금은 역시 그 임금 한 사람만의 힘은 아니다.

치란이란 어진 이를 부리고 그에 맞는 직책을 맡기는 데에 있지 결코 충성의 여부에 있는 것은 아니다.

그러므로 지혜가 천하에 가득하면 그 은택이 임금에게까지 미치지만 충성이 천하에 가득하면 그 나라에까지 해로움이 미친다. 그러므로 걸桀이 망하고 있을 때 요堯임금이라 해서 능히 이를 존속시킬 수 없는 것이다. 그러나 요임금은 말로 다할 수 없는 훌륭함을 가지고 있고 걸은 인재 운용을 그릇되게 하였다는 이름을 뒤집어쓰고 있는 것에 대해서라면 이는 득인得人과 실인失人에 연유할 따름이다.

그러므로 궁중을 떠받들 재목이란 대체로 하나의 나무 가지로 되는 것이 아니며, 아주 훌륭한 갖옷이란 대체로 한 마리의 여우 가죽으로 만들 수 있는 것은 아니다. 이처럼 치란과 안위安危, 존망과 영욕의 차이나 변화란 한 사람의 힘으로 되는 것은 아니다.

亡國之君, 非一人之罪也; 治國之君, 非一人之力也.

將治亂, 在乎賢使任職而不在于忠也.

故智盈天下, 澤及其君; 忠盈天下, 害及其國. 故桀之所以亡, 堯不能以爲存. 然而堯有不勝之善, 而桀有運非之名,則得人與失人也.

　故廊廟之材, 蓋非一木之枝也; 粹白之裘, 蓋非一狐之皮也; 治亂安危·存亡榮辱之施, 非一人之力也.

【賢使任職】현신의 재능에 근거하여 재상의 직무를 맡김.
【運非】사람을 운용함이 그릇됨. 혹은 재주도 없는 사람을 운용함.
【得人·失人】사람을 잘 운용함과 그렇지 못함을 말함.
【廊廟】廊은 궁중 건물의 回廊. 廟는 제왕의 사당. 궁정을 가리킴.
【粹白之裘】순수하고 하얀 갖옷. 아주 훌륭한 갖옷을 말함.

5. 덕립 德立

〈猪紋陶〉(신석기) 1973 餘姚縣 河姆渡 유적지 출토. 浙江博物館 소장

015(5-1)
권위를 잃지 말 것

　천자를 세움에는 제후들로 하여금 천자의 지위를 의심하도록 해서는 안 되며, 제후를 세움에는 대부들로 하여금 그 제후의 권위를 의심하도록 해서는 안 되며, 정처正妻를 세움에는 폐첩嬖妾으로 하여금 그 정처의 자리를 의심하도록 해서는 안 되며, 적자嫡子를 세움에는 서얼庶孼들로 하여금 그 적자의 위치를 의심하도록 해서는 안 된다.
　의심을 하게 되면 동요하게 되며, 두 가지가 맞서게 되면 다툼이 있게 되고, 이들이 뒤섞이게 되면 서로 상해를 입히게 된다. 상해를 입히게 되는 경우란 서로 비슷함이 있을 때에 생기는 것이며, 홀로 그러한 지위를 누릴 때는 생기지 않는다. 그러므로 신하가 두 자리를 가지게 되면 나라는 틀림없이 난이 일어나게 된다. 신하가 두 자리를 가지고도 나라가 난이 일어나지 않는 경우는 임금이 있기 때문이다. 임금을 믿으면 난을 일으키지 않지만 임금의 권위가 실추되면 반드시 난을 일으키게 된다.
　가정에 아들이 똑같은 지위를 누리는 자가 둘이면 가정은 틀림없이 혼란이 일어나게 된다. 같은 지위를 누리는 자가 둘인데도 가정에 혼란이 일어나지 않는 경우란 아버지가 있기 때문이다. 아버지를 믿으면 혼란이 일어나지 않지만, 아버지의 권위가 실추되면 반드시 혼란이 일어나게 된다. 신하가 그 임금의 권위를 의심하면서 나라에 위험이 다가오지 않는 경우란 없으며, 서얼이 그 적종嫡宗의 지위를 의심하면서 혼란이 일어나지 않는 가정이란 있을 수 없다.

立天子者, 不使諸侯疑焉; 立諸侯者, 不使大夫疑焉; 立正妻者, 不使嬖妾疑焉; 立嫡子者, 不使庶孽疑焉.

　疑則動, 兩則爭, 雜則相傷, 害在有與, 不在獨也. 故臣有兩位者國必亂. 臣兩位而國不亂者, 君在也, 恃君而不亂矣, 失君必亂.

　子有兩位者家必亂. 子兩位而家不亂者, 父在也, 恃父而不亂矣, 失父必亂. 臣疑其君, 無不危之國; 孽疑其宗, 無不危之家.

【諸侯】봉건시대 帝王이 천하를 나누어 분할 통치하도록 하는 제도. 周나라 때는 혈족과 공신에게 제후를 봉하여 朝貢과 述職, 出兵, 服役 등의 의무를 담당토록 하였으며, 秦나라 때는 이의 폐단을 없애기 위하여 천하를 39군과 현으로 나누어 郡縣制로 바꾸었고, 漢나라는 이를 절충하여 郡國制를 실시하였음.
【嬖妾】정처가 아닌 애첩.
【嫡子】정처 소생의 장남. 嫡長子라고도 함.
【有與】서로 동등한 사물.

6. 군인君人

〈朱雀燈〉 서한 山西 출토

016(6-1)
법에 맡길 뿐 스스로 나서지 말 것

임금 된 자가 법을 버리고 자신의 뜻대로 나라를 다스린다면, 벌을 내리고 상을 주는 일과 주고 빼앗는 것이 모두 임금의 마음에서 나오게 된다. 그렇게 되면 상을 받는 자는 비록 당연하다 해도 끝없이 더 많이 주기를 바라게 되며, 벌을 받는 자는 당연하다 해도 줄여 주기를 바라는 것이 끝이 없게 된다.

임금이 법을 버리고 자신의 마음을 기준으로 경중輕重을 결정하게 되면 똑같은 공을 세우고도 그 상이 다르게 되며, 똑같은 죄를 짓고도 그 벌이 다르게 되어 원망이 이로 말미암아 생겨나게 된다.

이 까닭으로 말을 나누어 주면서 책策을 사용하거나 전지를 분배하면서 갈고리를 사용하는 것은, 그 갈고리나 책이 사람의 지혜보다 뛰어나기 때문에 그렇게 하는 것은 아니다. 다만 사사로움을 제거하고 원망을 막기 위한 것이었을 뿐이다.

그러므로 대군大君은 법에 맡기며 자신이 직접 나서서 하지는 않는다라 하였으니, 이렇게 되면 모든 일을 법에 따라 판단할 수 있기 때문이다.

법이 더해짐으로써 각기 자신의 직분을 따르게 되며 상벌을 당함에도 임금에게 바라는 바가 없게 되는 것이다. 이렇게 함으로써 원한이 생기지 않으며 상하가 화평을 얻게 되는 것이다.

君人者, 舍法而以身治, 則誅賞予奪, 從君心出矣. 然則受賞者雖當, 望多無窮; 受罰者雖當, 望輕無已.

君舍法, 而以心裁輕重, 則同功殊賞, 同罪殊罰矣, 怨之所由生也.

是以分馬者之用策, 分田者之用鉤, 非以鉤策爲過於人智也, 所以去私塞怨也. 故曰: 大君任法而弗躬, 則事斷於法矣.

法之所加, 各以其分, 蒙其賞罰而無望於君也, 是以怨不生而上下和矣.

【身治】法治와 상대되는 말로 자신의 의견에 따라 나라를 다스림.
【心裁】개인의 好惡에 따라 일을 결단함.
【策】고대 물건을 나눌 때 공평하게 할 수 없는 경우 목간에 이를 써서 추첨이나 제비뽑기를 통해 결정하는 것.
【鉤】역시 갈고리를 사용하여 써놓은 결정문을 낚아 자신의 몫으로 결정하는 것. 추첨이나 제비뽑기의 일종.
【弗躬】군주가 나라를 다스릴 때 자신의 개인 의견에 따라 일을 처리해서는 안됨을 말함. 반드시 법에 의해 다스려야 함을 말한 것.

7. 군신君臣

秦始皇 兵馬俑坑

017(7-1)
사사로움을 버려라

임금이 된 자는 많이 들어서는 안 되며 오직 법에 의거하고 술수에 의지하여 그 득실을 관찰하여야 한다. 법에 맞지 않는 말은 귀에 들리지 않도록 하며, 법에 없는 노고로움은 공으로 여기려 들지 말아야 하며, 힘쓰지 않는 친척은 관리로 임용하지 말아야 한다.

관직은 사사로움이나 친함을 이유로 주어서는 안 되며, 법은 아끼고 위해주어야 할 사람을 빠뜨려서는 안 된다. 상하가 무사하려면 오직 모든 것을 법으로 다스려야 한다.

爲人君者不多聽, 據法倚數以觀得失. 無法之言, 不聽於耳; 無法之勞, 不圖於功; 無勞之親, 不任於官.
官不私親, 法不遺愛, 上下無事, 唯法所在.

【數】기예, 방술 등을 말하며 여기서는 법술을 뜻함.
【無法】법에 맞지 않음.
【遺】遺失. 忽略하게 여김.

부록

I. 《신자愼子》 일문佚文

II. 《신자愼子》 서발 관련 자료

乾隆〈霽靑金彩海宴河淸尊〉(부분)

I. 《신자愼子》 일문佚文

018(佚-1)

바다를 건너는 자로서 배에 앉아서 월越나라까지 이를 수 있는 것은 배를 이용하기 때문이다. 육지를 가는 자가 수레에 서서 진秦나라 까지 갈 수 있는 것은 수레를 이용하기 때문이다. 진나라나 월나라는 아주 먼 길이지만 편히 앉아서 갈 수 있는 것은 기계를 이용하기 때문이다.

行海者, 坐而至越, 有舟也; 行陸者, 立而至秦, 有車也. 秦·越遠途也, 安坐而至者, 械也.

【越】춘추시대 제후국. 지금의 浙江省 일대에 있었으며 夏나라 少康의 서자 無餘가 會稽에 봉해져 나라를 이루었음. 춘추 말기 越王 勾踐이 吳王 夫差를 멸하고 패자가 되었으며 뒤에 전국시대에 이르러 楚나라에게 망함.
【秦】고대 제후국으로 지금의 陝西省과 甘肅省 일대에 흥성했던 나라. 周 孝王이 伯翳의 후손 非子를 附庸國으로 삼아 秦邑을 주었으며 襄公 때 이르러 나라를 세움. 전국시대에 戰國七雄에 들었으며 秦始皇(嬴政)에 이르러 천하를 통일하였음.
【械】사람의 노동이나 일을 대신할 수 있는 각종 기구나 器械.
※《太平御覽》(768)에 인용되어 있으며 앞의 「行海者, 坐而至越, 有舟也; 行陸者, 立而至秦, 有車也」는《六帖》(11)에도 인용되어 있다.

019(佚-2)

몇천 근의 무게를 가진 물건을 두고 우禹임금으로 하여금 그 돌의 무게를 미세한 치수錙銖 단위까지 알아내라 하면 알아낼 수 없을 것이다. 그러나 이 돌을 저울에 달게 되면 모발牦髮의 차이도 틀리지 않게 알 수 있을 것이니, 우임금의 지혜를 기다릴 필요도 없이 보통 사람의 지식으로도 이를 알아내지 못할 것이 없게 된다.

厝鈞石, 使禹察錙銖之重, 則不識也. 懸於權衡, 則牦髮之不可差, 則不待禹之智, 中人之知, 莫不足以識之矣.

- 【厝】'置', '措'와 같음.
- 【鈞石】모두 고대 무게의 단위. 均은 30근의 무게라 하며 石은 40균의 무게라 함. 매우 무거운 물건을 뜻함.
- 【禹】夏禹氏. 성은 姒氏. 鯀의 아들이며 하후씨 부락의 영수로 아버지 곤의 사업을 이어받아 治水에 성공하여 虞舜이 죽은 뒤 천하를 이어받아 安邑에 도읍을 정함. 뒤에 남쪽을 巡狩하다가 會稽에서 죽었다 함. 고대 능력이 있는 성군으로 추앙받음.
- 【錙銖】아주 미세한 무게를 다는 단위. 6銖가 1錙이며 4錙가 1兩이라 함.
- 【牦髮】毫髮과 같은 뜻. 털과 같은 작은 차이. 아주 미세함을 말함.

※《太平御覽》(830)과《意林》에 인용되어 있다.

020(佚-3)

속담에 이렇게 말하였다.
"귀도 밝지 못하고 눈도 밝지 못하면 능히 왕이 될 수 없으나, 장님이나 귀머거리가 되지 않고는 시부모가 될 수 없다."
바다와 산이 물을 두고 다투면 바다가 틀림없이 이기게 된다.

諺云:「不聰不明, 不能爲王; 不瞽不聾, 不能爲公」
海與山爭水, 海必得之.

【聰明】귀가 밝은 것을 聰이라 하며, 눈이 밝은 것을 明이라 함.
【瞽聾】장님이나 귀머거리.
※《太平御覽》(496)과《意林》에 인용되어 있으며,《賢文》(473)에는「不癡不聾, 不作阿姑阿翁; 得親順親, 方可爲人爲子」라 하였고 唐 趙璘의《因話錄》(권1)에 唐 郭子儀의 아들 郭曖가 昇平公主를 아내로 맞아 불화를 빚은 끝에 곽애가 공주를 꾸짖자, 이를 들은 곽자의가 아들을 묶어 궁궐로 들어가 처벌해 줄 것을 요구하였다. 그러자 代宗이 곽자의에게「諺云:"不痴不聾, 不作阿家阿公." 小兒女子閨帷之言, 大臣安用聽?」이라 한 고사가 실려 있다. 그 외《北史》長孫平傳에는「不痴不聾, 不作大家翁」이라 하였고,《隋書》(46)에는「不痴不聾, 未敢作大家翁」이라 하였다. 한편《釋名》(권4)에는「不瘖不聾, 不成姑公」이라 하는 등 많은 곳에 언급되어 있다.《幼學瓊林》祖孫父子篇에는「不痴不聾, 不作阿家阿翁; 得親順親, 方可爲人爲子」라 하였다. 그리고 뒤의 구절은《孟子》離婁(上)에「不得乎親, 不可以爲人; 不順乎親, 不可以爲子」라 하였다.

021(佚-4)

예禮란 풍속을 따르고 정치란 윗사람을 따르며 사신은 그 임금을 따른다. 나라에 귀천에 대한 예는 있지만 현·불초에 대한 예는 없으며, 장유長幼에 대한 예는 있지만 용겁勇怯에 대한 예는 없으며. 친소親疎에 대한 예는 있지만 애증愛憎에 대한 예란 없는 것이다.

禮從俗, 政從上, 使從君. 國有貴賤之禮, 無賢不肖之禮, 有長幼之禮, 無勇怯之禮; 有親疎之禮, 無愛憎之禮也.

【使】사신의 임무를 말함.
【勇怯】용맹함과 겁을 먹음.
【親疎】친한 사이와 소원한 사이.
※《太平御覽》(496)과《藝文類聚》(38)에 인용되어 있다.

022(佚-5)

법의 효용은 사사로운 행동을 하지 못하는 것만큼 큰 임무는 없으며, 임금의 공이란 백성으로 하여금 다투지 않도록 함만큼 큰 임무는 없다.
지금 법을 세워놓았는데도 사사롭게 행하니 이는 사사로움과 법이 투쟁을 하는 것으로 그 혼란은 법이 없을 때보다 심하며, 임금을 세워

놓고도 어진 이를 존경하니 이는 어진 이와 임금이 다투는 것으로 그 혼란은 임금이 없을 때보다 더 심하다.

그러므로 도가 있는 나라라면 법이 세워져 사사로운 의논이 행해지지 않으며, 임금이 세워지면 어진 이는 존경을 받지 않는다. 백성이 하나로 임금에게 통일되고 일이 법에 의해 판결이 나야 하는 것이니 이것이 나라의 대도大道이다.

法之功, 莫大使私不行; 君之功, 莫大使民不爭.

今立法而行私, 是私與法爭, 其亂甚於無法; 立君而尊賢, 是賢與君爭, 其亂甚於無君.

故有道之國, 法立則私議不行, 君立則賢者不尊. 民一於君, 事斷於法, 是國之大道也.

【有道之國】법제에 의해 다스리는 나라.
※《太平御覽》(638)과 《藝文類聚》(54)에 인용되어 있다.

023(佚-6)

황하의 물이 용문龍門에 이르면 그 흐름은 대나무 화살처럼 빨라 사마駟馬로 쫓아도 이를 따라잡을 수 없다.

河之下龍門, 其流駛如竹箭, 駟馬追弗能及.

【龍門】陝西省 韓城縣과 山西省 河津縣 사이에 있는 黃河의 물살이 센 협곡. 잉어가 이곳을 넘어서면 용이 된다는 전설이 있음.
【駟馬】네 필 말이 끄는 수레. 아주 빠름을 표현하는 뜻으로 널리 쓰임. 《論語》顔淵篇에 "子貢曰:「惜乎, 夫子之說君子也! 駟不及舌. 文猶質也, 質猶文也.」"라 함.
※《太平御覽》(40)에 인용되어 있다.

024(佚-7)

저울이 있으면 그 경중을 속일 수 없고 자를 가지고 있으면 그 장단의 차이를 속일 수 없으며, 법도를 가지고 있으면 교묘한 거짓이나 위선을 부릴 수 없다.

有權衡者, 不可欺以輕重; 有尺寸者, 不可差以長短; 有法度者, 不可巧以詐僞.

【權衡】저울을 말함.
【尺寸】자를 가리킴.
【法度】법과 제도. 국가를 통치하는 문물제도.
※《太平御覽》(429)과《意林》에 인용되어 있다.

025(佚-8)

　유우씨有虞氏 시절에 주벌을 내릴 때는 몽건幪巾을 씌우는 것으로 묵형墨刑에 해당하는 것으로 삼았고, 초영草纓 정도로 의형劓刑으로 여겼으며, 비리菲履 정도만 해도 월형刖刑으로 여겼으며, 애위艾韠 정도만 해도 이를 궁형宮刑으로 여겼으며, 포의布衣에게는 무령無領만으로도 대벽大辟으로 여겼다. 이것이 유우씨의 형벌 내용이었다.
　사람의 지체肢體를 베고 살갖과 피부를 뚫는 것을 일러 형刑이라 하고 의관에 표시를 하고 장복章服을 달리하는 것을 육戮이라 한다. 옛날에는 육戮만을 써도 백성들이 죄를 범하지 않았으나 지금 세상에는 형刑을 써도 백성들이 따르지 않는다.

　有虞之誅, 以幪巾當墨, 以草纓當劓, 以菲履當刖, 以艾韠當宮, 布衣無領當大辟, 此有虞之誅也.
　斬人肢體, 鑿其肌膚, 謂之刑; 畫衣冠, 異章服, 謂之戮. 上世用戮而民不犯也, 當世用刑而民不從.

【有虞氏】고대 舜임금이 다스리던 부락이며 씨족 이름. 지금의 山西省 永濟縣에 도읍을 정하였었음.
【幪巾】순임금 시대에는 수건으로 얼굴을 가리는 것으로 묵형을 대신하였다 함. 肉刑에 상대되는 象刑을 의미함.
【墨刑】고대 五刑의 하나로 얼굴이나 이마에 검은 먹을 문신으로 넣어 죄인임을 나타내는 형벌.
【草纓】고대 죄인의 복장으로 순임금 때 풀로 엮은 옷을 입혀 劓刑을 대신하였다 함.

【劓刑】코를 베는 형벌. 고대 오형의 하나.
【菲履】짚으로 엮은 죄수용 신발. 혹 '剕履'가 아닌가 하며 이러한 신발을 신겨 剕刑을 대신함.
【剕刑】다리를 자르는 형벌로 역시 고대 오형의 하나.
【艾韠】고대 상징적인 형벌의 하나. 죄인의 옷 중에 무릎 부분을 잘라 궁형을 대신함.
【宮刑】남자의 생식기능을 없애는 형벌. 腐刑이라고도 하며 오형의 하나.
【無領】옷을 목 부분이 없는 형태로 만들어 죄인에게 상징적인 형벌을 내림.
【大辟】사형을 말하며 오형 중에 가장 무거운 형벌이었음.
【章服】옷의 무늬나 복식.
【刑戮】고대에는 이를 구분하여 형은 肉刑을, 육은 象刑을 뜻하는 말로 썼음.
※《太平御覽》(645)에 인용되어 있다.

026(佚-9)

옛날에는 천자도 스스로 자신의 손으로 옷을 입었으나 재부宰夫를 두어 옷을 입혀 주도록 하였고, 천자가 스스로 걸을 수 있었으나 도와주는 자가 생겨 길을 인도하게 되었으며, 천자가 자신의 입으로 말할 수 있었으나 행인行人을 두어 대신 말을 하게 하였다. 그러므로 임금이 실언을 하거나 실례를 하는 일이 없어지게 된 것이다.

昔者, 天子手能衣而宰夫設服, 足能行而相者導進, 口能言而行人稱辭. 故無失言失禮也.

【宰夫】고대의 관직 이름으로 임금의 朝服 등을 관리하는 직책. 혹은 주방에서 음식을 담당하는 자라고도 함.
【相者】임금의 행차에 앞서서 길을 살피는 직책.
【行人】고대 관직 이름으로 朝覲聘問 등의 일을 맡은 외교관의 일종이며 혹 儀典을 담당하기도 하였음.
※《太平御覽》(76)에 인용되어 있다.

027(佚-10)

이주離朱의 눈 밝음은 백 보 멀리 있는 추호秋毫의 끝도 살필 수 있지만, 이를 물 속에 들어가 그 깊이를 재어 보라 하면 그 얕고 깊음을 능히 알아낼 수 없다. 눈이 밝지 못한 것이 아니라 그 형세가 보기 어렵도록 하기 때문이다.

離朱之明, 察秋毫之末於百步之外, 下於水尺, 而不能見淺深, 非目不明也, 其勢難睹也.

【離朱】'離婁'로도 쓰며 고대 눈이 밝기로 이름난 사람. 황제 때의 인물로 아주 먼 곳의 물건도 정확하게 변별하였다 함.《孟子》離婁章에 "孟子曰: 「離婁之明, 公輸子之巧, 不以規矩, 不能成方員; 師曠之聰, 不以六律, 不能正五音; 堯舜之道, 不以仁政, 不能平治天下.」"라 하였음.

【秋毫之末】짐승은 가을에 털갈이를 하여 그 털이 아주 가늘고 미세하다고 함. 아주 미세한 물건을 대신하여 쓰는 말. 《孟子》梁惠王(上)에 "有復於王者曰: 「吾力足以擧百鈞, 而不足以擧一羽; 明足以察秋毫之末, 而不見輿薪」, 則王許之乎?"라 함.
※《太平御覽》(366)과 《藝文類聚》(17) 및 《文選》〈演連珠〉注・〈揚荊州誄〉注에 인용되어 있다.

028(佚-11)

요堯임금이 허유許由에게 천하를 양보하고 순舜임금은 천하를 선권善卷에게 양보하였지만, 모두가 천자의 지위를 사양하고 물러나 필부가 되겠다고 하였다.

堯讓許由, 舜讓善卷, 皆辭爲天子而退爲匹夫.

【許由】고대 은사로 요임금이 천하를 양보하려 하자 이를 거절하고 箕山으로 숨어 귀를 씻었다고 함.
【善卷】역시 고대의 은사로 순임금이 그에게 천자의 지위를 넘겨주려 하자 거절하고 깊은 산 속으로 숨었다 함. 《莊子》讓王篇 참조.
※《太平御覽》(424)과 《藝文類聚》(21)에 인용되어 있다.

029(佚-12)

계약서 문권을 반으로 나누어 소지하고 부절符節을 나누어 각기 가지고 있는 것은 어진 이나 불초한 이나 누구나 이렇게 사용한다.

折券契, 屬符節, 賢不肖用之.

【券契】계약 문서. 돌이나 나무에 새겨 이를 반씩 나누어 소지하였다가 뒤에 이를 확인함.
【符節】대나무에 내용을 적은 다음 이를 갈라 서로 소지하였다가 맞추어 보고 확인함. 흔히 사신들에게 주어 확인하던 신표.
※《太平御覽》(430)에 인용되어 있다.

030(佚-13)

노魯나라 장공莊公이 큰 종을 주조하자 조귀曹劌가 들어와 뵙고 말하였다.
"지금 나라는 작은데 이렇게 큰 종을 주조하셨으니 임금께서 무엇인들 하지 못하겠습니까?"

魯莊公鑄大鐘, 曹劌入見曰:「今國褊小而鐘大, 君何不圖之?」

【魯莊公】춘추시대 노나라 군주. 桓公의 아들이며 재위 32년(B.C.693~B.C.662)
【曹劌】曹沫. 춘추시대 노나라 대신이다. 용력으로 莊公을 섬겼으며 齊 桓公이 노나라 땅을 빼앗고 柯에서 회맹을 할 때 비수를 품고 제 환공을 협박하여 잃었던 땅을 다시 찾음.《史記》및《左傳》참조
※《太平御覽》(575)과《初學記》(16)에 인용되어 있다.

031(佚-14)

공수자(公輸子)가 아무리 목재를 다루는데 뛰어나다 해도 박달나무로 슬(瑟)을 만들지는 못한다.

公輸子, 巧用材也, 不能以檀爲瑟.

【公輸子】고대 유명한 건축가이며 물건을 만드는데 뛰어난 재주를 가졌던 인물. 성은 公輸, 이름은 般(班). 노나라 사람이어서 흔히 '魯班'으로도 불림. 많은 도구를 처음 만들었으며 목공의 鼻祖로 추앙받음.

【檀】 박달나무. 흔히 瑟은 오동나무로 만들며 이 나무로는 瑟을 만들 수 없음을 말함.
※《太平御覽》(576)에 인용되어 있다.

032(佚-15)

공자가 말하였다.
"나는 어려서 배움을 좋아하였고 만년에는 도를 들어 이 때문에 박통한 것이다."

孔子曰:「邱少而好學, 晚而聞道, 以此博矣」

【邱】 공자. 자는 仲尼(B.C.551~B.C.479) 이름은 丘. 여기서는 丘자를 邱자로 썼음.
【少而好學】《論語》子罕篇에 "大宰問於子貢曰:「夫子聖者與? 何其多能也?」子貢曰:「固天縱之將聖, 又多能也.」子聞之, 曰:「大宰知我乎! 吾少也賤, 故多能鄙事. 君子多乎哉? 不多也.」牢曰:「子云:『吾不試, 故藝.』」"라는 구절이 있음.
※《太平御覽》(607)에 인용되어 있다.

033(佚-16)

공자가 말하였다.

"유우씨有虞氏는 상도 내리지 않았고 벌도 내리지 않았으며, 하후씨夏后氏는 상은 내렸지만 벌은 내리지 않았으며, 은殷나라는 벌은 내리되 상은 내리지 않았으며, 주周나라는 상도 내리고 벌도 내렸다. 벌은 초달하는 것이며 상은 부리는 것이다."

孔子云:「有虞氏不賞不罰, 夏后氏賞而不罰, 殷人罰而不賞, 周人賞且罰. 罰, 禁也; 賞, 使也.」

【有虞氏】舜임금을 가리킴.
【夏后氏】禹임금을 가리킴. 舜에게 천하를 선양받아 夏王朝를 세웠으며 최초의 世襲王朝를 이룸. 그 末王은 桀이었음.《史記》夏本紀 참조.
【殷】商나라라고도 하며 湯이 세운 왕조. 그 말왕은 紂였음.
【周】文王과 武王이 일으켜 세운 나라. 문물제도를 완비하여 무왕이 殷을 멸하고 鎬京에 도읍을 정함.
【楚】楚撻함. 가시나무나 나뭇가지로 사람을 때림.
※《太平御覽》(633)에 인용되어 있다.

034(佚-17)

연燕나라에서 만든 무게 천 균鈞인 종을 오吳나라에서 만든 배에 실었다. 이를 싣고 물을 건널 수 있는 것은 그 종이 물에 뜨는 배에 의지하였기 때문이다.

燕鼎之重乎千鈞, 乘於吳舟, 則可以濟, 所托者浮道也.

【燕】 고대 주나라 때의 제후국. 주 무왕이 은을 멸하고 召公 奭을 봉한 곳으로 薊(지금의 北京 근처)를 중심으로 발달하여 전국시대 칠웅의 반열에 들었으나 秦始皇에게 망함.《史記》 燕世家 참조.
【鈞】 무게의 단위.
【吳】 남쪽 江蘇省 일대에 흥성했던 나라. 古公亶甫의 아들이며 季歷의 형이었던 泰伯이 내려가 세웠던 나라. 춘추 말기에 夫差에 이르러 월나라와 자웅을 겨루다가 월왕 勾踐에게 망함. 지금의 蘇州 일대에서 세력을 떨쳤음.《史記》 吳泰伯世家 참조.
※《太平御覽》(768)에 인용되어 있다.

035(佚-18)

임금과 신하 사이는 마치 저울대 같다. 저울대의 왼쪽이 가벼우면 오른쪽이 무겁게 마련이며 오른쪽이 무거우면 왼쪽이 가볍게 마련이다.

경중이 서로 차례로 들려 올라가는 것은 천지天地의 이치이다.

君臣之間, 猶權衡也. 權左輕則右重, 右重則左輕, 輕重 迭相橛, 天地之理也.

【權衡】저울.
【橛】저울의 한 끝이 가벼울 때 올라감.
※《太平御覽》(830)에 인용되어 있다.

036(佚-19)

물을 지나치게 마신 자는 몸에 물이 많게 마련이며 음식을 과도하게 먹은 자는 탐심이 생기게 마련이다.

飮過度者生水, 食過度者生貪.

【貪】食貪을 뜻함.
※《太平御覽》(849)에 인용되어 있다.

037(佚-20)

그러므로 나라를 다스림에 그에 맞는 법이 없으면 혼란이 일어나고, 법을 지키되 변화를 주지 않으면 쇠약해지며, 법이 있으되 사사로운 일을 행하면 이를 일러 불법不法이라 한다.

힘으로써 법을 지키기에 힘쓰는 자는 백성이며, 죽음으로써 법을 지키는 자는 유사有司이며, 도로써 법을 변화시키는 자는 지도자이다.

故治國無其法則亂, 守法而不變則衰, 有法而行私, 謂之不法. 以力役法者, 百姓也; 以死守法者, 有司也; 以道變法者, 君長也.

【有司】어떤 일을 전문적으로 맡은 관리.
【君長】임금이나 지도자. 우두머리.
※《藝文類聚》(54)에 인용되어 있다.

038(佚-21)

한 마리 토끼가 거리를 이리저리 뛰고 있다면 백 사람이 이를 잡으려 뒤쫓을 것이다. 탐욕스러운 사람이 함께 섞여 있어도 사람들은 그를 비난하지 않으니, 이는 그 토끼가 아직 누구의 것인지 결정이 나지 않았기 때문이다. 그러나 시장에 토끼를 잔뜩 갖다 놓고 있으면 지나가던 사람 누구도 돌아보지도 않는다. 이는 토끼를 욕심을 내지 않아서가 아니라 이미 누구의 것인지 분명한 뒤이기 때문에 비록 비루한 자라 해도 이를 두고 다투지는 않는다.

一兔走街, 百人追之, 貪人具存, 人莫之非者, 以兔爲未定分也. 積兔滿市, 過而不顧, 非不欲兔也, 分定之後, 雖鄙不爭.

【貪人具存】탐욕스러운 사람이 그 안에 함께 들어 있음.
【雖鄙不爭】비록 비루한 자라 할지라도 이를 가지려고 다투지 않음.
※《後漢書》袁紹傳注와《意林》및《太平御覽》907에 인용되어 있다. 한편《呂氏春秋》愼勢篇에《愼子》를 인용하여「今一兔走, 百人逐之, 非一兔足爲百人分也, 由未定. 由未定, 堯且屈力, 而況衆人乎? 積兔滿市, 行者不顧, 非不欲兔也, 分已定矣. 分已定, 人雖鄙, 不爭. 故治天下及國, 在乎定分而已矣」라 하였다.

039(佚-22)

목수장이는 문을 만들 줄 안다. 그러나 이를 능히 만들 줄만 알았지 그 문에 대해서는 모른다. 그러므로 이를 깊은 방에 가두고 난 연후라야 그 문의 기능에 대하여 알게 된다.

匠人知爲門, 能以門, 所以不知門也, 故必杜, 然後能門.

【杜】막음. 나가지 못하게 가두어 둠.
※《淮南子》道應訓에 인용되어 있다.

040(佚-23)

"힘이 강한 자가 능력 있는 자를 해치면 혼란이 일어난다"라 함은 능하면서 무능한 자를 해치면 혼란이 일어남을 말한 것이다.

「勁而害能, 則亂也」云能而害無能, 則亂也.

※《荀子》非十二子篇 注에 인용되어 있다.

041(佚-24)

도술道術을 버리고 도량度量을 없애고 한 사람의 지식으로써 천하를 모두 알기를 바란다면 누구의 아들이 능히 이를 모두 알아낼 수 있겠는가?

棄道術, 舍度量, 以求一人之識識天下, 誰子之識能足焉?

【道術】도리와 법술. 어떤 일을 하기에 필요한 지식과 방법.
【度量】길이나 무게, 들이 등을 측량함.
※《荀子》王霸篇 注에 인용되어 있다.

042(佚-25)

어진 사람이 많아야 하지만 임금이 많아서는 안 되며, 어진 이가 없어서도 되지만 임금이 없어서는 안 된다.

多賢不可以多君, 無賢不可以無君.

※《荀子》解蔽篇 注에 인용되어 있다.

043(佚-26)

관을 만드는 자는 관을 만들면서 사람이 죽는 것을 싫어하지 않는다. 이는 이익이 있는 곳에서는 그 추함도 잊기 때문이다.

匠人成棺, 不憎人死, 利之所在, 忘其醜也.

【成棺】관을 만드는 작업.《孟子》公孫丑(上)에 "孟子曰:「矢人豈不仁於函人哉? 矢人唯恐不傷人, 函人唯恐傷人. 巫匠亦然, 故術不可不愼也.」"라 함.
※《太平御覽》(551)과《意林》(38)에 실려 있다.《太平御覽》에는「匠人成棺, 而無憎於人, 利在人死也」라 하였다.

044(佚-27)

짐승이 엎드려 있던 자리는 곧 더럽게 마련이다.

獸伏就穢.

【穢】짐승이 누워 있거나 휩쓸고 간 자리가 지저분함을 말함.
※《文選》〈西都賦〉注에 인용되어 있다.

045(佚-28)

무릇 덕이 아주 정미精微하면 보이지 아니하고 아주 총명하면 겉으로 드러나지 아니한다. 이 까닭으로 외물外物이 그 내부를 괴롭히지 않는 것이다.

夫德精微而不見, 聰明而不發, 是故外物不累其內.

【累】괴롭히거나 피곤하게 함. 連累시킴.
※《文選》沈休文〈游沈道士館試〉注·〈養生論〉注에 인용되어 있다.

046(佚-29)

무릇 도는 어진 이는 부릴 수 있으나 불초한 자에게는 어찌할 바가 없다. 도는 지혜로운 자는 부릴 수 있으나 어리석은 이에게는 어쩔 수 없다. 이와 같으니 이를 일러 도가 뛰어나다고 하는 것이다.

夫道所以使賢, 無奈不肖何也; 所以使智, 無奈愚何也. 若此, 則謂之道勝矣.

【無奈何】 어쩔 방법이 없음.
※《文選》〈張景陽雜詩〉注에 인용되어 있다.

047(佚-30)

도가 뛰어나면 그 이름은 드러나지 않는다.

道勝則名不彰.

【彰】 겉으로 화려하게 드러남.
※《文選》〈張景陽雜詩〉注에 인용되어 있다.

048(佚-31)

일이 벌어졌을 때 이를 좇아 처리하는 유사라면 이는 천박한 자이다.

趨事之有司, 賤也.

【趨事】이를 따라감. 미리 예상하여 준비함이 없음을 말함.
※《文選》謝元暉〈始出尚書省詩〉注에 인용되어 있다.

049(佚-32)

신하는 입을 닫고 있고 좌우는 혀를 붙잡아 매어 놓고 있다.

臣下閉口, 左右結舌.

【左右】임금이나 지도자의 측근.
【結舌】말을 하지 않음을 뜻함.
※《文選》謝平原〈內史表〉注에 인용되어 있다.

050(佚-33)

관리로서 한 자리에 오래 있어도 과실이 없다면 세상 사람들은 그의 말을 듣게 된다.

久處無過之地, 則世俗聽矣.

【地】경지.
【世俗】세상의 평범한 사람들.
※《文選》吳季重〈答魏太子箋〉注에 인용되어 있다.

051(佚-34)

옛날 주실周室이 쇠약해져 여왕厲王이 천하를 뒤흔들어 혼란을 일으키자 제후들이 각기 힘으로 정벌에 힘썼고 사람마다 홀로 자신의 뜻에 따라 행동하면서 서로 겸병하기 시작하였다.

昔周室之衰也, 厲王擾亂天下, 諸侯力政, 人欲獨行以相兼.

【周室】주나라 왕실. 주나라는 西周(鎬京)와 東周(洛邑)로 나뉘며 동주의 전반기는 春秋시대, 후반기는 戰國시대로 제후국에 상대하여 천자국이었음.
【厲王】서주 말기의 포악한 임금(?~B.C.828). 이름은 姬胡. 주 목왕의 4세손으로 뒤에 彘 땅으로 쫓겨났음.《史記》周本紀 참조.
※《文選》東方朔〈答客難〉注에 인용되어 있다.

052(佚-35)

많은 무리가 적은 수를 이긴다는 것은 틀림없는 사실이다.

衆之勝寡, 必也.

※《文選》〈夏侯常侍誄〉注에 인용되어 있다.

053(佚-36)

《시경詩經》은 뜻이 가는 바를 기록한 것이며,《상서尙書》는 지난날의 포고문을 모은 것이며,《춘추春秋》는 지난날의 역사 사실을 적은 것이다.

《詩》, 往志也;《書》, 往誥也;《春秋》, 往事也.

【詩】 六經의 하나. 風, 雅, 頌으로 나뉘며 漢代에《齊詩》,《魯詩》,《韓詩》,《毛詩》가 있었으며 지금은《모시》 311편과《한시》는《韓詩外傳》만 전함. 흔히《시경》이라 하며 민간의 노래와 궁중 연회에 쓰는 아악의 가사. 주나라 종실 조상의 종묘 제례에 쓰는 음악의 가사였음.

【書】《尚書》, 혹 《書經》이라고도 하며 고대 夏殷周 삼대의 정치 문건을 모은 것. 《今文尚書》와 《古文尚書》가 있었으며, 지금 전하는 것은 《僞古文尚書》 58편임.
【春秋】孔子가 편찬한 편년체의 史書. 시기는 魯나라 隱公 元年부터 哀公 14년까지 12공 242년간임. 역사적인 사실에 襃貶을 더하여 正史를 기록한 것. 뒤에 이를 전하는 과정에서 《左傳》, 《公羊傳》, 《公羊 穀梁傳》 등 『春秋三傳』이 있으며 현재 모두 13경에 열입됨.
※《意林》에 인용되어 있으며 《經義考》에 이 문장을 인용하고 「至於《易》則吾心陰陽消息之理備焉」이라 하였다.

054(佚-37)

둘 사이가 서로 똑같이 귀한 신분이면 서로 모실 수 없고 두 사람이 똑같이 천한 신분이면 서로 부릴 수 없다.

兩貴不相事, 兩賤不相使.

【貴】귀한 신분.
※《意林》에 인용되어 있다.

055(佚-38)

집이 부유하면 소원하던 친척도 모여들고, 집이 가난하면 형제도 흩어지고 만다. 이는 서로 사랑하지 않아서가 아니고 이익이 서로를 수용할 수 없도록 하기 때문이다.

家富則疏族聚, 家貧則兄弟離. 非不相愛, 利不足相容也.

【疏族】疎族. 혈연관계가 먼 친척. 遠族, 遠親과 같음.
※《意林》에 인용되어 있다.

056(佚-39)

무기를 갈무리하고 있는 나라는 틀림없이 병력을 감추고 있는 것이니 장사하는 사람들도 몰아 전투에 투입할 수 있다. 그러나 나라를 편하게 하는 군대는 분하다는 이유로 전쟁을 일으키지는 않는다.

藏甲之國, 必有兵遁, 市人可驅而戰. 安國之兵, 不由忿起.

【藏甲】무기를 많이 비축하여 갈무리하고 있음.
【市人】시장에서 장사하는 사람. 혹은 장사꾼과 일반 백성.
※《意林》에 인용되어 있다.

057(佚-40)

창힐蒼頡은 포희씨庖犧氏 이전 사람이다.

蒼頡在庖犧之前.

【蒼頡】倉頡로도 표기하며 고대 黃帝 때의 사관으로 처음 문자를 만들었다고 알려진 사람.
【庖犧】伏犧, 包犧, 伏戲, 宓犧 등 여러 가지로 표기하며 성은 風, 이름은 太昊. 전설상 처음으로 목축의 방법을 창안하였으며《易》의 八卦를 지었다고 알려짐.
※《尙書》序疏에 인용되어 있다.

058(佚-41)

새털 같은 깃으로 만든 옷을 입은 자는 진흙이 묻는 것을 걱정한다.

爲毳者, 患塗之泥也.

【毳】 가는 깃털. 혹은 부드럽고 미세한 솜. 이는 물에 젖거나 진흙이 묻으면 씻어 내기 어려워 이로써 옷을 만들어 입은 자는 흙을 걱정하게 됨을 말함.
※《尙書》益稷疏에 인용되어 있다.

059(佚-42)

낮에 아무런 일이 없었던 자는 밤에 꿈을 꾸지 않는다.

晝無事者夜不夢.

※《雲笈七籤》(32)에 인용되어 있다.

060(佚-43)

전병田駢은 이름이 광廣이다.

田駢名廣.

【田駢】 '전변'으로도 읽으며 전국시대 齊나라 사람(B.C.350~B.C.275). 陳駢, 田子로도 불리며 호는 天口駢. 당시 유명한 철학자로 道家학파에 속함. 彭蒙에게 배워 稷下學士가 됨.《史記》孟子荀卿列傳에 "學黃老道德之術"이라 하였고 萬物一齊 등을 주장함.《田子》25편이 있었다하나 지금은 전하지 아니하고 淸代 馬國翰의 집일본《田子》1권이 있음.
※《莊子》天下篇 釋文에 인용되어 있다.

061(佚-44)

걸桀, 주紂가 천하를 가지고 있을 때 사해四海 안은 모두가 혼란스러웠지만 관룡봉關龍逢과 왕자 비간比干은 이에 관여하지 않았다. 모두가 혼란스러웠다고 말한 것은 그 혼란에 휩쓸린 자가 많았다는 뜻이다.

요堯, 순舜이 천하를 가지고 있을 때 사해 안은 모두가 잘 다스려졌다. 그러나 단주丹朱와 상균商均은 이에 참여하지 않았다. 모두가 잘 다스려졌다고 말한 것은 그 다스림에 혜택을 입은 자가 많다는 뜻이다.

桀·紂之有天下也, 四海之內皆亂, 關龍逢·王子比干不與焉. 而謂之皆亂, 其亂者衆也.

堯·舜之有天下也, 四海之內皆治, 而丹朱·商均不與焉, 而謂之皆治, 其治者衆也.

【桀紂】둘 모두 고대 포악하기로 이름난 군주. 桀은 夏나라 末王으로 商湯에게 망하였고, 紂는 商(殷)의 말왕으로 周 武王에게 망하였음. 酒池肉林과 炮烙之刑 등으로 악명이 높았음.
【關龍逢】하나라 때의 현신. 걸이 무도하게 굴자 이를 간하다가 죽음을 당함. 관룡방(關龍逄)으로도 표기함.
【比干】은나라 말기의 충신으로 왕자였으며 紂의 서형. 주의 무도함을 간하다가 죽음을 당함.
【丹朱】堯임금의 아들로 매우 불초하여 그에게 帝位를 물려주지 못하고 舜에게 천하를 양위함.
【商均】舜임금의 아들로 역시 불초하여 순은 천하를 禹에게 양위하였음.
※《長短經》勢運篇 注에 인용되어 있다.

062(佚-45)

군주가 명석하고 신하가 정직하다면 이는 나라의 복이다. 아버지가 자애롭고 아들이 효성스러우며 지아비가 미덥고 아내가 정숙하다면 이는 가정의 복이다. 그러나 비간比干은 충성스러웠지만 능히 은殷나라를 존속시키지 못하였고 신생申生은 효성스러웠지만 능히 진晉나라를 안정시키지 못하였다. 이는 모두가 충신이요 효자였건만 국가가 멸란滅亂에 처한 것은 무슨 이유이겠는가? 명석한 임금과 어진 아버지가 이를 들어주지 않았기 때문이다. 그러므로 효자는 자애로운 아버지가 있는 집안에서 나는 것이 아니며, 충신은 성군聖君 밑에서 나는 것이 아니다.

君明臣直, 國之福也. 父慈子孝, 夫信妻貞, 家之福也. 故比干忠而不能存殷, 申生孝而不能安晉, 是皆有忠臣孝子, 而國家滅亂者. 何也? 無明君賢父以聽之. 故孝子不生慈父之家, 忠臣不生聖君之下.

【申生】춘추시대 晉나라 獻公의 태자였으며 헌공이 총희 驪姬의 참언을 듣고 여희 소생의 奚齊를 태자로 삼고 신생을 曲沃으로 추방하였다 결국 신생은 자살함. 이 때 重耳가 망명하였다가 뒤에 돌아와 文公이 되었으며 春秋五霸의 하나가 됨.《史記》晉世家 참조.
※《戰國策》및《意林》,《群書治要》등에 인용되어 있다.

063(佚-46)

왕도정치를 펴는 자는 정치는 바꾸되 나라는 바꾸지 않으며, 그 임금을 바꾸는 경우는 있으나 그 백성을 바꾸지는 않는다. 탕湯임금과 무왕武王은 백이伯夷같은 백성을 얻었기 때문에 나라를 잘 다스린 것이 아니며, 걸桀, 주紂는 도척盜跖이나 장교莊蹻 같은 백성 때문에 나라를 혼란스럽게 한 것이 아니다. 백성의 치란治亂은 윗사람에게 있는 것이며, 나라의 안위安危는 정치에 있는 것이다.

王者有易政而無易國, 有易君而無易民. 湯武非得伯夷之民以治, 桀紂非得跖蹻之民以亂也. 民之治亂在於上, 國之安危在於政.

【王者】 왕도정치를 실현하는 왕. 霸者에 상대되는 말.
【湯】 商(殷)나라의 개국 군주. 하나라 걸을 멸하고 박(亳)을 도읍으로 하여 나라를 세움. 성은 子, 이름은 履.《史記》 殷本紀 참조.
【武王】 周나라 文王의 아들로 殷의 紂를 멸하고 鎬京에 나라를 일으킴. 姬發. 《史記》 周本紀 참조.
【盜跖】 고대 악행을 저지르기로 이름이 난 사람.《莊子》 盜跖篇 참조.
【莊蹻】 '장각'이라고도 읽으며 역시 고대 악행으로 이름이 난 사람.

064(佚-47)

《하잠夏箴》에 이렇게 말하였다.
"소인으로서 두 해 먹을 식량을 준비해 두지 않으면 흉년을 만났을 때 자신의 처자조차 자신의 소유가 될 수 없으며, 대부로서 두 해 먹을 식량을 갖추어 두지 않으면 흉년을 만났을 때 신첩臣妾이나 여마輿馬조차 자신의 소유가 아닐 수 있다. 경계할지니라!"

《夏箴》曰:「小人無兼年之食, 遇天飢, 妻子非其有也; 大夫無兼年之食, 遇天飢, 臣妾輿馬非其有也. 戒之哉!」

【夏箴】夏나라 때의 잠언서. 구체적으로는 알 수 없음.
※《逸周書》에 인용되어 있다.

065(佚-48)

천하를 남에게 준다는 것은 큰 일이다. 따뜻한 배려를 하는 자는 이러한 일을 두고 은혜로운 행동이라 여긴다. 그러나 요堯, 순舜은 그렇게 베풀고도 얼굴에 덕을 베푼다는 표정을 하지 않았다.
남으로부터 천하를 빼앗는 일은 크게 혐오할 일이다. 깨끗함을 주장하는 자는 이를 두고 더러운 짓이라 여긴다. 그러나 탕湯이나 무왕武王은 조금도 부끄러운 표정이 아니었으니 정의로써 한 일이었기 때문이었다.

與天下於人, 大事也, 煦煦者以爲惠, 而堯·舜無德色.
取天下於人, 大嫌也, 潔潔者以爲汚, 而湯武無愧容, 惟其義也.

【煦煦】매우 따뜻하게 볕을 쬐어 줌.

066(佚-49)

　해와 달이 천하의 눈이 되어 주고 있건만 사람들은 그 덕을 알지 못하고 산천은 천하의 의식이 되어 주고 있건만 사람들은 능히 감사함을 알지 못한다.
　용기란 노함으로써 하는 것이 아니니 그렇게 한다는 것은 도리어 겁을 내는 것과 같은 것이다.

日月爲天下眼目, 人不知德; 山川爲天下衣食, 人不能感. 有勇不以怒, 反與怯均也.

※「日月爲天下眼目, 人不知德; 山川爲天下衣食, 人不能感」은 《太平御覽》(3)에 《任子》를 인용한 것으로 '感'은 '謝'로 되어 있다. 전체는 《太平御覽》(437, 499)에 인용되어 있다.

067(佚-50)

　소인은 힘으로써 먹고살고 군자는 도로써 먹고산다. 이것이 선왕先王이 가르친 법칙이다. 따라서 때로는 농사를 지어 천하 사람이 먹고살기를 바라는 자가 있다. 그러나 한 사람이 농사를 지어 천하 사람에게 나누어 준다면 사람마다 한 되의 곡식도 얻을 수 없어 그들이 배부를 수 없음은 자명하다. 그리고 옷감을 짜서 천하 사람들에게 옷을 입히고자 하는 자도 있을 수 있다. 그러나 그 한 사람이 짜는 옷감을 천하에 나누어 준다면 사람들은 한 척尺의 베도 얻을 수 없어 그들을 따뜻하게 해 준다는 것은 불가능함이 자명하다.

그러므로 선왕先王의 도를 외워 그 가르침을 찾으며 성인의 말을 통달하여 그 요지를 궁구함만 못하다고 여기게 된 것이다.

위로는 왕공王公, 대인에게 설득하고 그 다음으로 필부匹夫와 도보지사徒步之士에게 이르게 해야 한다. 왕공, 대인이 나의 말을 사용하면 나라가 틀림없이 잘 다스려질 것이며 필부나 도보의 선비들이 나의 말대로 하면 행동이 틀림없이 수양이 될 것이다. 비록 농사를 짓지 않아 배가 고프고 옷감을 짜지 않아 추위에 떤다 해도 그 공은 농사지어 배부른 것보다, 옷감을 짜서 따뜻이 입는 것보다 나을 것이다.

小人食於力, 君子食於道, 先王之訓也. 故常欲耕而食天下之人矣, 然一身之耕, 分諸天下, 不能人得一升粟, 其不能飽可知也; 欲織而衣天下之人矣, 然一身之織, 分諸天下, 不能人得尺布, 其不能暖可知也.

故以爲不若誦先王之道而求其說, 通聖人之言而究其旨.

上說王公大人, 次匹夫徒步之士, 王公大人用吾言, 國必治; 匹夫徒步之士用吾言, 行必修. 雖不耕而食飢, 不織而衣寒, 功賢於耕而食之, 織而衣之者也.

【先王】고대 이상적인 정치를 펴는 왕을 가설하여 말한 것.
【徒步】수레나 다른 기구가 없이 걸어다니는 사람. 일반 벼슬 없는 선비나 백성을 말함.

※「小人食於力, 君子食於道」는 《太平御覽》(849)과 《意林》에 인용되어 있으며, 전체는 《墨子》魯問篇에 인용되어 있으나 문자가 차이가 있다.

068(佚-51)

법이란 하늘로부터 내려오는 것도 아니며 땅에서 솟아나는 것도 아니다. 사람 사는 세상에서 나온 것으로 그저 사람의 마음에 맞으면 될 뿐이다.

물을 다스리는 일이란 갈대를 묶어 제방을 쌓거나 막힌 물길을 터주는 일이니 구주九州와 사해四海가 모두 이처럼 하나같다. 따라서 물에서 배울 것이지 우禹에게서 배울 것이 아니다.

法非從天下, 非從地出, 發於人間, 合乎人心而已.
治水者, 茨防決塞, 九州四海, 相似如一. 學之於水, 不學之於禹也.

【茨防決塞】진흙과 갈대를 섞어 흙덩이를 만들어 제방을 쌓거나 막힌 물길을 터주는 방법으로 물을 다스림.
【九州】고대 중국을 나눈 아홉 개의 주. 《尙書》禹貢에 冀州, 豫州, 雍州, 揚州, 兗州, 徐州, 梁州, 靑州, 荊州라 하였으나 《爾雅》釋地와 《周禮》職方氏 등에는 약간씩 다름.
※「法非衆天下, 非衆地出, 發於人間, 合乎人心而已. 治水者茨防決塞, 九州四海」는 《繹史》(849)에 인용되어 있으며 그 뒷부분은 《列子》湯問篇 注와 《繹史》에 인용되어 있다.

069(佚-52)

　　옛날에 대체大體를 온전히 한 자는 하늘과 땅을 바라보고 강과 바다를 살펴보며 산과 골짜기를 근거로 하며 해와 달의 비춤과 사시의 운행, 구름이 퍼지고 바람이 움직이는 것을 법으로 삼는다.
　　지혜 때문에 마음이 노고로운 경우가 없도록 하며 사사로움 때문에 자신이 지치는 일이 없도록 한다. 치란治亂은 법술法術에 맡기고 시비是非는 상벌賞罰에 의탁하고 경중輕重은 권형權衡에 소속시킨다. 천리를 거역하지 아니하며 사물의 정성을 상해하지 아니하며 털 속까지 불어 흠을 찾아내는 일을 하지 아니하며, 때까지 씻어 알기 어려운 것까지 살펴보려 하지 않는다. 줄에 닿지 않는 것까지 끌어들이려 하지 아니하며 줄 안에 있는 것은 밀어내려 하지 않는다. 법의 테두리 밖에 있는 것을 급히 찾으려 하지 아니하며 법 안에 있는 것을 느슨하게 하지도 않는다. 이미 이루어진 이치를 지키며 자연 법칙을 근거로 한다.
　　화와 복은 도법道法에서 생기지 애증愛憎에서 나오는 것이 아니다. 영욕榮辱의 책임은 자신에게 있는 것이며 남에게 있는 것이 아니다.
　　그러므로 편안한 세상에 이르면 법이란 마치 아침 이슬과 같은 것이며 순박한 사람은 속일 수 없다. 마음에 원한을 짓지 아니하고 입으로는 번거로운 말을 하지 아니한다. 따라서 수레와 말이 먼길을 가느라 고통을 당할 필요도 없으며, 정기旌旗는 대택大澤에서 어지럽게 흩날릴 필요도 없으며, 천하 만민은 전쟁이나 도적 때문에 생명을 잃는 경우가 없으며, 호걸은 도서圖書에 이름을 기록할 필요도 없고 공을 반우盤盂에 새길 필요가 없으며 연도를 기록하는 책력도 비워 두어도 된다.
　　그러므로 "이익은 간편함보다 길게 가는 것이 없으며, 복은 안전함보다 오래가는 것이 없다"고 말할 수 있는 것이다.

古之全大體者, 望天地, 觀江海, 因山谷, 日月所照, 四時所行, 雲布風動.

不以智累心. 不以私累己. 寄治亂於法術, 托是非於賞罰, 屬輕重於權衡. 不逆天理, 不傷情性, 不吹毛而求小疵, 不洗垢而察難知, 不引繩之外, 不推繩之內, 不急法之外, 不緩法之內. 守成理, 因自然.

禍福生乎道法, 而不出乎愛惡. 榮辱之責在乎己, 而不在乎人.

故至安之世, 法如朝露, 純朴不欺, 心無結怨, 口無煩言. 故車馬不弊於遠路, 旌旗不亂於大澤, 萬民不失命於寇戎, 豪杰不著名於圖書, 不錄功於盤盂, 記年之牒空虛.

故曰:「利莫長於簡, 福莫久於安.」

【大體】본질. 근본. 大道와 같음.
【疵】흠집. '吹毛覓疵'를 뜻함.
【大澤】지명. 군대가 결집하였던 곳.
【盤盂】동기의 일종으로 둥그런 것은 盤, 네모진 것은 盂라 함. 고대 이러한 종정에 글을 새겨 역사 사실이나 경계, 칭송 등의 말을 기록하였음. 혹 黃帝 때 사관 孔甲이 저술한 역사책이 《盤盂》였다고도 함.
※《韓非子》大體篇에 인용되어 있으나 내용이 약간 다름.

070(佚-53)

매는 먹이를 낚아채는데 뛰어나지만 매일 그러한 일을 시키면 피곤해져서 그 날개를 온전히 보전할 수 없다. 기驥같은 천리마는 잘 달리지만 매일 그렇게 달리도록 하면 고꾸라져 온전한 말굽을 보전할 수 없다.

鷹善擊也, 然日擊之, 則疲而無全翼也. 驥善馳也, 然日馳之, 則蹶而無全蹄矣.

【鷹】매. 맹금류의 독수리나 수리, 새매 따위.
【驥】천리마의 일종.

071(佚-54)

능히 조정에서 만종萬鍾의 녹을 사양할 수는 있으면서도 아무도 없는 땅에 떨어진 황금 덩어리 하나를 줍지 않을 수는 없고, 능히 묘우廟宇에서 백 가지 예절을 삼갈 수 있으면서도 자신이 홀로 있는 집안에서의 여유에 해이함을 용납하지 못하는 경우는 없다. 대체로 이는 사람의 정이란 자신의 사사로운 일에는 하고 싶은 대로 하기 때문이다.

能辭萬鍾之祿於朝陛, 不能不拾一金於無人之地; 能謹百節之禮於廟宇, 不能不弛一容於獨居之餘, 蓋人情每狎於所私故也.

【鍾】고대 들이의 단위. 흔히 6斛4豆를 1鍾이라 하며 봉록을 계산할 때 흔히 千鍾粟, 萬鍾粟 등으로 표현함.
【廟宇】사당의 건물. 궁중의 건물.
【狎】거리낌없이 하고싶은 대로 하는 행동.

072(佚-55)

불초한 자는 스스로 불초하다고 말하지 않지만 그 불초함은 그의 행동에 나타나게 마련이다. 그 때문에 비록 스스로 어질다고 하더라도 남이 오히려 불초하다고 하는 것이다.

어리석은 자는 스스로 어리석다고 말하지 않지만 그 어리석음은 그의 말투에서 드러난다. 그 때문에 비록 스스로 지혜롭다고 말하더라도 남이 그를 어리석다고 하는 것이다.

不肖者不自謂不肖也, 而不肖見於行, 雖自謂賢, 人猶謂之不肖也.
愚者不自謂愚也, 而愚見於言, 雖自謂智, 人猶謂之愚.

【見】現과 같음. 드러남.
※《群書治要》본의 《鶡子》에 인용되어 있다.

073(佚-56)

　　법이란 천하 사람의 행동을 통일하기 위한 것으로 지극히 공정하고 크게 안정시키는 제도이다. 그러므로 지혜로운 자는 법을 뛰어넘어 제멋대로 모책을 짜지 아니하며, 변론에 뛰어난 자는 법을 넘어 제멋대로 논의를 펴지 않으며, 선비는 법을 위반하면서 명성을 얻고자 하지 아니하며, 신하는 법을 등지고 공을 세우려 하지 않는다.
　　내가 아무리 좋아한다 해도 가히 법으로 억제하며 내가 아무리 분하다고 해도 법으로 이를 막으니 나는 법과 분리될 수 없다. 골육骨肉의 친한 사이라도 형벌을 내릴 수 있으며, 친척도 법에 따라 멸할 수 있으니 지극한 법이란 없어서는 안 된다.

　　法者, 所以齊天下之動, 至公大定之制也. 故智者不得越法而肆謀, 辯者不得越法而肆議, 士不得背法而有名, 臣不得背法而有功.
　　我喜可抑, 我忿可窒, 我法不可離也. 骨肉可刑, 親戚可滅, 至法不可闕也.

【至公】지극히 공평함.
【闕】결핍과 같음.

074(佚-57)

　나라를 잘 다스리는 자는 자신을 위하여 도모하는 마음을 옮겨 나라를 위하는 모책으로 쓰고, 나라를 부유하게 하는 기술을 옮겨 백성을 부유하게 하며, 자신의 자손을 보호하겠다는 뜻을 옮겨 다스림을 보전하는 것으로 하며, 자신을 위해 작록을 구하는 뜻을 옮겨 의義를 구하는 것으로 한다면 아무런 노고로움도 없이 다스림이 성취될 것이다. 내가 이 세상에 태어나기 전에는 어찌 지금 이렇게 살아 있을 때 즐거우리라 알았겠는가? 지금 내가 아직 죽지 않았으니 또한 어찌 죽음이라는 것이 즐거운 것이 아니라고 단정하여 알겠는가?
　그러므로 살아 있을 때라고 해서 나를 그렇게 부려 먹기에 족하지 아니하니, 이익이라는 것이 어찌 족히 나의 마음을 격동시키겠는가? 또한 죽음이라는 것이 그토록 피하여 금할 것도 아니니 손해라는 것이 어찌 나를 두렵게 하겠는가?
　죽고 삶에 대한 구분을 분명히 하며 이해의 변화에 대하여 통달하니 이 까닭으로 눈으로는 옥로완상玉輅琬象의 모습을 보고, 귀로는 백설청각白雪淸角의 아름다운 음악을 들어도 능히 나의 신정神情을 혼란스럽게 할 수 없는 것이다.
　천 길의 계곡에 다가가 보고 원숭이도 눈이 아련할 언덕에 올라 보아도 나의 뜻을 뒤섞을 수 없다. 무릇 이와 같다면 몸이 죽어도 되는 것이요, 삶이란 없어져도 그만이지만 인仁은 가히 성취될 수 있을 것이다.

善爲國者, 移謀身之心而謀國, 移富國之術而富民, 移保子孫之志而保治, 移求爵祿之意而求義, 則不勞而化理成矣. 始吾未生之時, 焉知生之爲樂也? 今吾未死, 又焉知死之爲不樂也?

故生不足以使之, 利何足以動之? 死不足以禁之, 害何足以恐之?

明於死生之分, 達於利害之變, 是以目觀玉輅琬象之狀, 耳聽白雪淸角之聲, 不能以亂其神.

登千仞之溪, 臨蝯眩之岸, 不足以渚其知. 夫如是, 身可以殺, 生可以無, 仁可以成.

【化理】교화, 치국, 정치, 위정 등과 같은 뜻임.
【玉輅琬象】輅는 수레의 원목에 묶어 수레를 끌 수 있도록 한 장치. 수레를 뜻함. 琬은 고대 옥으로 만든 稜角의 수판. 琬圭라고도 함. 모두가 아름다운 물건을 뜻함.
【白雪淸角】白雪은 '陽春白雪'이라는 고대 유명한 악곡 이름. 청각 역시 고대 아름다운 곡조 이름.
【蝯眩之岸】원숭이가 쳐다보아도 눈이 어지러울 정도의 높은 언덕.
【登千仞之溪, 臨猿眩之岸】'登'자와 '臨'자가 위치가 바뀌어야 맞는 것으로 《淮南子》俶眞訓에 비슷한 내용이 들어 있다.

075(佚-58)

　새가 공중을 날고 물고기가 깊은 물에서 헤엄을 치는 것은 그 기술이 뛰어나기 때문이 아니다. 그러므로 새나 물고기가 된 생물은 역시 스스로는 자신이 능히 날 수 있다는 것과 능히 헤엄칠 수 있다는 사실을 알지도 못한다. 진실로 이를 알고 마음에 이를 새겨 행동을 해야 한다면 그들은 틀림없이 공중에서 떨어지거나 물에 빠지고 말 것이다.
　이는 마치 사람이 발은 달리고 손은 잡을 수 있으며 귀는 듣고 눈으로는 보는 것과 같은 것이니 그 달리고 잡고 듣고 보고 할 때 그 상황에 응하여 저절로 이르는 것이니 생각하고 나서 그렇게 행동할 수 있는 것이 아니다. 만약 진실로 모름지기 생각한 다음에 이렇게 행동할 수 있다면 피곤에 지칠 것이다.
　이 까닭으로 자연스러움에 모든 것을 맡긴 자는 오래도록 행동할 수 있으며 상례常例를 터득한 자는 모든 것을 처리할 수 있는 것이다.

　鳥飛於空, 魚游於淵, 非術也. 故爲鳥爲魚者, 亦不自知其能飛能游. 苟知之, 立心以爲之, 則必墮必溺.
　猶人之足馳手捉, 耳聽目視, 當其馳捉聽視之際, 應機自至, 又不待思而施也. 苟須思之而後可施之, 則疲矣.
　是以任自然者久, 得其常者濟.

【應機自至】조건반사와 같이 시기가 되면 자연스럽게 반응하고 그러한 행동을 하게 됨을 뜻함.
【濟】성공함. 처리함.

076(佚-59)

　　주周 성왕成王이 육자鬻子에게 물었다.
　"과인이 듣기로 성인이 윗자리에 있으면 백성을 부유하게 하고 게다가 장수하게 한다고 하더이다. 부유하게 해 주는 일이라면 그렇게 할 수 있겠으나 장수하게 하는 일이라면 하늘에 달린 것이 아닙니까?"
　　육자가 대답하였다.
　"무릇 성스러운 왕이 윗자리에 있으면 천하에 군병軍兵의 일이란 없게 됩니다. 그 때문에 제후들이 사사로운 일로 서로 공격하는 일이 없게 되며 백성들은 역시 사사로운 이익 때문에 서로 싸우는 일이 없게 되지요. 이렇게 되면 백성은 자신의 수명을 다 누릴 수 있게 되는 것입니다. 그리고 성스러운 임금이 윗자리에 있게 되면 임금은 백성에게 덕화德化로써 쌓아 가고 백성은 자신의 힘을 쓰는 것을 쌓아 갑니다. 그러므로 부녀자들은 그 힘을 옷 짓는 일에 쏟게 되고 사나이는 먹을 것을 마련하는데 쓰게 됩니다. 이렇게 되면 백성은 추위에 떨거나 굶주리는 일이 없게 되어 백성은 두 가지 삶을 온전히 얻게 됩니다. 그리고 성인이 윗자리에 있게 되면 임금은 백성에게 인仁을 쌓아 가고 관리는 백성에게 사랑을 쌓아가며 백성은 순종을 쌓아 갑니다. 그리하여 형벌이 사라지고 요알夭遏의 주벌誅罰이 없어집니다. 이렇게 되면 백성으로서는 세 가지 삶을 온전히 누릴 수 있게 됩니다. 성왕이 윗자리에 있게 되면 사람을 부릴 때도 때를 보아 동원하며 나라의 재용도 절약하게 됩니다. 그리하여 백성으로서는 여질癘疾이 없게 되니 네 가지 삶을 온전히 누릴 수 있게 되는 것입니다."

　　周成王問鬻子曰:「寡人聞聖人在上位, 使民富且壽. 若夫富, 則可爲也, 若夫壽, 則在天乎?」

鬻子對曰:「夫聖王在上位, 天下無軍兵之事. 故諸侯不私相攻, 而民不私相鬭也, 則民得盡一生矣. 聖王在上, 則君積於德化, 而民積於用力. 故婦人爲其所衣, 丈夫爲其所食, 則民無凍餓, 民得二生矣. 聖人在上, 則君積於仁, 吏積於愛, 民積於順, 則刑罰廢而無夭遏之誅, 民則得三生矣. 聖王在上, 則使人有時, 而用之有節, 則民無癘疾, 民得四生矣.」

【周成王】姬誦. 周 武王의 아들이며 어릴 때 왕이 되어 周公이 섭정함. 주공이 그를 도와 문물제도를 완성하여 주나라 기초를 다졌으며 섭정한 지 7년 만에 왕권을 수행함.《史記》周本紀 참조.
【鬻子】鬻熊. 서주 초기의 인물로 나이 90에 문왕의 스승이 되었으며 문왕이 그에게 치국의 도를 물었음. 그의 손자 熊繹이 成王에게 楚나라를 봉으로 받아 초나라의 시조가 됨. 그의 저술《鬻子》22편이《漢書》藝文志에 실려 있으며 道家類에 속함.
【夭遏】夭亡과 같음. 일찍 죽음. 천수를 누리지 못하고 죽음을 말함.
※ 賈誼《新書》修政語(下)에 인용되어 있으나 내용은 차이가 있음.

Ⅱ. 《신자愼子》 서발 관련 자료

1. 《愼子》跋 ················· 孫毓修〈四部叢刊〉

　《愼子》, 劉向校定四十二篇.《隋唐志》皆十卷.《崇文總目》二卷三十七篇, 是其文代有散佚,《書錄解題》稱庬沙本五篇, 則宋末通行之本, 已與今同. 江陰繆氏藕香簃藏寫本, 蓋從明萬歷間吳人愼懋賞刻本, 鈔錄者其書分內外篇. 內篇三十六事, 外篇五十事. 較〈四庫本〉·〈守山閣本〉均不同. 守山閣據《治要》·《御覽》各書輯爲逸文者. 此均有之似高出, 各本上而從未, 見收于著錄家之目, 亦可謂驚人祕笈矣. 藝風先生又據《群書治要》補出二篇, 並附逸文于後. 毓修更以〈藝文〉·《御覽》及《治要》·〈守山〉等本, 校其異同綴于簡末.《愼子》善本當推此矣. 刻成, 先生已歸, 道出輒誦, 海岳賞物, 懷賢心不已之句, 爲之嘅然.

　庚申十月無錫孫毓修跋.

2. 《愼子》跋 ························ 錢熙祚(〈四部備要〉·〈新編諸子集成〉)

　　《史記》稱:「愼到著十二論」, 徐廣註云:「今愼子劉向所定, 有四十一篇」. 按《漢志》本四十二篇, 徐註云'一'字誤也. 《通志》藝文略:「愼子舊有十卷四十二篇, 今亡九卷三十七篇」, 是宋本已與今同, 《群書治要》有《愼子》七篇, 今所存五篇具在, 用以相校, 知今本又經後人刪節, 非其原書. 今以《治要》爲主, 更據唐宋類書所引, 隨文補正, 其無篇名者, 別附於後. 雖不能復還舊觀, 而古人所引, 搜羅略備矣. 舊本後有逸文, 不知何人所輯, 內有數條, 云出《文獻通考》, 今檢之不可得. 且鄭漁仲所見已止五篇, 安得《通考》中尚有逸文? 尋其文句, 蓋雜取《鷃子》·《墨子》·《韓非子》·《戰國策》諸書, 以流傳旣久, 姑過而存之.
　　己亥七月, 錫之錢熙祚識.

3.《愼子》提要 ·················· (《四庫全書》·《四部備要》·《新編諸子集成》)

臣等謹案:《愼子》一卷, 周愼到撰, 到, 趙人,《中興書目》作瀏陽人. 陳振孫《書錄解題》曰愼到, 趙人, 見於《史記》. 瀏陽在今潭州, 吳時始置縣, 與趙南北了不相涉, 則稱瀏陽者, 非矣. 明人刻本又云: 到, 一名廣, 案陸德明《莊子釋文》田駢下註曰:「愼子云名廣.」然則駢一名廣, 非到一名廣, 尤舛誤也. 愼子之學, 觀莊周天下篇所稱, 近乎釋氏. 然《漢志》列之於法家. 今考其書, 大旨欲因物理之當然, 各定一法而守之, 不求於法之外, 亦不寬於法之中, 則上下相安, 可以淸淨而治. 然法所不行, 勢必刑以齊之, 道德之爲刑名, 此其轉關, 所以申韓多稱之也. (語見《漢書》藝文志) 其書《漢志》作四十二篇,《唐志》作十卷,《崇文總目》作三十七篇,《書錄解題》則稱麻沙刻本凡五篇, 已非全書, 此本雖亦分五篇, 而文多刪削. 又非陳振孫之所見, 蓋明人捃拾殘剩, 重爲編次, 如云"孝子不生慈父之家, 忠信不生聖君之下"二句, 前後兩見, 知爲雜錄而成, 失除重複矣.

乾隆四十六年正月恭校上

　總纂官臣紀昀, 臣陸錫熊, 臣孫士毅. 總校官 臣陸費墀.

임동석(茁浦 林東錫)

慶北 榮州 上茁에서 출생. 忠北 丹陽 德尙골에서 성장. 丹陽初中 졸업. 京東高 서울教大 國際大 建國大 대학원 졸업. 雨田 辛鎬烈 선생에게 漢學 배움. 臺灣 國立臺灣師範大學 國文硏究所(大學院) 博士班 졸업. 中華民國 國家文學博士(1983). 建國大學校 교수. 文科大學長 역임. 成均館大 延世大 高麗大 外國語大 서울대 등 大學院 강의. 韓國中國言語學會 中國語文學硏究會 韓國中語中文學會 會長 역임. 저서에 《朝鮮譯學考》(中文)《中國學術槪論》《中韓對比語文論》. 편역서에 《수레를 밀기 위해 내린 사람들》《栗谷先生詩文選》. 역서에 《漢語音韻學講義》《廣開土王碑硏究》《東北民族源流》《龍鳳文化源流》《論語心得》〈漢語雙聲疊韻硏究〉 등 학술 논문 50여 편.

임동석중국사상100

등석자鄧析子·윤문자尹文子·공손룡자公孫龍子·신자愼子

鄧析·尹文·公孫龍·愼到 (撰) / 林東錫 譯註

1판 1쇄 발행/2011년 12월 12일
2쇄 발행/2016년 3월 1일
발행인 고정일
발행처 동서문화사
창업 1956. 12. 12. 등록 16-3799
서울중구다산로12길6(신당동,4층) ☎546-0331~6 (FAX)545-0331
www.dongsuhbook.com
잘못 만들어진 책은 바꾸어 드립니다.

＊

이 책의 출판권은 동서문화사가 소유합니다.
의장권 제호권 편집권은 저작권 법에 의해 보호를 받는 출판물이므로 무단전재와 무단복제를 금합니다.
이 책의 일부 또는 전부 이용하려면 저자와 출판사의 서면허락을 받아야 합니다.

＊

사업자등록번호 211-87-75330
ISBN 978-89-497-0701-3 04080
ISBN 978-89-497-0542-2 (세트)